在高质量发展中促进共同富裕的浙江探索研究

杜 平 ◎ 著

中国社会科学出版社

图书在版编目(CIP)数据

在高质量发展中促进共同富裕的浙江探索研究 / 杜平著. -- 北京：中国社会科学出版社, 2025. 1.
ISBN 978-7-5227-4750-7

Ⅰ. F127.55

中国国家版本馆 CIP 数据核字第 20255P8Y24 号

出 版 人	季为民	
责任编辑	宫京蕾	
责任校对	秦　婵	
责任印制	郝美娜	

出　　版	中国社会科学出版社	
社　　址	北京鼓楼西大街甲 158 号	
邮　　编	100720	
网　　址	http://www.csspw.cn	
发 行 部	010-84083685	
门 市 部	010-84029450	
经　　销	新华书店及其他书店	

印刷装订	北京君升印刷有限公司	
版　　次	2025 年 1 月第 1 版	
印　　次	2025 年 1 月第 1 次印刷	

开　　本	710×1000　1/16	
印　　张	19.75	
插　　页	2	
字　　数	332 千字	
定　　价	118.00 元	

凡购买中国社会科学出版社图书，如有质量问题请与本社营销中心联系调换
电话：010-84083683
版权所有　侵权必究

目　　录

引言 ………………………………………………………………（1）

第一编　面临机遇和挑战

抓住新一轮产业变革和科技革命重大机遇 ………………………（5）
抓住新一轮消费升级和超大规模市场机遇 ………………………（8）
试论县域供给侧结构性改革 ……………………………………（11）
信贷增长与实体经济关联分析 …………………………………（24）
防止经济过早和过度杠杆化 ……………………………………（32）
人口结构演变与"未富先老" ……………………………………（38）
人口红利期及其结构性探析 ……………………………………（44）
有效推动政府和社会资本合作 …………………………………（50）
经济低估及结构性政策优化 ……………………………………（59）
重构温州经济发展微观基础 ……………………………………（66）
省以下地方行政机制改革探讨 …………………………………（71）
地方社会治理的新挑战新任务 …………………………………（77）

第二编　探路高质量发展

"新基建"是高质量发展的基石 …………………………………（85）
把握引领新经济率先推动高质量发展 …………………………（91）
全球新一轮产业结构和布局调整挑战 …………………………（111）
解构浙江经济转型升级"双螺旋"结构 …………………………（121）
服务制造化和制造服务化推进两业融合 ………………………（127）

创新服务业发展增强经济动能 …………………………（135）
发展平台经济畅通经济大循环 …………………………（140）
建设支撑现代化发展的大通道 …………………………（145）
加快县域经济新旧动能转换 ……………………………（152）
县域高质量发展的生动实践 ……………………………（163）
浙粤省域发展比较优势分析 ……………………………（168）
加快健全长三角一体化发展体制机制 …………………（176）
长三角高质量一体化发展新局面形成 …………………（184）

第三编　迈向共同富裕社会

"三"论推动共同富裕 ……………………………………（193）
共同富裕在国际传播中的话语比较 ……………………（204）
省域收入基尼系数变动探讨及若干建议 ………………（212）
深化推进央地财政收入分配改革 ………………………（219）
警惕国民收入分配调整的三种效应 ……………………（229）
浙江国民收入分配关系发生积极变化 …………………（240）
优化收入分配格局实现共同富裕 ………………………（248）
促进就业创业实现边区增收致富 ………………………（257）
"浙里""那里"携手脱贫攻坚奔小康 ……………………（261）
推动山区跨越式发展实现共同富裕 ……………………（267）
高质量发展促进共同富裕的嘉善经验 …………………（273）
现代化共享发展义乌经验 ………………………………（282）
进一步创新发展温州模式 ………………………………（289）
持续丰富和发展浙江模式 ………………………………（295）

后记 …………………………………………………………（310）

引　言

党的二十大报告指出，高质量发展是实现中国式现代化的首要任务，共同富裕是中国式现代化的重要特征。一方面，高质量发展，是推进中国式现代化的重中之重，是创新发展、协调发展、绿色发展、开放发展、共享发展相统一的发展方式，必须坚持质量第一、效益优先，着力提升全要素生产率（TFP），不断实现质量变革、效率变革、动力变革；另一方面，实现共同富裕，是社会主义的本质要求，是老百姓的共同期盼，正如《中共中央 国务院关于支持浙江高质量发展建设共同富裕示范区的意见》指出的，共同富裕不仅是经济问题，也是关系党的执政基础的重大政治问题。推动高质量发展与实现共同富裕，两者相辅相成、相互包含、相互促进，高质量发展是实现共同富裕的桥和路，全体人民的共同富裕只有在高质量发展中才能实现，而实现共同富裕有利于进一步促进高质量发展，夯实高质量发展的基础，正所谓富民强国与强国富民是辩证统一的，是中国式现代化发展的主要特征。

自 21 世纪以来，浙江省紧紧抓住全球化机遇、新一轮科技革命和产业变革机遇、新一轮消费升级和大国超大市场规模机遇，探路富民强省，探路高质量发展和共同富裕，并取得显著成效。近二十年，浙江全省地区生产总值年均实际增长 9%，全员劳动生产率年均名义增长超 10%，总量规模超过八万亿元，现价汇率折算后与沙特阿拉伯总量规模相当，超过荷兰、土耳其，可居全球前二十强；常住人口人均 GDP 接近 2 万美元，常住人口城镇化率接近 75%，稳定在高收入经济体行列；数字经济增加值占 GDP 超过 50%，其中数字经济核心产业增加值占比达 12%；规模以上工业亩均税收超过 35 万元，规模以上工业的战略性新兴产业和高新技术产业增加值分别占 33%、67%，构建形成数字经济、高端装备、绿色石化、新材料等万亿级产业集群，以及集成电路、新能源汽车、机器人与数控机床、生物医药、智能光伏、精细化工等千亿级产业集群和现代服务业为支撑的现代化的产业体系。

尤其是在中国共产党建党一百周年之际，中央发文支持浙江高质量发展建设共同富裕示范区，浙江正式扛起实现中国式现代化和共同富裕先行示范发展的大旗，致力于成为中国式现代化的省域范例。通过全面细化中央要求，着力以数字化改革撬动，共同富裕体制机制创新取得突破，以科技创新塑造新发展优势，先富带后富帮后富，缩小城乡区域和收入三大差距，推动公共服务均衡优质共享，注重人与自然和谐共生，打造新时代文化高地，积极推进基层治理现代化，构建橄榄型社会结构，先行先试推进共同富裕试点和总结，逐步形成数字经济"一号工程"、亩均论英雄、共富工坊、医共体、山海协作等一批在全国可复制可推广的实践经验。浙江全省民营经济增加值占比长期保持在65%以上，入选中国民营企业500强，企业数量连续25年居全国第一，拥有世界500强企业8家，城乡居民人均可支配收入连续二三十年保持各省区首位，城乡居民收入倍差小于1.90，恩格尔系数低于30%，三口之家家庭年可支配收入10万—50万元中等收入群体约占四分之三，20万—60万元群体约占三分之一，橄榄型社会结构初现。因此，可以说已经初步形成了一条高质量发展实现共同富裕的浙江路径。

第一编

面临机遇和挑战

百年未有之大变局中的"危"和"机",相辅相成,此消彼长,克服了"危"即是"机",抓不住"机"就会成为"危"。

第一篇

而流利酒和枝术

抓住新一轮产业变革和科技革命重大机遇

中央经济工作会议深刻指出，世界正经历百年未有之大变局，变局中"危"和"机"并存，这给中华民族伟大复兴带来重大机遇。大变局中的危和机，相辅相成，此消彼长，克服了"危"即是"机"，抓不住"机"就会变成"危"。全球从第一次、第二次工业革命到信息技术革命，万物互联再到万物智能，已进入高度信息化、网络化、智能化的发展阶段，及逐步进化的信息文明时代。摩尔定律、吉尔德定律、梅特卡尔夫定律三大定律，本质上揭示了新技术如何以指数级变化重塑经济版图和全球治理体系。当前大变局最重要的机遇便是新一轮产业变革和科技革命，尤其是数字化变革机遇。

一 推动产业数字化和数字产业化

新技术、新产业、新业态、新模式为引领的新经济，或者说数字经济，正在成为未来经济发展的"四梁八柱"。尤其是以 ABC（人工智能 Artificial Intelligence、大数据 Big Data、云计算 Cloud Computer）为代表的技术应用创新，以及移动互联网、工业互联网、IOT、区块链、未来网络乃至量子通信等万物互联技术，渐次带来了人脑解放、智力解放、劳动力解放，释放出巨大的生产力和消费潜力，正在解构、颠覆、重组经济秩序、市场秩序和全球秩序。

2016 年，世界银行旗舰报告《数字红利》认为，全球数字革命正如火如荼，我们正身处人类有史以来最伟大的信息通信革命进程之中。同年，G20 杭州峰会发布《二十国集团数字经济发展与合作倡议》，则指出正在进行中的数字化转型正在重塑当今经济和社会。麦肯锡全球研究院

（MGI）2017年的一份报告《中国数字经济如何引领全球》认为，当前中国拥有全球最活跃的数字化投资与创业生态系统，全球1/3的"独角兽"（估值超十亿美元的非上市初创公司）为中国企业；2018年《人工智能：下一个前沿？》报告模型预测，未来AI技术将如第一次工业革命时蒸汽机般刺激经济增长，预计到2030年机器人将取代全球8亿个工作岗位，全球大约70%的公司至少应用一种形式的AI技术。

二　大力发展民营经济和民营企业

推动科技创新，民营企业具有天然的优势。除了实力雄厚的央企国企、大院大所，民营企业尤其需要领跑我国经济高质量发展和民营经济发达、高科技企业云集的浙粤等东南沿海地区，发挥民营企业重要的支撑作用，发挥市场配置资源的决定性作用，打造世界一流企业。以中美两国信息经济为例，两国在软硬件领域都形成了一批各自的品牌企业，正在成为时代的巨人。譬如，美国有GIF（谷歌、国际商业机器公司、脸书），中国有BAT（百度、阿里巴巴、腾讯）；美国有AAM（亚马逊、苹果、微软）等数字经济巨头，中国也已经有HHL（华为、海康威视、科大讯飞）等冉冉升起的新星，这些品牌企业推动着技术最密集、生产要素最活跃的产业发展。

但是，与美国的这些巨头相比，我国龙头企业市值营收规模和利润偏低，财富世界500强企业排名也比较靠后。以市值高点为例。微软、谷歌、苹果公司市值一度接近或超过3万亿美元，英伟达、亚马逊、Meta等迅速崛起的公司市值一度超过1万亿美元，而阿里巴巴、腾讯、华为等公司估值2024年1月只有3000亿美元左右，百度、中芯国际、海康威视等公司市值约为1000亿美元，分别与美国顶级公司相差一个数量级。因此未来应持续积极支持数字型企业、平台型企业和民营企业，让这些企业在引领发展、创造就业、国际竞争中大显身手。大力发展民营经济，支持企业科技创新，提升国际竞争力，打造能与美国科技巨头相抗衡的国际一流企业。

三　优化顶层设计和加强自主创新

2019年2月，时任美国总统特朗普（Donald Trump）签署了《维护美国人工智能领导地位的行政命令》，此行政令将AI发展跃升成为美国具有里程碑式意义的国家级战略，成为特朗普政府"重塑美国伟大"的抓手，确保美国在人工智能研发及相关领域的全球领先地位。行政令要求联邦政府同步制定出台美国人工智能行动计划AAII（American AI Initiative），确定国家科学技术理事会人工智能专委会的核心地位，授权行政管理和预算局、科学与技术政策办公室负责AI研发，美国商务部负责AI标准制定，总务管理局负责AI云计算资源使用等，设立美国人工智能国家安全委员会。这给了我们加强AI等顶层设计很多的启示[①]。根据中国工程院专家潘云鹤院士的说法，当前在AI领域最好的前三所大学在美国，英国的算法技术最先进，中国在应用开发方面走在全球最前列。我们有很好的机会。

与此同时，需要不断加强自主研发和技术储备，解决"卡脖子"技术难题。众所周知，中国是全球最大的半导体与集成电路消费市场，但是自给自足比例一度仅为10%左右，且大多为中低端芯片，90%依赖进口，核心技术核心产品控制在人家手里。《科技日报》曾梳理，我国目前至少有芯片晶圆顶级光刻机、航空发动机、碳纤维材料、超精密抛光、医学探测器、锂电池隔膜、燃料电池、水下焊接、海底观测、精密轴承、高端钢材、工业机器人、自动驾驶、靶向治疗等多项核心技术及产品受制于人。习近平总书记多次强调"核心技术靠化缘是要不来的""核心技术受制于人是最大的隐患""要加大投入、加强研发、加快发展，努力占领世界制高点、掌控话语权"。中兴事件，就是一个很深刻的教训。显然相比之下，华为公司5G成功案例让人对自力更生、自主研发的重要性认识更加强烈。

天助自助者。

[①] 事实上，美国白宫2016年已颁布《美国国家人工智能研发战略计划》《为人工智能的未来做好准备》《人工智能、自动化与经济报告》等顶层设计和研究报告。

抓住新一轮消费升级和超大规模市场机遇

近年来,中央经济工作会议连续指出,要充分挖掘超大规模市场优势,发挥好消费的基础作用和投资的关键作用,促进形成强大国内市场,推动高质量发展。当前,我国市场规模居世界前列、潜力巨大,新一轮消费升级趋势明显。

一 把握中国新一轮消费升级趋势

一是市场规模预期升级。根据国外知名咨询机构麦肯锡的预测,2020—2030年我国中等收入群体数量将可能实现翻番达6亿人之多,全社会消费品零售市场在2019年首达40万亿元基础上,有望在2030年达80万亿元之巨(按年均名义增长6.5%测算),占全球零售市场份额有望提高约10个百分点。因此,我国超大规模市场必将形成一批超大规模的进出口平台,形成若干个全国消费中心乃至全球消费中心城市,并带来大量的基础设施改善和投资升级、产业升级需求,机不可失。

二是消费贡献逐步升级。随着人均收入水平不断提高,我国居民消费从生存型消费过渡到大众化消费阶段,再进化至品牌消费,如今已经进入品质化、个性化消费的新时代阶段。2019年我国人均GDP首次超过1万美元,从一般规律看,国内经济加速从投资出口导向转向消费驱动、创新驱动,最终消费对经济增长贡献持续提升。"十三五"时期我国最终消费增长贡献率保持在50%以上,平均达65%;尽管受到新冠疫情的较大干扰,消费增长放缓,"十四五"时期我国最终消费支出对经济增长贡献平均仍将超过60%。

三是消费结构稳步升级。传统消费向新兴消费、商品实物消费向服务消费转型、物质消费向更加注重精神需求消费转型，消费需求由模仿型同质化向差异化品质化转型，服务消费比重提高，实物消费比重下降。人口结构变动、老龄化进一步提高最终消费占经济比重。我国由老年抚养比主导的老龄化进一步加剧，人口总抚养比2030年预期将达50%，医疗健康保健、银发经济等家庭服务消费扩大，汽车消费等实物消费增速下降，消费结构发生重大变化。

四是平台载体加速升级。消费智能化成为消费平台升级的重要推手。新一轮技术革命和产业变革引发消费边际革命，云计算、大数据、人工智能等新技术应用大大拓展了投资消费边界，推动商业模式创新加快，消费载体进一步显示数字化、智能化和移动化特征。同时消费数字化带动产业数字化、设计数字化，消费互联网促进了工业互联网发展，促进现代服务业与先进制造业融合，推动制造业柔性升级，推动智慧化的C2B新制造时代出现，届时我国将出现一批消费服务、消费金融等的超大规模（平台型）企业。

五是业态模式加快升级。线上线下消费融合，数据赋能实体零售，超大规模的消费者大数据和消费者资产日益成为经济重要资源，更多的新需求潜力被激发，助推新业态新模式发展。随着女性消费、Z世代新生代等崛起，年轻消费群体消费意愿持续提升，平台消费、体验消费迭代升级，我国消费业态还将出现重大变化。智慧化产品有望爆发式增长，一批个性化、智能化新产品有可能成为国际品牌。

二 加强制度重塑和平台载体建设

紧紧抓住新一轮超大规模市场形成机遇，坚持从供给侧需求侧两端发力，发挥浙江市场优势、数字经济优势、改革创新优势，深化促进消费领域体制机制改革，加强消费的有效投资供给，创建国际消费中心城市，抢占全球消费市场的制高点，打造高质量发展的消费品牌集聚高地。

一是深化促进消费领域体制机制改革。聚焦愿消费、敢消费、能消费，制定常态化促进消费举措，落实国家出台的一系列促消费政策和措施；深化收入分配改革，抓住消费税征收后移至批发零售环节和央地共享消费税的税改机遇，促进各地商业繁荣；深化服务消费领域的准入和监管改革，激发居民服务消费潜力；完善促进消费推进机制，建立涵盖服务消费和实物消费的全口径消费统计监测体系。

二是培育打造国际化消费中心城市。适应我国消费升级和全球消费发展趋势，增加中高端消费供给，谋划打造一批接轨国际的高能级消费集聚示范区，促进国际消费购物便利化。支持杭州、宁波等对标纽约湾、旧金山湾、东京湾等世界级湾区及其中心城市，培育建设具有全球影响力的消费中心城市，打造新型消费中心城市、新零售之都、移动支付之都。

三是谋划促进消费升级的重大项目。全面落实投资新政，谋划推出一批具有乘数效应、促进制造业和产业升级的消费类投资项目，实施一批人工智能、区块链、元宇宙、大数据中心、消费互联网、工业互联网等新项目，加快促进消费重点领域与制造跨界融合，联动发展"新制造+新消费"。

四是统筹考虑投资建设与消费升级。统筹扩大内需与深化供给侧结构性改革相结合，形成消费与投资相互促进的良性循环，形成内贸与外销的良性循环，推动内外贸一体化发展。加快新兴金融中心、新型贸易中心等重点项目建设，建设数字自贸区、"数字丝绸之路"、eWTP世界电子贸易平台，鼓励发展金融科技、跨境电商等新业态新模式。

试论县域供给侧结构性改革

供给侧结构性改革,是我国经济"三期叠加"到"新常态"认识深化之后的具体实践。需求侧管理更多从短期投资、消费、进出口进行调节,供给侧结构性改革更多对中长期要素供给进行调整,重在解决结构性问题矛盾,提高全社会劳动生产率及全要素生产率(TFP)。在全球经济长波周期性放缓、短缺经济转向过剩经济、新旧动力转换大背景下,"供给侧+结构性+改革",抓住我国 2012 年以来经济发展主要矛盾或矛盾主要方面,是解决经济深层次问题的重大举措,决定着县域未来发展走向。以 2016 年的浙江嘉善县为例。

一 从 TFP 出发厘清县域供给侧结构性改革思路

与大的经济体一样,县域经济中长期增长依赖全社会劳动生产率提升。从增长理论看,全社会劳动生产率增长,包括提高资本-劳动比率和全要素生产率 TFP(技术进步、劳动者素质提高、专业化和生产创新、创造性破坏等)两个方面。在供需失衡、产能过剩、杠杆率高企、人口红利消失、创新驱动乏力等结构性问题突出的背景下,供给侧要素配置效率提升形成的全要素生产率 TFP,对劳动生产率增长和经济增长作用,远甚于需求侧的资本-劳动比率 CLR。党的十八届五中全会提出创造新供给、推进供给侧结构性改革,正是紧紧抓住了这一关键问题,用改革的办法矫正各类资源要素配置扭曲,提升竞争力,寻求新动力,促进经济发展。

嘉善县毗邻上海大都市,吴根越角、地嘉人善。嘉善县是浙江接轨上海的第一站和县域经济百强县,城乡发展较均衡,城乡统筹水平保持在全省前列。县域常住人口人均 GDP 达 1.2 万美元,规模以上工业产值破千亿元;全社会劳动生产率与全省平均相当,但仅为发达国家的四分之一左右、中高端产业发展不足、创新力不强等。"十三五"时期,嘉善县与浙江其他县市一样,面临人口老龄化、经济增速换挡、产业结构调整阵痛、环境资源要素倒逼等困难,新常态县域经济社会发展面临重大转型调整。得益于长三角一体化示范区国家战略和县域高质量发展示范点建设,"十三五"乃至"十四五"时期嘉善县潜在经济增长率在8%左右,仍处于中高速发展阶段。要积极稳妥实现这一增速,关键是要通过供给侧结构性改革,增强持续增长动能,从依靠不断增加投资转向提高投资效率、资源利用效率为主,提高全要素生产率和更高的供需均衡水平,不仅为"十四五"也为中长期可持续增长打下了基础,从而将在2030年左右迈入生产力水平较发达的社会。

作为沿海第一批开放城市和县域科学发展示范点,嘉善县域供给侧结构性改革理当走在前列。围绕中央和省市供给侧结构性改革一盘棋部署,坚持问题导向、目标导向,以退为进、久久为功,以提高县域全要素生产率为主线,打好经济转型升级组合拳,以优化存量引导增量为主,加、减、乘、除等方法并用,重点推进"三去一降一补"和创造新供给形成新动能,全面深化县域体制机制改革,扩大中高端产业、技术、产品、研发服务等有效供给,提升县域道路交通、能源水利等基础设施供给,增强教育医疗、养老服务等公共产品供给,促进供给体系更好适应县域及长三角乃至国内外需求结构变化,更好地适应和引领经济发展新常态。

二 推进"三去一降一补"打好转型升级组合拳

(一) 从加快高质量发展和产业升级角度推进"去产能"

"去产能"以旧换新发展新经济。旧的不去、新的不来。退一步是为了进两步。嘉善更是如此。针对低效用地、污染高耗能企业,摸清底数,加大环保、能耗、质量、标准、安全等各种门槛准入,通过"腾笼换鸟""空间换地""三改一拆"、亩均绩效评价等手段,重点做好"十三五"时期低端低效落后、小脏乱差等传统产能的"减法",大力整治淘汰落后产能,为先进绿色产能、现代服务业腾出发展空间。

一是加快淘汰落后产能。由于市场需求萎缩,产品附加值低、供需不匹配,抽样调查表明县域30%以上的工业企业存在产能过剩,超半数服务企业认为市场需求不足。重点针对 2000 家左右占地 3 亩以上的企业，即木业家具、水泥管桩、纺织印染、纽扣服饰、电镀、轴承、印刷包装、小化工小五金等工艺技术设备落后企业，以及物流、批发零售等服务业企业，深入实施要素差别化配置机制，通过土地、环保、税收等政策鼓励企业主动转型和改造，对占地多贡献少和污染大、安全隐患多、质量差、能耗高的产能企业坚决调整，力争每年淘汰或更新 100 家以上落后产能企业。

二是大力整治"脏乱差"小作坊。全县有 4 万多个市场主体，其中规模以下工业企业和个体户小作坊 6000 多家，面大量广。重点针对生态环境恶劣、污染排放和安全隐患突出的区域，比如小纽扣小五金集聚地、废旧钢铁市场、废品收购点等，重拳出击，敢动真格，联合执法，通过"三改一拆"等，以镇街成片整治为主，淘汰"脏乱差"小作坊。

三是稳妥处置"僵尸企业"。积极开展行业企业调研，尤其是对已停产半停产、连续三年亏损、没有竞争力和盈利能力的特困企业，制订方案，精准处置。结合"退二进三"、浙商回归等，鼓励境内外资本参与"僵尸企业"改制重组，以兼并重组为主，兼顾主动关停和破产清算，力争数年内消除特困企业、僵尸企业。考虑在县法院设立僵尸企业"绿色破产通道"，简化审理，加快破产清算退出。

四是加强智能化改造"去旧"。以存量优化为主，结合"中国制造 2025"嘉善行动方案和"工业 4.0"，通过"机器换人""腾笼换鸟"加快引进自动化智能化成套设备，加强智能化改造，淘汰落后产能，提高劳动生产率。积极推行企业技术改造政府购买服务，有求必应，争取智能化改造一家、政策补贴一家，切实加大行业智能化改造共性技术和服务供给，力争实现全部工业企业提升改造。

五是强化产业梯度转移承接。改变以往"捡到篮子里都是菜"项目遍地开花的思维，切实提高招商选资门槛。深入实施山海协作工程，强化纺织、木业、印刷包装等传统落后产能梯度转移。发挥都市圈区位叠加优势，结合"一带一路"、长江经济带通道建设等大战略，加强与周边地区乃至其他国家和地区的产业合作，积极承接引进新技术新产能。

（二）从房地产健康和释放有效需求角度推进"去库存"

"去库存"促进经济健康发展。县域房地产去库存，一方面要控制增量,强化去库存与土地供应联动;另一方面要优化存量,增加购买力。在控制房地产用地供给基础上,发挥毗邻上海区位优势,重点围绕上海需求、围绕新居民做好人口购买力的"加法",加大户籍制度改革力度,建立健全农民工进城的财税、土地等配套政策,推进以满足各类居民住房需求为出发点的住房消费,加强房地产市场引导,打通供需通道,提高户籍城镇化率,逐渐消化房地产库存。

一是有效释放城镇购房需求。用足用好公积金贷款新政等政策,取消过时政策,研究地方补贴优惠政策,完善新居民积分制度,鼓励新居民和农民进城购房。加大户籍制度改革力度,考虑制订20万本地农业人口和20万外来人口两个"20万"落户城镇方案,促进有能力在城镇稳定就业和生活的农业转移人口进城落户,切实提高户籍人口城镇化率。积极落实国家计划生育政策,从限制转向鼓励一对夫妇生育二胎,逐步改善人口结构,应对嘉善人口严重老龄化,增加中长期购房需求和改善性住房需求。

二是积极推进宅基地货币化安置。顺应城市化大势,积极推进农村新增宅基地货币化安置。加速推进农村"三权三抵押"改革,确权、赋权、活权,激活农村沉淀资产,引导通过土地承包权、集体经济股权、住房财产权抵押,进一步完善本地银行开发政策性住宅贷款产品,鼓励农民进镇进城购存量房,支持和引导农民自愿有偿退出宅基地。

三是全面推行住房货币化安置。加大征地拆迁农户、棚改安置和住房保障货币化力度,打通保障房、安置房需求与商品房供需通道,引导被保障居民家庭选择购买或租住合适的商品房,力争棚改货币化安置率达到省定的50%以上;在城镇危旧房改造、城中村改造全面推行货币化安置方法。

四是化解商业楼宇地产库存。重点是5000平方米以上的23幢楼宇共约169万平方米,去库存周期在6年以上。一方面应严格控制商业地产开发增量,另一方面切实按照县楼宇发展意见,用足用好政策,强化对接大上海推介。进一步通过"楼宇+专业市场""楼宇+产业园区""楼宇+特色小镇"等区域整体联动和鼓励产业集聚发展,鼓励从"租售并举"向"企业自持"转变,物业持有主体和运营主体分离,积极探索楼宇资产证券化新途径,打造楼宇经济2.0版。

五是支持合理住房消费。重点吸引上海居民购买力。强化接轨大上海、融入大上海都市经济圈,研究开行上海至嘉善市郊列车、快速公交体系,扩大上海固定电话和移动通信服务覆盖面;推动与上海高校、医院合作办学办医,加快两地市民卡、公交卡互通共用,以相对低廉的价格、便捷的基础设施和公共服务吸引上海居民在嘉善县购房。

(三) 从提高直接融资和资产证券化角度推进"去杠杆"

"去杠杆"让实体经济回归。高杠杆意味着较高风险,大大增加资源错配和不确定性风险。县域经济去杠杆,在加大不良贷款处置力度、积极处置企业"两链"风险和打击逃废债的同时,重点是做好直接融资、资本市场的"乘法",提高直接融资比重和融资平台资产证券化水平,降低间接融资比重,有序处置不良贷款,加强举债融资监督,把握去杠杆节奏和力度,守住不发生区域金融风险的底线,五管齐下,服务实体经济复苏。

一是提高直接融资比重。推进企业去杠杆,关键在发挥多层次资本市场融资功能,提高直接融资比重。根据县推动企业股改和利用资本市场发展实施办法,鼓励和扶持企业利用多层次资本市场做大做强,形成股改、挂牌、上市梯队。切实加强企业因股份制改造产生的各项成本费用补助,减轻企业负担,提高企业股改积极性。积极推进债券、中票、短期融资等直接融资,鼓励发行各类企业债券,鼓励发展股权类投贷联动业务。力争五年内新增完成企业股份制改造50家,"新三板"和全国区域性股权交易中心挂牌20家,境内外上市企业10家,五年内非金融企业直接融资占社会融资翻番达30%以上,经济证券化率达100%。

二是化解"两链"风险企业。加强"两链"风险企业数据采集监控,建立完善资金链、担保链风险监测预警机制,避免对多头贷款的风险企业单方"抽贷",避免对圈内未出险企业简单连坐"限贷",最大限度减轻担保企业代偿负担。努力通过增资扩股、资产重组、破产清算等,解决资不抵债企业和高杠杆企业问题。鼓励金融机构降低企业担保贷款比例,对企业正常周转的贷款做到不抽贷、不压贷、不延贷,严格控制和规范高杠杆企业保证贷款。鼓励银行增加信用贷款比例,发放股权、专利权、商标权、排污权等各类抵押质押贷款,优化企业贷款结构。力争五年内企业信用贷款占15%以上,保证贷款占比逐步下降。

三是重视民间融资问题。一方面,抓住省级金融创新示范县建设机遇,进一步拓宽实体经济融资渠道,完善县民间投融资服务中心功能,创新产品设计和服务方式，有效服务小微企业融资；提升全县 8 万多户农户信用等级和信用贷款，打通农村金融服务"最后一公里"，强化农村金融普惠，减少无序融资。另一方面，抓早抓小，切实防范理财、非融资性担保、P2P 网络借贷、投资公司、农民资金互助社等领域非法集资风险，重点关注和监督防控网络借贷、投资理财财富公司等新型互联网网络非法集资。切实遏制非法融资、高利贷等行为，有效防范"饮鸩止渴"、稳定县域金融风险。

四是支持处置不良资产。加强不良资产处置协调，简化不良资产案件处置程序，拓宽不良资产处置渠道。支持金融机构加大不良贷款核销力度，支持资产管理公司进驻通过拍卖、转让等方式处置不良贷款，加快不良资产处置。强化信用体系建设，从源头上遏制风险。加强政务、商务、个人等重点领域信用建设，严厉打击恶意逃废债行为，守信激励、失信惩戒，创建省级社会信用体系示范城市，打造"信用嘉善"。

五是破解县域投融资难题。积极开展资产证券化，通过股权基金投资等化解政府债务、去杠杆。借鉴兄弟县市经验，深化国有企业改革，建立国有资产证券化促进机制，谋划一家比如水务集团先行股份制改革乃至挂牌上市，力争五年内资产证券化企业不少于 3 家。整合国有融资平台，探索将城投、交投、商投等国有资产注入一家平台公司，充实平台资产，扩大融资规模，提升融资能力。强化产业基金引导，采取"1+X"模式设立新兴产业基金、主导产业发展基金、基础设施基金、创业创新基金、公共事业基金、生态基金等子基金，"四两拨千斤"，争取以 3 亿元政府基金规模撬动 30 亿元以上社会资本，解决地方融资问题。

（四）从帮助企业保持竞争优势角度出发推进"降成本"

"降成本"帮助企业渡过困难期。降低税负成本是供给政策的题中应有之义，供给经济学派政策重点是减税和放松管制，突出拉弗曲线调整作用，支持实体经济发展。对于县域经济而言，在落实关于降低税费负担、降低融资成本等政策的基础上，重点应做好降低用工成本、制度成本、物流成本等五类企业成本的"除法"，做小企业成本分子，做大企业利润、产值规模分母，多措并举，多管齐下，切实降低企业整体税负、提高企业竞争力、增强经济发展活力。

一是降低企业用工成本。企业调查显示，全县规模以上工业企业成本费用占营收比 95.5%，高于全省和全市水平，压力最大的是人工成本，其次是原材料成本、税费负担等。企业运营成本连年居高不下，包括人工工资、社会保险费等在内的企业用工成本上升速度较快，挤占了企业利润空间，进一步导致招工难、留人难、用工缺口大。全面实施"互联网+智能制造"行动计划，加大机器换人力度，争取降低工资成本在销售收入中的比例。落实好降低社会保险费率政策，精简归并"五险一金"，降低企业养老医疗、失业保险等社会保险费率，对符合条件的困难企业暂缓缴纳社会保险费。

二是降低制度性交易成本。规模以上工业企业问卷调查显示，制度成本仍有较大的下降潜力。加大简政放权力度，实行并联审批和全流程优化，创新实施企业投资项目"多图联审""多评合一""中介超市"等机制，开展高效审批 50 天全流程试点，推进审批再提速，用政府权力"减法"换来市场活力"加法"。大力推进"互联网+政务服务"建设完善，加快建设"五位一体"行政服务中心，改变事前"重审批"为事后"重监管"，提高行政审批效率。切实按照省定目标力争审批中介服务收费下降 15%，落实国家和省市相关措施，全面清理中介服务事项，取消不合理收费，降低服务收费标准。

三是降低企业物流成本。短期内规范物流交通服务性收费，推进城市配送车辆进城、通行、停靠便利化，中长期强化物流规划制订实施，降低物流总成本。加快包括国际物流通关、信息中心、结算中心、停车场等功能在内的综合物流园区建设，加强综合交通信息平台建设，解决车货信息不对称、物流分散和规模效益差等问题，降低物流企业运营成本和其他工商企业物流成本。大力实施"水运复兴"计划，整合镇街沿线港口泊位和水运资源，加强内河港建设。

四是降低企业用地等成本。鼓励采取先租后让、长期租赁、弹性出让等方式供应工业用地，盘活存量为主供地，加强低效产业用地再开发利用，配合做好降低企业电价气价，努力降低企业用能用地成本。严禁金融机构对企业贷款业务搭售各类理财产品、违规收取保证金，严禁"以贷转存""存贷挂钩"等行为，鼓励商业银行按国家基准利率发放贷款，创新企业还款方式，降低企业融资成本。借鉴平湖产业结构调整经验，对规模以上工业企业问诊把脉采取政府购买服务，量身定制转型升级"一企一策"，降低企业转型成本。

五是降低综合税费负担。主要在实行结构性减税和普遍性降费上做好"减法"，落实好结构性减税政策和地方水利建设基金下调等政策。切实按照上级部署，全面推动"营改增"试点，范围扩展至建筑业、房地产、商务服务、生活性服务业等。加强高新技术企业认定，全面落实小微企业、高新技术企业、企业研发费用税前加计扣除等税收优惠政策。帮助企业加快出口退税进度。严格贯彻《关于进一步扩大小型微利企业所得税优惠政策范围的通知》，支持小微企业发展和创业创新，持续推进浙商善商创业创新工作。

（五）从强化能级建设民生幸福家园角度"补短板"

"补短板"扩大有效投资稳增长。投资既有需求属性又有供给侧内容，提高供给质量。补短板既是"三去"刮骨疗伤后的经济"补药"，又是"木桶理论"补短板增强发展能级的重要手段。结合嘉善县域实际，按照加快供给侧结构性改革补短板的相关要求，坚持问题导向、需求导向、目标导向，现阶段补短板重点做好生态环境、基础设施、公共服务等五大短板的"排除法"，投资超400亿元，力争五年内补齐短板，建设民生幸福家园，让人民群众有更多的获得感。

一是大力补齐生态环境短板。生态环境污染问题，使得诗画江南·水韵嘉善的形象大打折扣，也是当前人民群众最关心的问题。根据县域科学发展评估组一项调查显示，受访者最关心的三件事除"收入"之外，是"水"和"空气"。大面积畜禽养殖尤其"一头生猪"污染问题严重，使得水乡名存实亡，水韵尽失。大力推进"三改一拆"和农业面源污染治理，逐步实现生猪养殖退养甚至清零，全面改善水环境。大力推进"五水共治""五气共治"，深入实施"清三河""河长制"，贯通县域"田"字形水系，强化圩区整治，死水变成活水，打造水乡绿城。大力推进"四边三化""蓝色屋面"专项整治，突出城乡环境综合治理，推进老旧镇街区改造，创建"无违建"县，建设"美丽嘉善"。

二是加强补齐基础设施短板。在制造业投资、房地产投资相对疲软态势下，基础设施投资带动是近年投资的关键。重点瞄准交通、能源水利、市政管网等领域，加大力度补齐短板。大力实施百亿交通工程"311"行动计划，即重点推进平黎公路等主要道路改扩建、跨海大桥北接线、道路联网提级3大工程实施，打造各镇街到周边大都市1小时交通圈、户到户

1小时交通圈，及"两纵两横"为主的航道网；加快推进重大治堵项目，破解"断头路"、城市拥堵等问题。积极推进"海绵城市""智慧嘉善"等看不见的政绩工程建设，切实推动建立城乡一体的供水网、城乡一体的污水网、城乡一体的供电网、城乡一体的燃气网、城乡一体的水利网、城乡一体的信息网等。

三是深入补齐"三农"短板。县域农业人口比重超50%，"三农"仍是一个根本性问题。加强农业"区镇"平台建设，提高农业标准化规模化经营水平，提升土地流转率达80%，打造一批"银嘉善"特色农产品品牌。补齐农村基础设施短板，建设一批美丽乡村精品村。深化"三权三抵押"农村产权制度改革，全面激活农村各类沉睡资产，打通资本流向农村农业通道。健全民政低收入农户困难家庭数据库，精准扶贫、精准脱贫，着力提高低收入农户收入。积极培育新型农业经营主体，培育新型职业农民，着力解决种田人口老龄化的问题。重视解决生猪退养"清零"带来的农民增收问题，支持通过农村电商、集体经济壮大、二三产就业等转产转业，保障农民收入。

四是全面补齐公共服务短板。坚持发展成果人民共享，加大政府投入力度，弥补教育、养老、健康等短板，推进教育、卫生等基本公共服务标准化、均等化。加快建设完善县社会福利中心和城乡居家养老服务照料中心，创建省级社会养老服务示范县。加强与高校和社会资本合作办学，重视利用存量闲置校舍，推进高校附属学校和新居民子女学校、镇街幼儿园项目建设，建设省教育现代化县。积极实施妇幼保健院等改建迁建项目，完善公共文体设施，打造"健康嘉善"。研究完善备用水源建设，加强老旧管网改造，切实提高饮用水质量。利用大数据加强社会治安、食品药品安全等监管，打造"平安嘉善"。

五是重视补齐创新驱动短板。创新能力不强是我国经济的"阿喀琉斯之踵"。创新驱动关键是构建适合创新发展的生态系统。深入实施"创新嘉善·精英引领""金蓝领计划""长风计划"，继续引育人才，以人才优先引领创新驱动发展。加强接轨大上海、苏南和杭州国家自主创新示范区，融入沪杭创新走廊建设，引进沪杭创新型学院分支机构及科技机构。积极争取布局一批省级重大科技专项，新增一批高新技术企业及行业平台，创建国家级高新技术园区。强化归谷科技园、科创中心、高铁新城三大创新主平台建设，向东与经济开发区、上海科创中心连点成线，借力打通科技和经济社会发展通道。鼓励企业走出去，建立境外创新投资和技术消化吸收创新平台。加强知识产权保护和品牌建设，创建省级知识产权示范县。力争五年内累计科技投入 80 亿元，R&D 占生产总值的 3% 以上，打造省级创新型县。

三 积极创造新供给培育新动能和发展新经济

培育壮大新动能是供给侧结构性改革的重中之重。经济新常态下，应抓住新一轮科技革命和产业变革机遇，突出产业跨界融合、产城融合，深入开展大众创业万众创新，推进产业组织、商业模式、供应链创新，加快新技术应用、新业态拓展、新模式示范、新产业培育，满足消费不断升级的需要。结合"十三五"发展和示范点第二阶段任务，重点做好特色小镇、分享经济、新兴产业等新供给新动能的"增量法"，培育壮大嘉善新兴产业和现代服务业，发展新经济。

一是培育创建特色小镇。特色小镇是浙江一项新的创举，从某种程度上展现了未来的经济社会发展形态。一个特色小镇，就代表了一个新产业、新引擎和创新平台，比如梦想小镇、云栖小镇。围绕产业"特而强"、形态"小而美"、功能"聚而合"、文化"浓而厚"，聚焦七大万亿产业，大力推进巧克力甜蜜小镇、归谷智造小镇、互联网智慧通信小镇、沪浙产业协同创新小镇、汾湖水上运动小镇、中荷科创小镇等小镇建设。以市场为导向，推动众筹、众扶、众包、众创等创业载体建设，推广创新工场、创业咖啡、创客空间等新型孵化器，强化小镇科投风投基金投资，以创新引领发展。

二是大力发展分享经济。加快信息化基础设施建设，制定实施"互联网+"行动计划，积极应用新一代通信技术、移动互联网、云计算大数据等技术，推动"互联网农业""互联网制造""互联网旅游""智慧交通""智慧医疗""智慧养老"等分享经济发展。围绕沪善"13579"现象[1]，做好接轨上海大文章，依托上海参与长江经济带等国家战略建设，对接引进上海先进制造业、科技创新、教育医疗等资源。加强综保区 B

---

[1] 即 10% 的嘉善人或亲戚工作生活在上海，30% 左右的工业制成品为上海配套，50% 左右的农产品销往上海，70% 的游客来源上海，90% 的招商引资项目和信息来自上海。

区与上海自贸区深度合作,探索建立自贸区嘉善分区。抓住上海迪斯尼开园机遇,联动建立合作机制,争取共享发展游客经济。加强与金山、吴江等毗邻地区对接,推进姚庄、枫泾、陶庄跨区域平台共建,发展省际边界共享经济。

三是积极培育服务新模式新业态。基于自身优势,大力发展物流与供应链、信息服务、健康产业等现代服务业,提升价值链,推动产业结构升级。推进电子商务、物联网等为核心的信息服务经济发展,建设高铁新城电商试验区、软通动力物联网产业基地。以开发区物流园和西塘综保区为核心,发展国际物流、电商物流,引进物流总包、物流金融等现代物流模式,打造长三角现代化生鲜冷链基地、中转分拨枢纽。以西塘古镇和大云旅游度假区为引领,加快旅游全域化、智慧化建设,打造国内外知名旅游目的地。以健康服务、养生养老为主攻方向,建设杭嘉湖健康产业示范基地。

四是壮大中高端特色制造业。坚持信息经济引领、中高端装备制造业为支撑,重点培育电子信息、精密机械两大主导产业。做强精密部件、光通信全产业链,精益生产通信设备、工控电子及精密轴承、精密仪器仪表、精密医疗器械等精密系列产品,打造具有核心竞争力的千亿级现代产业集群。抓住机遇培育通用航空、节能环保等新产业,力争在航空制造服务、光伏新能源新材料等方面突破。积极推广基于互联网的品牌木业家居等产品个性化定制、云制造等新型制造模式,推广工业机器人应用,构建智能制造等新体系。

五是提升发展精致经济。大规模的工业园区拓展和产能扩大时代已经远去,取而代之的是专业化的小而精的知识密集型、技术密集型新经济集聚。加快在三大工业主平台规划布局一批专精特新"园中园""区中园",加强境外合作和外资利用,打造中荷、中德产业园等一批精致型国别专业园区。以商务楼、写字楼、综合体、SOHO等为载体,培育现代商贸大楼、金融服务大楼、文化创意大楼、工业设计大楼、服务外包大楼等一批特色楼宇和专业楼宇,拓展发展新空间。打好"上海牌",加强与上海杨浦、浦东等及张江高科技等开发区园区合作,建立人才、产业、技术、信息共享机制,以产兴城、以人为本,聚力建设上海人才创业园。

四 全面深化县域改革促进可持续发展

新动能需要全面深化改革来保障。嘉善是较早实施综合改革的县。

2014年，浙江省政府批复实施嘉善县域科学发展综合配套改革总体方案，围绕示范点"三区一园"全县开展了12个领域数百项改革，在全面改革试点方面已有较好的基础，但改革也存在着"不缺试点缺亮点、不缺基础缺突破、不缺优势缺品牌"的问题①。下一步应在建立改革容错免责机制的基础上，突出重点领域和关键环节；在全面深化县域综合配套改革的基础上，做好农村产权制度、大众创业促进机制等改革深化"优选法"，着力打造一批特色型、拳头型、品牌型产品，形成一批具有全省乃至全国改革影响力的"嘉善样板"，成为全国县域发展改革排头兵。

一是打造"县域善治"综合改革样板。自省政府批复实施嘉善县域综合配套改革总体方案以来，"三区一园"改革取得较大成效，100项具体改革有序推进，体制活力不断激发。但掣肘于县级权限限制、"违法或改革"两难困境和文化相对保守等因素，改革很大程度上只是"改良"，并没有充分发挥示范点先行先试的试错权优势。围绕"四个全面"战略布局，突出"县域善治"改革引领，同时建立健全改革评估机制，建立改革纠偏和退出机制，重用改革人才和改革派，鼓励改革、宽容失败，切实提升县域治理体系和治理能力现代化。

二是打造大众创业促进机制改革品牌。积极响应"大众创业万众创新"国家战略，深化大众创业促进机制改革试点，壮大新动能、激发新经济活力、打造创业创新型临沪新城。以优化大众创业投资环境、打造多元公共服务平台为主，发挥"创十条"政策效用，鼓励兴办电商等经济实体、科技型创业企业、创业学院、镇街创业园，鼓励以创业带动就业，推进居民增收致富。依托归谷科技园、科创中心和高铁新城，设立上海人才创业园，打响"创客嘉善"品牌。

三是打造县城基础设施投融资体制改革样板县。当前，全县已有污水处理、燃气特许经营、教育医疗养老等领域，向社会资本开放，但面窄量小。深化县城基础设施投融资体制改革国家试点，建立完善社会资本开放目录和项目库，争取全面打通基础设施和社会事业民间投融资通道。全面推广政府和社会资本合作PPP模式，创新民间资本投资基础设施和社会事业回报机制。支持将高铁新城打造成为政府与社会资本合作、产城融合的嘉善样本。

---

① 《学习与思考》，嘉善县委理论学习中心组文集，县委宣传部编，2016年3月。

四是打造综合行政执法改革样板县。嘉善县域面积小、交通便利且全域平原水网地带，推进综合行政执法改革具有天然优势。按照全域为一个大城市的理念，完善综合行政执法改革试点方案，深入推进实施县域总体规划"多规合一"改革，参照大城市管理体制实施城乡一体化管理，各行政主管部门切实履行主体责任，执法局全面推进城乡统筹的跨部门、跨领域综合行政执法。推动建立统一的综合行政执法信息共享平台，开放数据接入端口，实现信息互联互通。

五是打造养老服务业综合改革样板县。嘉善县户籍人口老龄化率高达25%以上，全省（县市）第三、全市第一，人口老龄化程度高、人口老龄化速度快，预计2030年全县60岁及以上户籍老年人口占比将达35%以上。坚持公平正义和普惠制，全域化、智慧化、多元化、专业化、亲情化"五化融合"，从可示范转向可复制，以标准化、规范化推动县域养老基本公共服务均等化。强化"智慧养老"平台建设，加大养老服务供给侧结构性改革力度，鼓励社会资本发展民办养老机构，推进养老服务标准化发展，打造养老服务"嘉善模式"。

六是打造农村产权制度改革样板县。农村产权制度改革，是整个城乡统筹发展体制改革的核心。某种程度上改革也事关"去库存""补短板"、户籍制度改革等成败，具有牵一发而动全身的功效。嘉善率先创新农村产权"三权三抵押"机制，累计已发放三权抵押贷款达1.9亿元，但与全县农村至少200亿元资产规模相比还是显得太小。下一步加大农村产权"确权、活权、同权"力度，大幅提高农业土地承包经营权抵押贷款总量，快速提升农村集体经济股权抵押贷款效率，突破农民住房财产权抵押贷款的障碍，促进各类产权实施进程加快有序流转。

"郡县治，天下安"。县级是党组织结构和国家政权结构的关键环节，国家经济治理很大程度上依赖数千个县域经济治理。县域供给侧结构性改革，事关全面深化改革和中国经济转型升级的成败，事关中国第一个百年奋斗目标的实现。供给侧结构性改革，要有"功成不必在我"的心胸，闯关过坎"壮士断腕"的勇气，承受增速放缓、结构调整阵痛的定力，不能左顾右盼、浅尝辄止。嘉善县要紧抓全国上下一盘棋改革政策红利机遇，紧抓经济新旧动力转换的窗口期机遇，紧抓示范点建设"升级版"机遇，积极推进高质量发展，相信经过数年努力，定能旧貌换新颜，全面实现县委提出的打造创业创新现代化临沪新城目标，取得新的改革发展成绩。

信贷增长与实体经济关联分析

信贷资源在一个国家或地区中促进经济发展发挥着重要作用，资金是经济发展的血脉。研究表明，合理的地区信贷及增长对当地经济增长和资源优化配置起着非常重要的作用。信贷推动的投资增长是拉动经济发展的"三驾马车"之一，信贷增长也间接推动了各种资产要素表现为货币的价格上涨，从而增加国民财富。

综合金融信贷数据和相关文献研究分析发现，广义货币供应量 M2 与国民总收入比例，或者全部金融机构贷款余额与地区生产总值比例（以下简称"信贷 GDP 比"）应保持在一个适度的区间水平。实体经济与虚拟经济发展应该相匹配，两者相辅相成。过早或过度的金融深化，过多或过少的信贷，都不利于一个国家或地区经济的自主持续健康协调发展。尤其是过量的信贷流动性、市场投机和成倍放大的金融杠杆等引发的房产股市资产泡沫和经济虚拟化，危害性较大。比如 20 世纪 80 年代末 90 年代的日本、后期东南亚其他国家和地区，以及 2008 年发生的国际金融危机。

一 信贷与经济总量基本面考察

以 2008 年为例，我国国内生产总值达 30.1 万亿元，年末全部金融机构人民币贷款余额为 30.3 万亿元，信贷 GDP 占比为 100.9%，大致可认为保持着一个实体经济与虚拟经济相对动态平衡。但是就各地区而言，由于东部、中部和西部各个地区之间的经济发展程度差异较大，资源禀赋不一，金融资源在地区间的分布并不均衡，差异较大。

其中有 10 个地区年末信贷与 GDP 占比超过全国，按照比例大小依次为北京（190.6%）、上海（176.4%）、重庆（157.4%）、甘肃（148.9%）、浙江（134.8%）、宁夏（127.7%）、天津（121.0%）、云南

（115.7%）、青海（107.5%）和贵州（107.1%）；其余21个地区当年信贷总量小于当年度地区生产总值，分别是海南（94.8%）、广东（94.8%）、四川（89.3%）、福建（88.6%）、陕西（88.4%）、辽宁（87.6%）、山西（87.1%）、江苏（86.3%）、安徽（78.3%）、湖北（77.2%）、吉林（76.1%）、广西（71.3%）、江西（70.1%）、新疆（67.2%）、山东（64.5%）、湖南（62.6%）、河北（58.4%）、内蒙古（58.3%）、河南（56.3%）、西藏（55.4%）、黑龙江（54.5%）。如果以全国的信贷与GDP比=100作为参照系数，大致可以将31个地区按比例大小分为三个层次。

第一个层次是年末信贷余额总量较多超过当年地区生产总值，信贷资本相对地区经济总量较为充足，基本上属于资本净输出地区，分别是北京、上海、重庆、甘肃、浙江、宁夏、天津、云南8个地区。其中，浙江是所有资本净输出地区中信贷规模最大的，上海是所有资本净输出地区中信贷余量最大的。结合浙江信贷投资等数据做了一个大致测算，2008年浙江省外（境外）投资流量可能已达到8000亿元之多，具有显著的省内资本向省外输出的特征。

第二个层次是年末信贷余额总量略高于或低于当年地区生产总值在10个百分点之内，保持信贷与经济总量基本平衡，分别是青海、贵州、海南、广东4个地区。相对于经济生产力，这些地区金融机构年度可提供的信贷资源以及外资利用可满足本地经济发展的需要。

第三个层次是年末信贷余额较大程度低于地区生产总值15个百分点以上，基本上属于资金不足或需信贷资金输入地区，分别是黑龙江、西藏、河南、内蒙古、河北、湖南、山东、新疆、江西、广西、吉林、湖北、安徽、江苏、山西、辽宁、陕西、福建和四川19个地区。尤其是山东、江苏、河北、河南、内蒙古、湖南等地，金融信贷余额小于年度地区生产总值达到3000亿元以上，经济发展需要大量的外地资本输入。

如果单从以上信贷[①]和与经济总量的关系出发分析，结合全国平均水平的实际情况，可以发现上海、北京、浙江等地呈现显著的资本输出特征，总量居于全国前三位。金融信贷增长和投资流动，不仅促进本地经济

---

① 本文所有的信贷和固定资产投资数据统计计算均按本币口径进行。由于外币信贷、外商直接投资占全部信贷、全部固定资产投资比重较小，为分析方便，本文暂忽略这个因素影响。

发展和资产要素价格上升（土地、房产和其他企业生产要素的货币化），也推动了一些资本富庶地区的外向型发展和对省外境外投资，并促进了省内、省外两种经济发展。但同时也意味着作为资本输出地的省内实体投资不足、新经济增长点缺乏、产业技术创新和升级处于被压抑的尴尬状况。

通过下文分析可以发现，早在国际金融危机之前，浙江的信贷资本流动性就已经处于过剩饱和状态，但全国应对金融海啸"一刀切"的信贷鼓励投放政策，加剧了浙江区域经济的资产市场泡沫化程度，区域金融风险骤升，而过量信贷对经济刺激的作用有限。

二 区域经济信贷杠杆率明显偏高

信贷与 GDP 比与全国的反差显著。浙江与全国信贷与 GDP 比（即信贷年末余额/GDP×100%）的正向差距不断加大，信贷与 GDP 比高于全国。1978—2003 年，浙江的信贷与 GDP 比一直低于全国水平，至 21 世纪初两者差距开始大幅收窄。2003 年，浙江信贷与 GDP 比基本与全国相同，相差不到 2 个百分点，当时经济全国和浙江一样过热，各种资源要素紧缺，缺电缺水现象非常普遍，虚拟经济泡沫初现。2004 年之后，浙江信贷继续快速增长，信贷 GDP 比一举超越全国水平。在全国宏观调控收紧信贷以抑制通货膨胀的背景下，浙江信贷增长有所减弱但并没有随着全国一起下行，而是继续小幅上扬，逐渐拉大与全国的信贷 GDP 比增长差距，成为一个显著的区域经济运行特征，2008 年信贷 GDP 比浙江高于全国高达 33.9 个百分点，信贷资金处于一个超饱和状态。

近年来，浙江大大高于全国信贷 GDP 比的水平，一方面表明了浙江拥有巨量的存款和信贷资金，21 世纪初以来浙江从"不差钱"，信贷投放早已超出实体经济需求；另一方面正如下文所述的那样，过量信贷也直接推动了近年来省内各类资产要素价格的快速货币化、虚拟化。信贷与投资差距扩大，表明浙江实体经济能够吸收资金越来越有限、区域实体最终需求疲弱的这样一个事实，以私人部门为主的投资进一步走低，投资与信贷的矛盾日益深化。

三 要素价格快速上涨与发展省外经济

近年来，以全国水平作为参照，浙江信贷、固定资产投资和经济增长的这种态势，客观上导致了两个结果出现，并在国际金融危机的影响下进一步凸显。

(一) 过度流动性导致资产市场泡沫出现

目前快速的货币供应和信贷增长，在全省信贷资本已经较好地满足实体经济发展所需的前提下大量溢出，显著推动了浙江企业资产、土地、房地产和其他一些生产要素等的货币化、虚拟化进程，进一步导致实体经济的固定资产投资增长与信贷增长背离。上述三个反差其实无一例外地在表明这样一个事实，就是浙江资产要素价格的上涨，已经脱离了实体经济发展步伐。土地市场、房地产和股市等基于流动性的迅速复苏，与实体经济越来越没有联系。

以全省大幅攀升的土地交易价格指数为例。根据有限的统计资料分析，21世纪以来，土地交易价格指数不断攀升，土地价格大幅上涨，并一举超越信贷增长速度。2000—2008年土地价格年均增长18.6%，2002—2008年年均增长22.7%，2007—2008年平均增长高达35.0%。在资金面充足情况下，土地等生产要素货币化非常迅速，土地交易价格增长更是大大超过信贷增长（平均超出15个百分点），远远超过实体经济名义增长速度（平均超出18.1个百分点），背离趋势越来越明显。考虑到2009年上半年以来，以有国企背景为主的各个开发商"地王"频频出现，2009年土地交易价格指数应不会太低，也预示着今后部分地区可能面临新一轮的资产要素价格上涨和再泡沫化。但是在现行收入分配机制体制下的泡沫代价基本上要由全体居民来承担支付，通过初次分配和再分配财政税收机制进行转移支付，极少数人将得益。

资产要素价格上涨与实体经济脱钩也表现在资金流入股市致其暴涨上升。有大量的研究证据和现象表明，信贷资金尤其是短期贷款正在流入资本市场推动股价上升，从而增加企业财富、支付能力，并通过再担保抵押融资或其他途径扩大资产负债表，并推动股价再次上升，形成了一个自强化循环。而浙江的信贷结构，又为这种快速虚拟化提供了很好的土壤肥料。与全国绝大部分地区以中长期贷款为主的信贷结构不同，浙江信贷资金以1年期内的短期贷款（短期商业票据、票据融资等）为主，占总信贷比60%以上。根据本文的一个公式模型测算，累计已约有8000亿元信贷资金溢出通过各种渠道进入房市和股市，一旦下半年进入资本市场的各类资金贷款到期后流出资本市场或出现违约，必将显著引起资本市场较大波动和带来金融风险。如以真实的经济发展水平来衡量，当前资产要素价格实际价值与其虚拟账面价值的脱钩程度，很可能已在 10% 以上，随着时间推移可能还会有所增强。

当前，资产要素过快上涨引起经济发展脱钩与强烈的资本投机性等因素，并不利于实体经济发展。美国日本如此、拉美国家曾如此、东南亚各国也如此，其他国家或地区也曾如此，虚实之间矛盾的积累和深化，带来的后果非常严重。就浙江而言，温州的情况相对典型。曾经名噪一时的"温州模式"如今已经深陷增长瓶颈，高企的土地、房价等资产价格，加上出口的不景气，严重影响了本地的实体投资和消费良性循环；近年来温州居民账面上的财富虽增加较快，近三年存款与信贷增长也高于全省同期平均 5—6 个百分点，但本地的经济增长持续低于全省平均水平，2004—2008 年全市固定资产投资增长、GDP 增速，分别落后全省 0.5 个和 0.6 个百分点。2008 年温州市全社会固定资产投资同比仅增长 2.9%，GDP 增长 8.5%，分别落后全省平均 7.5 个和 1.6 个百分点，更不用说与全国的差距。从 2009 年上半年公布的全省各市经济发展数据来看，情况可能更糟。温州市区、瑞安、乐清等主要地方经济中心的房价达到了沿海大中心城市的水平，财富分配也更加趋于不均等。根据去年进行课题调研所闻当地一位干部的形象比喻：温州市域内的东西部差距或下辖瑞安的东西部差距，一如中国的东西部地区差异巨大。区域经济发展的严重不均衡、财富积累和增长的方式，使得温州模式无可避免地走进了一个率先崛起也率先衰退的不利循环，显示当前的模式亟须转型。

（二）信贷资本扩张加速推动了省外（境外）经济发展

相比全国其他大部分地区，浙江犹如一个巨大的资金储蓄池和供应池。信贷快速增长，客观上也大大加速了浙江资本输出，显著推动了浙江省省外（境外）经济发展的结果出现，类似于日本等工业化扩张时期的资本输出和对外投资进程，这是有利的一面。大约 20 世纪 90 年代初，浙江开始了省外（境外）投资进程，于 2002 年（当时人均 GDP 达到 2000 美元）明显形成了上规模的省外（境外）投资经济，有关的理论和实证研究也充分验证了这一点。比如从经济实体来看，通过各种融资方式，万向、吉利、广厦、正泰、海亮等百强民营企业基本上都有境外省外投资，而一些国有及国有控股企业如杭钢、杭机床等凭借雄厚的资本实力,近几年大多在快速向省外境外拓展产业投资领域。如果通过对浙江历年来新增信贷、新增省内投资和省内经济总量的比例关系考察,本文测算后认为,截至 2008 年年底,浙江在省外(境外)直接投资累计大约已达 8000 亿元。按照正常的利润回报率和收益率测算,通过利税回流、服务贸易和提升要素市场价值等方式反哺本地经济,加上资本市场收益,估计已经为浙江创造了至少占 10% 的地区新增财富。或者可以说,当前浙江全省人民创造的地区 GNI 为地区 GDP 的 110% 以上。一个典型例子是温州,温州人经济总量远大于温州经济,每年大量回流本地的银行储蓄存款就是一个明证。

至此,可以说当前和未来的浙江经济将显著地由两个部分构成:浙江经济和浙江省外(境外)经济。

(三) 金融危机深化了浙江对外投资发展趋势

金融危机的到来,加剧了浙江信贷资金过剩与本地实体经济投资增长的矛盾,加快了浙江资本输出步伐。一是加速向省外投资和产业梯度转移。近年来,上海、浙江等地的资本输出和制造业转移,带动长三角外围地区尤其是皖、赣等周边地区和中西部地区的投资增长,并推动了以沪苏浙为核心的沪苏浙皖赣四省一市的大三角区域经济格局初步形成。二是加速向境外投资。近年来,浙江有实力的民营企业或国有企业抓住机遇并购国外同质企业的案例数量和规模均大为增加。据统计,2008 年全年全省境外 FDI 投资总额差不多是 1993—2006 年累计境外投资的总和。2009 年以来,浙江较为充足的储蓄存款和大量的信贷增长,已经又有为数不少的浙江资本流入其他省市和境外,并继续推动浙江省外(境外)经济快速发展。省外(境外)经济的快速形成和发展加快,不仅是压力下浙江经济求发展求生存的一个直接结果,也有可能成为当前省内经济结构尚未得到有效优化调整、新经济增长点尚未大规模出现的背景下,浙江经济发展的一个选择和突破口,并为今后浙江企业大幅提升竞争力和浙江经济国际化进程加速发展深深埋下伏笔。

四 若干对策建议:处理好三种关系

综上所述,充裕的信贷资金有效助推了浙江省内经济发展,有力地推动了省外经济快速发展，加速区域经济一体化和国际化进程，也导致了浙江资产要素价格快速上涨和经济虚拟化。但金融房地产等虚拟经济发展最终有赖于本区域内的实体经济增长和技术创新、转型升级，信贷增长过快与浙江产业投资不足的内部矛盾日益加深，将进一步导致虚拟经济逐步脱钩于实体经济。如果脱钩程度过大过深，资源错配风险与泡沫成分太多，引发某个中间环节资金循环断裂，不仅将严重损害实体经济和失去大量财富，也将失去此次金融危机带来的发展机遇。

展望未来，浙江仍有较好机会重新获得较快增长的动能。较强的风险偏好意识和应变能力、较好的增长韧性和长期以来深厚的历史文化积淀等，以及当前未来各项产业政策的重大助推，加上浙江人对外开拓创新的智慧和勇气，都有利于浙江率先全面转型升级和基本实现现代化。但就近中期而言，浙江应大规模实施行业技术升级改造和促进产业重组提升，大规模实施改善民生工程并促进中低收入阶层大幅提升消费能力，强化改革以促进新的经济增长点出现，以及加大对外资本输出力度促进省外（境外）经济发展，避免本地虚拟经济过度膨胀，力促实体经济与虚拟经济发展相匹配。

（一）处理好虚拟经济与实体经济的关系

实体经济是虚拟经济的根本，虚拟经济应以推进实体经济的发展为基本目的。加大信贷刺激力度推动资产价格适度上涨有助于经济复苏，但过快虚拟化和过剩流动性必然加大中期通胀压力，并大大增加了资源错配风险、产生泡沫和存在引发破裂的不确定性风险，美国、日本等的历史经验无不证明了这一点。当前，国外主要发达经济体的复苏进程较为缓慢，国内外宏观金融风险依然存在，浙江旧有的经济增长模式并未得到有效转换和新的大规模的生产力并未有效形成等，在经济增长放缓、金融产品有效创新不足等前提下，对于本身具有高流动性、高风险性和投机性等特征的虚拟经济，加上信息的不对称性，都将使经济运行有很大的波动性，破坏实体经济发展，因此必须高度警惕和加强金融监管、抑制资产过度泡沫出现，保持信贷投放节奏、透明性和可持续性，防止长期陷入可能出现的"中等收入陷阱"。应千方百计优化制造业投资环境，鼓励中小企业和民营经济发展，重新培育导向形成如20世纪90年代中后期各类人才争先恐后"下海"进入实体经济领域的繁荣局面。

(二) 处理好省内经济与省外经济关系

省外经济已经成为浙江经济的重要组成部分，应实施有利于浙江省外（境外）经济发展的导向型战略。未来一段时间内，对外投资贸易、资本输出和发展省外经济有可能弥补省内出口部分动能的损失，成为今后推动浙江经济发展和转型升级的助推器。抓住机遇，大力发展省际、国际贸易，加大区域间技术经济合作交流和吸引外资进入本地第三产业，大力发展总部经济，鼓励有实力的企业"到省外""走出去"加强实业投资，发展跨省经济、跨国经济。这不仅与浙江部分先发地区发展总部经济、服务业经济和优化升级产业结构的思路相吻合，也可以在很大程度上疏通资本流动渠道、缓解本地过高的资产要素价格上升压力，化解区域金融风险隐患。同时，尊重客观规律，处理好产业梯度转移与省内经济发展的关系，加快推动传统过剩产能向中西部省份尤其是邻近的安徽、江西转移，以优化调整经济结构，并推动中西部地区经济发展和扩大长三角地区经济一体化范围。

(三) 处理好短期增长与长期发展的关系

实施有利于培养经济内生能力的长期发展战略。在短期保增长的基础上注重调结构，培养省内中长期的经济内生创新能力。实施制造业技术集约化、工业结构高级化的一系列提升工程，促进行业创新发展；实施更加注重加快社会发展、提升居民收入消费能力的民生工程，促进创业就业；实施有利于民营经济发展的改革工程，遏制不同领域内出现的"国进民退"现象，力促资源有效配置和经济有效竞争。改革开放以来，浙江崛起的一个重要法宝就是民营经济发展较快、制度体制创新领先一步、解放思想领先一步。因此，应加快推进有利于经济高质量发展、有利于民营经济发展、有利于进一步解放思想的改革试点，容错纠错激励干部担当作为，优化营商环境，强化不同行业领域尤其是服务业放开竞争，进一步以改革促开放、助发展，积极融入全球产业链、供应链、创新链、价值链，加快形成经济新的增长动能。

防止经济过早和过度杠杆化

毫无疑问，房地产业是经济发展的支柱产业，房地产业几乎与国民经济所有行业都有直接或间接的关联关系，但是房地产不是主导产业，房地产市场兴衰决定于经济发展好坏而不是相反，浙江经济转型升级、现代化浙江建设，还是要紧紧依靠先进制造业、现代服务业等实体经济。

房地产发展，与人口演变、社会变迁、产业升级等一样，有其自身的规律和周期。房地产过度投资繁荣和信贷投放过度相伴，必然导致泡沫和经济虚化，世界各地包括美国、日本、东南亚国家、西班牙、拉美国家等发达与欠发达的经济体概不例外。浙江要保持经济长期可持续增长，实现转型升级，推动向内涵增长转变，应降低对房地产投资和虚拟经济的依赖，遏制经济虚拟化和产业空心化。

一　房地产投资全面超过制造业

2008年国际金融危机以来，在人民币升值的不断刺激下，我国形成了新一波房地产热，杭州、温州等浙江房地产投资占全社会投资比重快速上升。股市泡沫破裂痛楚尚远未消散，资产市场泡沫已经再度兴起。

房地产投资比重超过制造业。2011年浙江房地产业投资占全社会投资的36.5%，首次高于制造业投资占31.8%的比重，高出约5个百分点。与2000年相比，房地产投资占全社会投资比重上升了20个百分点，对新千年以来浙江的投资拉动作用显得非常突出。2012年1—10月全省房地产业投资占固定资产投资约35%，继续超过制造业投资占比（32.5%）。2011年杭州、温州两地房地产业投资占全社会投资比重分别高达50%、43%，相比十年前房地产投资比重上升了约25—30个百分点。与江苏制

造业投资额是其房地产业的 2 倍相比,浙江制造投资仅为房地产投资的
0.87 倍。房地产投资的高速增长,使得全省近 20 年房地产投资占全社会
平均比重达 25%,逐步接近制造业投资占全社会固投 30% 的平均值。在
浙江制造青黄不接和工业升级滞缓的背景下,房地产业投资已经开始全面
超越和替代实体经济。

  房地产投资对经济的拉动作用大幅提升。2011 年房地产投资对全社
会投资增长贡献率达 88%,而制造业投资增长贡献率仅为 8%;房地产投
资占全省 GDP 比重达 16%,比 2010 年高出了 4 个百分点,更是大大高于
2000 年的 6%。2003—2011 年,浙江房地产投资占 GDP 这一比例平均
12%,杭州约为 17%,温州约为 12%,两地 2011 年分别达到 22.3% 和
22.4%,远高于苏锡常等地。与江苏相比,浙江的各个大中城市更依赖房
地产投资消费和拉动。同时,浙江全省住宅投资占 GDP 的这一比例高达
9.1%(近十年平均 7.5%),高于日本 20 世纪 90 年代超级泡沫破裂前二
十年的平均水平(约 6.7%),美国金融危机前五十年的平均水平(约
4.5%),更是远远超出中国台湾地区近三十年的平均水平(约 2.5%)。
即便台湾比重如此之低,在 20 世纪 90 年代初也曾发生了小型房地产危
机。如果 GDP 统计准确的话,浙江这一比例显然已经过高。

  另外,房地产投资迅速增长,住宅价格快速上升(年均增长 20%),
加速了居民储蓄向政府、企业部门的再分配过程,政府收入和企业利润更
加依赖居民部门的财富转移。房地产在逐渐成为一个收入重新分配工具的
同时,对居民消费也产生了很强的"挤出效应",并成为经济社会结构新
的不平衡根源。

二 经济杠杆化进一步加码

  从现有文献研究可知,房地产投资高速增长与银行信贷扩张,往往存
在密切的相关关系,信贷在房地产投资及其泡沫形成中扮演了重要角色。
比如,房地产开发企业资产负债率一般高达约 80%,房地产建筑企业的
负债率也达到 60% 左右,居民投资和投机性购房往往使用信贷杠杆,土
地储备中心也利用银行借贷资金进行土地收储大规模运作。与此同时,银
行等金融机构和民间放贷大多以房地产为抵押品。"房地产+金融",俨然
成了经济中枢。

经济不断趋向杠杆化。衡量一个经济体的杠杆化水平，不仅看银行部门信贷占 GDP 比例，2008 年之后更是要看包括民间借贷、债券融资、银行表外贷款等在内的总信贷即社会融资余额占 GDP 的比例水平（不包括股票融资）。2000—2011 年，浙江全省银行信贷水平大约上升了 76 个百分点，而总信贷水平上升了 136 个百分点，仍在快速上升，总信贷/GDP 比 2011 年已经超过 200%。2009 年以来，表面上看虽由于我国信贷收紧使得浙江的银行信贷 GDP 比有所稳定甚至下降，但各类理财产品、信托贷款、委托贷款、民间借贷等即通常所说的"影子银行"迅速发展，使得实际上浙江全社会的总信贷水平仍在快速提升（当然，有相当部分信贷往省外流）。这不仅导致了经济进一步杠杆化，而且通胀预期使得大量资金弃股入房，并刺激了房地产投资建设活动升温，形成了对实体制造部门的强力挤出效应。

经济杠杆化水平显著偏高。与房地产类似，与同处全球流动性过剩背景下的我国其他各省和台湾等区域经济体相比，浙江的经济杠杆化水平显然过高。2011 年，如果不考虑资金外溢因素，浙江经济的总信贷水平（总信贷/GDP 比）达到了惊人的 230%，在 2009 年大幅上升 36 个百分点的基础上又上升了 28 个百分点，目前大约高于全国平均水平 40 个百分点（有一部分信贷流向省外）。台湾地区经济总量与浙江差不多，居民储蓄率、消费习惯等均类似，但全部金融机构加债券市场/GDP 比重却远远低于浙江，仅约为 168%，近 20 年来我国台湾地区基本保持在这一相对较低的杠杆水平（平均为 160%），而经济运行质量和速度一直较好，是世界上为数不多的人均 GDP 超 2 万美元的经济体之一。

目前有一些经济体与浙江经济的杠杆化水平相差不多。比如，美国、英国、爱尔兰、西班牙、葡萄牙、日本等国家的金融机构信贷占 GDP（不包括中央政府信贷），分别为 233%、214%、226%、229%、204%、341%。但可以发现这些经济体无一例外深陷"泥沼"，我们现在知道房地产泡沫和高信贷杠杆水平是危机的重要根源。1987 年日本金融机构信贷 GDP 比首次达到 240%，但数年后泡沫破裂使得经济发生了巨大的崩盘。浙江目前的经济社会发展程度、社会保障水平、人均收入水平均远远不如当年的日本和欧美等发达国家和地区，但金融经济杠杆化的运用能力和放大水平，已经可以比肩。显然经济过早和过度地虚拟化了。

三 风险、原因与若干对策

房地产投资快速增长，信贷杠杆化水平不断上升，两者结合形成新的资产泡沫。而更不利的是实体经济发展趋于疲弱，经济风险不断累积。美国经济史学家查尔斯·P. 金德尔伯格（Charles P. Kindleberger）认为，"没有泡沫是不会破裂的"，只是程度、大小、时间有所不同而已。

（一）原因分析

首先，全球流动性过剩是外因。2012年全球都处在流动性过剩的"陷阱"当中，世界各国尤其是主要经济体资产负债表急剧扩大、银行信贷占其经济比重普遍超过200%等，经济运行过度润滑。机理上看，全球主要央行无限期的量化宽松政策，大量廉价资金从欧美等发达经济体流出，在实际负利率的逼迫和缺乏投资机会的背景下，通过各种渠道大量涌向虚拟经济和发展中国家和地区，加剧了新兴市场的资产泡沫，从而在基础上形成了我国房地产投资、金融投机蓬勃发展的"温床"。

其次，人民币快速升值的不利影响。人民币升值，以及我国向内需消费的战略转变和宽松的货币政策，大量热钱涌入资产市场。国际经济学家麦金农教授指出美联储零利率政策使得中国被迫保持低利率，在某种程度上跟着落入了"货币陷阱"，银行放贷需求过高。正所谓尼克松时代美国财长John Connally所言："我们的美元，你们的麻烦"，一语中的。出口导向为主的中国近年事实上处在"美元陷阱"中，正如20世纪90年代东南亚各国落入"日元陷阱"一样（资本回流、房地产泡沫破裂并最终诱发了亚洲金融危机）。

最后，自身发展模式是内因。当前的房地产投资及其过度繁荣，很大程度上是各级地方政府主导的粗放型城市化模式和"土地财政"的结果。2011年浙江全省土地购置费用占了房地产开发投资的近40%，土地收入和房地产税收占政府总收入比重已达到60%，也即是说房地产相关税收成为政府绝对的收入支柱。对土地财政的依赖，形成了对房地产投资投机的强烈需求循环，甚至出现了人为干预扭曲市场信号，防止土地竞标价格滑坡和鼓励"地王"现象，"招拍挂"事实上成为部分地方抬高地价房价的工具。同时，政绩考核机制的安排，即以追求GDP、追求项目投资、追求税收增长等主要政绩考核依据，也助长了这一势头。

（二）风险分析

一是引起经济大幅波动和投资不稳定。20世纪90年代初，设省区划不久的海南在邓小平南方谈话和特区效应的乐观形势鼓舞下，房地产投资、住宅投资占GDP比重一度高达34.7%和9.4%，房地产投资猛然高速增长，社会总信贷GDP比一度高达165%，两者相结合形成了一场房地产泡沫盛宴。不承想两年之后国家宏观调控和严厉整顿金融秩序，银根紧缩导致泡沫破裂，不良贷款大幅增加，银行倒闭、经济增速大幅下降，房地产市场在之后长达10年时间内处于低迷状态。1999年，海南房地产投资占全社会投资比重仅为3.3%，经济增速直到2003年才重新达到10%，经受了长期巨大的痛苦。

二是导致经济社会结构畸形化倾向。虽然泡沫形成到破裂需要一个较长时间过程，比如美国、西班牙等泡沫破裂之前经历了15年左右繁荣期、日本超级泡沫破裂前有约20年的景气期，浙江也已经历了10多年的景气期。但一旦泡沫破裂后果严重，而且泡沫化水平越高后果越严重，至今欧元区经济复苏仍倾向于无解。随着人口结构快速老化，储蓄率下降形成拐点，房子需求增长越来越慢，而房地产业尤其是短期内投资迅速增长，加剧了经济结构性矛盾，致使经济社会结构畸形，增长不平衡、不协调、不可持续。

三是对实体经济和投资产生巨大的挤出效应，影响长期转型升级。不断上升的房价、地价，将大面积扼杀企业活力和全社会创新活力。房地产热和房地产投资依赖，社会风气浮夸，企业家精神丧失，创新能力削弱，导致产业空心化，经济转型滞后，重铸浙江发展优势遥遥无期。

（三）对策建议

浙江是一个以制造业见长并在国际上立足的省域经济体，工业化进程仍处于较为初级的阶段，过早弃制造业追求房地产将会导致失去国际竞争力，重复"拉美陷阱"。因此，现阶段必须坚持发展实体经济的导向，逐步实现去杠杆化。一是坚持房地产宏观调控不动摇甚至是行政干预，同时加快改革完善政府主导的粗放型城市化模式。二是加快财税体制改革，完善省以下财政制度安排，摆脱对土地财政的过度依赖，建立完善财力与事权相匹配的机制。三是充分发挥中央及地方金融监管机构作用,密切配合、狙击热钱过度涌入资产市场,并利用廉价资金反向收购国外优质资产和中小企业,推动资本输出步伐。四是树立追求长期稳健增长绿色增长的观念,改革唯 GDP 考核评价机制,促进领导干部树立正确的政绩观。五是着力提升经济发展质量即劳动生产率,加快改革打破垄断、减少管制和大力发展民营经济,加快发展实体经济和推动产业升级,以加速发展来消化泡沫。

人口结构演变与"未富先老"

"未富先老"是人口学家提出的一个命题，较早出现在我国1982年全国人口普查报告资料中，是指人均收入水平较低但人口已老化的一种现象。人口学家在改革开放初期即曾指出我国生育率迅速下降、人口老龄化趋势加速，必须对人口老龄化问题做好思想、理论、舆论准备，居安思危，有备无患。中国社会科学院蔡昉等专家认为，"未富"是人均收入水平不足够高，资本技术密集产业优势不显著，"先老"则指人口老龄化水平不断提高从而过早地丧失了劳动力比较优势。历史地看，"未富先老"是一个动态、相对的概念。

一 浙江较早进入老龄化社会

人口结构变动表明，浙江较早进入老年型社会。依据人口变动（Demographic Change）的相关理论，浙江人口演变已经由60年前的"三高"（高出生、高死亡、高自然增长），逐渐完成了向"三低"（低出生、低死亡、低自然增长）转换。1949—2010年，可以大体将浙江人口转变分为三个阶段。第一个阶段是1949—1961年，浙江人口大致处于"高出生、高死亡、高增长"阶段，人口年均净增加45.8万人，出生率和死亡率分别高达32.5‰、12.0‰左右。第二个阶段是1962—1975年，浙江人口处于一个"高出生、低死亡、高增长"阶段，人口年均净增加70.1万人，死亡率下降至6.8‰左右。第三个阶段是1976年至2010年，浙江人口进入出生率下降主导的"低出生、低死亡、低增长"阶段，人口年均净增加32.4万人，出生率和死亡率分别下降至10‰、5.5‰左右。在此期间，浙江65岁及以上人口比重由1982年的5.8%，上升至2010年的9.3%，快速完成了向老年社会的过渡。按照联合国有关老年型社会标准界定

(老年人口占比超过10%),浙江大约于20世纪90年代前期就进入了老年型社会,早于全国10年左右,是较早进入老龄化社会的省份。

二 国内比较:"先富先老"

与其他省市相比,浙江人口结构存在明显的"先老"状况。一是老龄化水平相对较高。尽管有超过1/5以青壮年为主的人口从省外流入,2010年普查数据表明浙江65岁以上人口比重,仍高于北京、天津、广东等22个省份,仅低于重庆、四川等6个中西部地区和江苏(10.89%)、上海(10.12%)2个长三角兄弟省份,居全国前列。二是人口高龄化趋势较为显著。根据省老龄委发布的浙江老年人口基本状况报告显示,"十一五"时期浙江80岁及以上高龄老人净增32.35万人,增加速度明显快于全部老年人口的老龄化速度,未来十年仍将以每五年净增30万人左右的速度增长。三是农村老龄化问题非常突出。2010年末浙江全省农村60岁以上老年人有541万人,占全部老年人的69%左右,失能、半失能老年人口比例较高,老年人家庭空巢率持续上升。(见表1)

表1　　　　浙江与老龄化水平前10省份的比较(2010年)

序号	区域	65+(%)	60+(%)	人均GDP(美元)
	全国	8.87	13.3	4430
1	重庆	11.56	16.4	4076
2	四川	10.95	15%左右	3129
3	江苏	10.89	16.0	7805
4	辽宁	10.31	15.4	6256
5	安徽	10.18	13.3	3085
6	上海	10.12	15.1	11237
7	山东	9.84	14%左右	6072
8	湖南	9.78	15%左右	3651
9	浙江	9.34	13.9	7638
10	广西	9.24	13.6	2987

资料来源:各地人口普查公报和中国统计年鉴。

与其他省相比,浙江目前更多的是"先富先老"。2010年,全国31个省份浙江65岁以上人口比重排第九位,60岁以上人口比重也大抵处于这一位置；而人均GDP达7638美元排在全国第五，仅低于上海、北京、天津和江苏4省市，远高于山东、湖南、广西、湖北等老龄化水平相近省份。这两项指标沪苏浙排名均较为靠前，呈现出长三角地区一副又富又老的图景。重庆、四川、安徽、湖南、广西等地，由于青壮年劳动力大量流向沿海地区，老龄化水平相对较高而人均收入水平相对较低，更符合"未富先老"这一命题。

三 国际比较："未富先老"

国内比较反映相对状况，而国际比较则更多地反映了"未富先老"的实际状况。与发达国家或地区相比，在大致相同老龄化水平（9.3%）的前提下，浙江人均收入绝对水平偏低，"未富先老"或"先老未富"问题较为突出。以日本、澳大利亚等国为例，老龄化水平处在9.1%—9.5%阶段按市场汇率价计算的人均GDP均已超过10000美元，远高于浙江当前人均7638美元的水平。与韩国、中国台湾地区相比，浙江人均GDP水平仅为其一半左右。老龄化水平相似而人均收入水平差距较大，浙江显然存在较明显的"未富"状况。进一步地，浙江老龄化水平6.8%和8.9%两个年度的人均GDP，与国际比较发现也同样显著偏低。（见表2）

表2　　　　　浙江与部分发达国家和地区老龄化同期比较

国家和地区	年份	老龄化（%）	人均GDP（美元）	人均GDP（PPP）（美元）
日本	1980/1981	9.1—9.5	10300—10400	大约13600
韩国	2005/2006	9.1—9.5	15800—17600	大约17600
澳大利亚	1979/1980	9.1—9.3	10500—12000	大约14400
中国台湾地区	2003/2004	9.2—9.5	14200—15500	大约17700
浙江地区	2010	9.3	7638	12000美元以上

说明：购买力平价PPP价格为1990年国际美元，2010年浙江人均数据根据我国人均GDP水平和PPP价格大致估算。

资料来源：《国际统计年鉴》，麦迪森数据库。

不过，如果考虑货币实际购买力水平，浙江与这些国家或地区的人均收入差距缩小，"未富先老"问题有所减轻。根据著名的国际经济学家麦迪森的历史表数据,即按照购买力平价换算的1990年美元水平衡量,2010年浙江的人均GDP应该已经达到12000美元以上。与老龄化水平同在9.1%—9.5%区间的日本、澳大利亚比较,浙江的人均收入水平仅低了10个到15个百分点;与韩国、中国台湾地区相比,浙江人均收入水平大约低了30个百分点。因此,从上述角度看,在老龄化水平大致相同的区间,浙江与其他地区的实际人均收入差距并没有市场汇率价衡量的那么大,"未富先老"问题存在但并非大得惊人。

四 "未富先老"趋势展望

总体而言,浙江"未富先老"问题似乎并非特别突出,况且浙江经济发展的劳动力优势依然存在。不过,未来这一状况可能急剧恶化。随着人口结构快速老化,"未富先老"真正的难题在今后数十年,并成为浙江发展的一大挑战。

一是浙江人口老龄化加速,"先老"趋势进一步强化。分析表明,浙江老龄化人口比重已经大大高于世界平均水平(7.5%,2009年),未来人口结构还将进一步老化,劳动力优势逐渐消失殆尽。2010年浙江较高的60岁及以上老年人口比重,意味着5年后65岁以上老龄人口将大量增加,老龄化趋势加剧。据省老龄委的分析,"十二五"和"十三五"时期浙江累计新增老年人口210万人和195万人左右,年均分别增加42万人和39万人,大大高于"十一五"时期。随着老年抚养比快速上升,60岁以上老年人口占户籍人口比重高达20.5%,浙江老年社会特征更加显著,"十二五"期末老龄化率可能达到11%,与世界人口平均年龄差距进一步拉大。而韩国、中国台湾地区等,老龄化水平目前也仅在10%—11%,浙江"先老"趋势明显。在现有生育和户籍政策不变的前提下,浙江劳动适龄人口比重和绝对值都将出现下降,使得浙江经济增长所需的劳动力供应进一步减少,人口红利优势消减。

二是浙江潜在经济增长率下降,"未富"趋势值得担忧。浙江工业结构优化升级步伐放慢,资本技术密集型行业发育不足,产业竞争力仍依靠劳动力低成本堆积形成,行业技术创新能力较弱,劳动生产率大大低于发达地区水平,产能过剩和劳动力供应减少,虚拟经济泡沫横生,粗放式的净出口导向型发展路子越走越窄,潜在经济增长率显著降低。2009—2011

年浙江经济年均增速为个位数，明显低于改革开放以来30年年均两位数增长。在产业与技术进步不明朗、储蓄水平下降、后发优势日益衰竭的前景下，经济增速未来可能将进一步降低，人均收入增长放慢。韩国、中国台湾地区等地老龄化水平在11%左右的发展阶段（2010/2011），人均GDP均已达20000美元，而浙江人均GDP尚无可能在五年内达到这一高度，绝对差距将越拉越大。相比之下"未富"状况将更为明显，浙江人口老龄化、"未富先老"问题值得担忧。

五　若干对策建议

建议一：**充分利用人口红利，积极改革调整相关制度**。人口红利，是市场化取向下浙江经济得以快速发展的一个关键，人口红利之于浙江应还有15—20年左右的时间，应当充分加以利用。2010年浙江人口城市化水平达到62%，而实际非农人口比重只有31%左右，相关制度改革严重滞后，影响了红利利用。应加快推进农民工市民化、农民市民化，推进实质性城市化进程，大力发展劳动密集型服务业，促进充分就业，转化人口红利为增长动力。同时，为了应对劳动力优势消失过快的问题，在考虑人口与资源承载力协调发展、政府公共财力允许的基础上，加快推进流动人口居住地登记落户（绝大部分为年轻人）制度，将部分常住流动人口转化为迁入人口、城镇人口，发展杭甬温为千万级人口特大型城市。应尽快考虑调整计划生育政策（比如有专家提出一方独生子女可生二胎）等，保持人口正常的更替水平回归，尽量减小老龄化过快带来的负面影响。

建议二：**促进经济外延向内涵增长转变，增强社会流动性和活力**。随着"刘易斯拐点"出现和人口红利优势快速衰减，浙江中期内经济增长模式转换显得较为迫切。应加大政府在研发、医疗、教育等方面的投入，提高劳动者素质，增加人力资本积累，加速人力资源等生产要素重组，形成新的有效率的生产组织方式，应对结构性工资上涨压力，以依靠人力资本和要素效率提高为主推动经济增长。加快要素市场化配置改革，避免土地、资金价格信号扭曲，降低服务业总体税负和行业限制，重视和支持服务业发展。打破垄断放宽限制，让民间资本大量进入服务业领域，激发经济发展活力。增强社会的流动性，包括人口流动性、社会阶层流动性和城乡要素流动性等，消除劳动力和城乡资源流动障碍，继续增加城市尤其是服务行业就业,改善初次收入分配关系,增强消费带动力,推动经济发展方式加快转变。

建议三:重视社会建设管理,关注老龄化等社会问题。适应人口结构快速老化趋势和呼应老年诉求,大力发展老龄事业,健全完善老年社会保障制度,创新养老保障模式,建立健全广覆盖、多层次、可持续的社会保障体系。积极开辟多种渠道解决养老问题,加快推进社会养老服务体系建设,稳步提高社会养老保障水平,同时注意避免西方的"高福利陷阱"。由于不同地区老龄化水平差异较大,有的欠发达地区已经陷入了"越穷越老、越老越穷"的困境,应重视全省老龄事业的区域统筹协调均衡,加大地区间的转移支付力度,提高农村欠发达地区低收入人群、老年弱势群体的保障水平,缩小地区差距、城乡差距,增进社会公平互信,推动经济社会和谐发展。加强社会管理创新,优化政府的社会管理职能,优化收入分配结构,建立完善流动人口服务管理机制,大力推进基本公共服务均等化。

人口红利期及其结构性探析

"人口红利"(Demographic Dividend)是指由于劳动力供给较为丰富、人口抚养负担相对较轻从而形成对经济发展十分有利的人口资源支撑。国际经济学者布鲁姆曾用经济计量方法,估算出1970—1995年东亚经济高速增长其中的25%—33%部分,由人口红利所贡献;国内学者蔡昉等人则以人口抚养比为代理指标,估算出人口红利对1982—2000年的中国人均GDP增长贡献率达27%。改革开放以来,人口红利形成较强的人口生产性和高储蓄率,确确实实在客观上有力地支撑了浙江较高的投资率和大量净出口盈余,工业和经济得以保持快速增长。但这种形势目前已经发生了一些较大改变。

一般而言,一个国家或地区的人口抚养比如果小于50%为"人口红利",如果大于50%可认为是"人口负债"。分析表明,2008年左右浙江经济"刘易斯拐点"明显出现,2010年浙江"人口红利拐点"接踵而至。浙江虽然仍处于"人口高利"甚至是"人口暴利"阶段,社会总储蓄水平较高,但红利优势已经形成周期性下降的拐点。2025年左右可能进入人口负债期,2030年形成人口高负债格局。浙西南等部分欠发达地区由于人口外流和老龄化问题日益严重,人口红利在这些地区事实上已经不存在,经济增长缺少动力,社会负担进一步加重,与浙东北地区的经济差距可能被拉大。

一 人口红利优势下降:形成人口红利"第二拐点"

自新中国成立70余年来,浙江人口结构变动经历了高人口负债到高人口红利的转换,常住人口从解放初的2000万人左右增加至5400多万人,劳动年龄人口从1360万人增加至4215万人,中间形成了两个拐点。

1953年新中国第一次人口普查显示，浙江当年人口总抚养比为64.8%，处于人口高负债期阶段，人口负担较重。其中老龄人口比重较低，仅为4.08%，但0—14岁少儿人口比重高达35.24%，解放战争后大量新增的出生人口构成了全省较重的人口抚养负担。1964年"二普"数据显示浙江人口总抚养比为83.2%，其中0—14岁少儿抚养比高达75.5%，65岁及以上老年抚养比为7.7%，总人口平均年龄约为25岁，人口结构较为年轻，人口负债程度处于一个非常高的临界水平。此后人口负担逐步减轻并形成了一个拐点。20世纪60年代开始包括浙江在内的全国人口出生率稳步下降，少儿抚养比下降，人口负担有所减轻，大约在20世纪60年代中期形成了浙江人口结构变动的"第一拐点"。

"第一拐点"形成后的1982年、1990年和2000年人口普查显示，随着我国大力推行计划生育政策和卫生医疗条件改善，浙江人口开始处于"低出生、低死亡、低增长"阶段，20世纪80年代初期早于全国形成了红利优势，以少儿抚养比快速减少为主的全省总人口抚养比不断下降，并为浙江经济率先起飞创造了良好的人口环境，浙江商人走南闯北率先启动了市场大省的经济。根据2010年第六次人口普查数据，全省常住人口的总人口抚养比在2000年的36.9%的基础上，进一步下降至新中国成立以来的最低点为29.1%，其中65岁及以上人口比重为9.3%，处于所谓的"人口暴利"阶段。尤其是大量省外流入年轻人口使得浙江总人口年龄年轻化，并大大降低了人口抚养比。2010年浙江共计有1182.4万人从省外流入的常住人口，这些流动人口平均年龄不到30岁。流动人口尤其是省际劳动力流入增强了浙江人口的生产性，延缓了区域人口老化速度，有力地支撑形成了浙江的高人口红利和高储蓄投资增长状况。测算表明如果没有省际间的大量年轻劳动力流入，2010年浙江人口红利优势将不存在。

人口演变有较强的更替规律性。虽然2010年全省总人口负担处于新中国成立以来的最低点，但人口红利已经开始消退并形成了另一个拐点，暂且称"第二拐点"。对全国和浙江人口结构演化更替的推算表明，随着浙江本地劳动年龄人口比例下降、老龄化加速和省外流入的年轻人口总量日益趋于稳定，人口老龄化率上升快于少儿抚养比下降速度，导致浙江总人口抚养比开始上升、人口红利开始下降，形成人口红利变动"第二拐点"。人口红利倾向于逐步消失、劳动适龄人口比重下降，主要原因是流动人口尤其是省际间净流入总量日益稳定，以及本地就业市场尤其是制造业就业已经日趋饱和。不过，人口红利虽形成高利向微利转变的"拐点"，但计划生育政策导致当前少儿抚养负担相对较轻，以及省际间年轻人口净流入状况的持续存在，使得劳动适龄人口仍处于这一周期的高位，红利效应不会一夜之间消失，预计能持续10—15年，从而有利于浙江经济继续保持平稳发展。按照人口增长、流动速度和人口年龄结构变动，如果现有政策不发生大改变，大致测算出浙江人口红利可能在现有基础上消失一半，2025年前后即第十四个五年规划期末总人口抚养比接近50%，2030年开始则进入高人口负债期，经济潜在增长水平将大幅下降。（见图1）

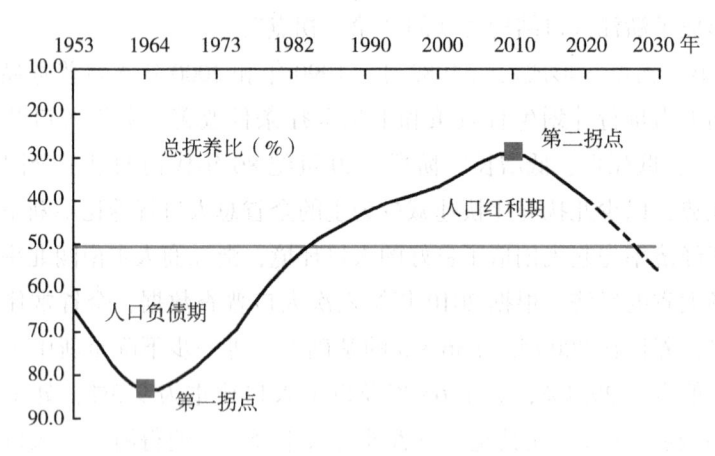

图1 浙江人口负债与人口红利演变示意图

说明：实线以上为红利期，以下为负债期，1973年数据和虚线为笔者估算。
资料来源：浙江历次人口普查资料、人口变动抽样调查统计公报。

二 人口红利提前消失：人口老龄化形成人口负债

根据估计，大量省外流入的年轻流动人口，将浙江总人口的年龄整整拉低了3岁左右，也使得浙江整体上继续保持着对经济增长非常有利的较高人口红利水平。但从红利的内部地区结构看，人口红利已经形成了一个与地理海拔高度相反的"西低东高"局面，浙西南人口红利优势明显低于浙东北，而且部分欠发达县市实际已经进入人口负债期。

一是全省人口结构分布区域不均衡，形成人口越老化、经济发展水平越低的不利局面。除了温州和宁波两个地区外，浙江杭州、嘉兴等9个地市60岁以上人口或65岁以上人口占总人口比重，均超过全国平均水平（13.26%、8.87%），老龄化水平总体相对较高。而且，由于衢州、丽水等浙西南地区吸引外来年轻人口数量较少和本地主要劳动年龄人口持续外流，农村老年人口比重较大，老年家庭空巢现象严重，少儿抚养比系数高，社会负担相对浙东北地区普遍更重。2010年，衢州、丽水两地的老龄化水平（60岁以上人口比重）最高，均已经超过16%，户籍人均GDP低于5000美元，排全省倒数第一位、第二位；舟山、嘉兴、绍兴、台州等老龄化水平在14%—16%之间的地区，人均收入水平居全省中游；杭州、宁波的老龄化水平小于14%为最低，人均收入水平约10000美元排全省前两名。根据相关资料统计，2000—2010年，衢州、丽水等欠发达地区人口老化速度、人口负担系数增幅均较大，而人均收入增长相对较慢，形成了人均收入相对低的地区人口负担反而越重的局面。

二是浙西南部分地区人口红利提前消失，形成实际的局部人口负债状况。如果考虑人口实际的退休年龄和少儿人口参加工作的年龄限制，以15—59岁（16—59岁或19—58岁）等劳动年龄人口口径，计算人口抚养系数衡量人口红利，更具实际意义和客观性（姚引妹，2010）。进一步地，我们按照15—59岁劳动适龄人口这一年龄段口径来衡量实际的人口负担，则全省人口抚养比将比原来提高6.1个百分点至37.2%，其中浙西南地区为39.6%，比原来提高7.7个百分点，浙东北地区为35.2%，比原来提高8.3个百分点。2010年，丽水、衢州两地实际人口抚养比超过50%的分界线，分别为50.5%和51.8%，处于人口负债阶段；台州排第三位为42.1%，处于人口中高利阶段；杭州、宁波两个大中城市的人口抚养系数最低为33.0%和33.2%，总体处于人口暴利阶段。同样按照这一口径，泰顺、文成、开化等山区县实际人口总抚养比超过60%，处于人口高负债期，尤其是文成县的人口抚养比高达66.6%，即每100个劳动力要负担67个非劳动年龄人口的生活消费，人口老年化水平达22.8%，家庭主要劳动力负担巨大；江山、松阳、遂昌、衢江等县市区人口抚养比也超过50%，处于人口负债期。这些县市有一个共同特点，即基本上是属于欠发达的山区经济。（见表1）

表 1　　　　　浙江 11 个设区市人口红利或人口负债（2010 年）

区域	总人口抚养比（%）		人口红利或负债	
	地区	国际标准	实际情形	（按实际情形判断）
衢州	39.1	51.8	人口负债	
丽水	40.1	50.5	人口负债	
湖州	29.1	38.7	人口红利	
舟山	26.1	35.0	人口红利	
嘉兴	28.1	36.9	人口红利	
绍兴	29.4	39.2	人口红利	
台州	33.9	42.1	人口红利	
金华	30.4	38.4	人口红利	
杭州	25.6	33.0	人口红利	
宁波	25.5	33.2	人口红利	
温州	28.1	34.0	人口红利	
浙东北	26.9	35.2	人口红利	
浙西南	31.8	39.6	人口红利	
全　省	29.1	37.2	人口红利	

说明：国际标准按照发达国家通行的 15—64 岁劳动年龄人口口径计算，实际情形按照 15—59 岁实际劳动年龄人口口径计算。

资料来源：浙江省第六次人口普查资料。

三　积极应对人口红利转变的若干对策建议

对浙江人口红利期及其内部结构的分析表明，当前较迫切的问题：一是内部分布不平衡引发的欠发达地区人口负债局面，二是人口红利优势中长期趋于整体消失，须未雨绸缪加快经济发展方式转变。未来应坚持两手抓：一方面加快健全完善全省社会保障制度，加强地区之间转移支付，保障欠发达地区增长的权利与老年人权利，全面建设惠及全省人民的小康社会；另一方面，需要加强人口及其红利研究，建立人口红利评价监测指标体系，把握规律引导人口资源合理分布，更好地利用来之不易、仅剩不多的红利优势。

一是充分利用人口红利优势，促进经济社会持续发展。建立可持续性的社会保障体系，实施户籍制度改革，积极推进流动人口基本公共服务均等化，加快实现农民工市民化、外来人口本地化。推进农村产权制度改革和城乡二元结构向一元结构转化，明确农民对土地农居的产权拥有，逐步建立完善农地流转和产权制度，加快推进城市人口集聚进程。建立公平、诚信、统一的劳动力市场，消除城乡要素流动障碍，实现劳动力资源的有效配置，促进充分就业，最大化使用人口红利优势。中远期而言应考虑通过提高退休年龄（向发达国家靠拢）、调整区域生育政策，积极应对人口结构老化等动力衰竭问题，延长人口红利。

二是继续强化对欠发达地区的"输血"，同时增强"造血"功能。在人口净流出和老龄化导致人口负债、劳动力缺乏的经济发展条件下，山区、欠发达地区自身增长能力进一步弱化，甚至可能陷入中低收入陷阱。迫切需要加快建立完善全省层面统一的基本公共服务体系，为各地提供基本的教育、医疗、养老保险等资源，加大财政转移支付力度，有效解决区域不均衡问题。同时，积极探索欠发达地区群众增收途径，着力实施"山海协作"、下山脱贫、低收入人群增收和低收入农户奔小康工程，加强农业资源开发利用，积极发展特色产业和扩大就业，增强"造血"功能。

三是大力发展现代服务业，加速经济结构优化调整。人口红利优势下降，意味着高储蓄率的状况将有所改变，也意味着投资率下降、消费率倾向于上升，有利于服务业加快发展。而且从全省层面的产业角度来看，"刘易斯拐点"出现导致劳动力优势快速下降，粗放式的劳动密集型制造模式基本走到尽头，需要转移部分制造就业人口以提高制造劳动生产率和企业竞争力，这同样有利于发展现代服务业。大力发展劳动密集型服务业，加快吸收一产、二产转移出来的劳动力，不仅可以有效解决就业问题，也可以在保持经济增长的同时，促进产业结构优化提升，一举两得。

四是处理好各种关系，推进经济增长方式转变。从全国宏观乃至全球经济来看，浙江经济发展战略机遇期不变，关键要处理好社会保障强度和政府可支配财力的关系，增长与均富的关系，处理好经济发展与社会管理、社会稳定的关系，处理好投资与消费、经济增长与环境保护的关系，不断增强政府的社会管理和公共服务职能，优化收入分配结构，提高劳动者、人力资本在经济增长中的贡献。千方百计加速人力资本积累，优先加大教育医疗等社会民生投入，提高人口素质，推进人力资本大省向人力资本强省转变，提升全要素生产率，进而推进产业升级和技术进步，逐步推动要素创新驱动、内需驱动经济增长模式转换。

有效推动政府和社会资本合作

政府和社会资本合作（Public—Private Partnership，简称PPP），是政府和社会资本为建设基础设施及提供公共服务而建立的长期合作关系、制度安排，或指政府为提供公共产品而建立与社会资本的全过程合作关系。积极推广运用PPP模式，是发挥政府和市场"两只手"优势，协同提高公共产品服务质量和供给效率采取的有效方式。

一　有利于创新制度供给和政府治理现代化

PPP并非新鲜事物。20世纪90年代，我国已开始在基础设施领域探索实施PPP，较知名的有深圳沙角B电厂、上海南浦大桥等项目。1994年，原国家计委曾选取广西来宾电厂、广东电白高速公路等一批项目开展BOT（建设—运营—移交）试点，被认为是PPP开启元年，但之后陷于沉寂。21世纪初，浙江提出鼓励发展混合所有制经济，大力发展国有资本与非公有资本等相互参股的股份制经济，与PPP有异曲同工之妙，但更多的是出于对增强公有制经济发展活力的考虑。

斗转星移，改革开放40余年，政府和社会资本合作模式重新掀起热潮，重要性和内涵已然有很大不同。

一是推进结构性改革、补短板惠民生的重要抓手。深化供给侧结构性改革，提高供给质量，扩大有效供给，是解决我国重大结构性失衡根源问题的药方。深化政府和社会资本合作，加快城乡基础设施和公共服务设施建设，是中央力推供给侧结构性改革、降成本补短板的抓手，尤其创新投融资供给侧体制机制，有利于更好地发挥政府有形之手作用，发挥政府经济调节和市场监管、扩大有效投资稳增长的作用，与党的十八届三中全会提出的全面正确履行政府职能等改革要求高度一致。通过运用政府和社会资本合作模式，不断吸引民间投资，有利于发挥市场配置资源的决定性作用，用好增量、盘活存量，提高公共服务产品的质量和效率，提高资源要素利用效率，长期可以提高全要素生产率。

二是化解政府性债务、优化政府治理的重要手段。传统的城镇化基础设施和公共服务以银行、信托等为主的间接融资方式，带来大量的短期兑付压力，并容易形成"两个错配"。即银行信托的短周期资金与城镇化建设所需要的长期资金供给（5—30年），在期限上存在严重的错配；地方相对短的晋升考核体制和任期与项目建设长周期，在期限上也存在严重的错配，进而导致地方债务规模增大和道德风险。2018年负有偿还责任的政府债务一般估算超过20万亿元。但在跨越式发展阶段投资拉动、负债型经济方式难以避免，尤其在基础建设需求庞大的当下。通过推进政府和社会资本合作，吸引社会资本进入基础设施建设领域，建立激励与约束相结合的风险合理分担和利益补偿机制，地方政府信用与项目不再直接捆绑，不仅可以有效化解政府性债务，也有利于减轻当期财政支出压力，平滑年度间财政支出波动，更深层次上则有利于实现国家与地方治理现代化、法治化。

三是鼓励民间投资、发展社会主义市场经济的重要举措。某种程度上，民间投资、民营企业决定着我国经济社会发展和就业形势的兴衰。民间投资"玻璃门""弹簧门"等现象存在，民间资本相对于国有资本处于准入、审批、合规性等劣势地位，民间投资遭遇竞争不公的现象比较普遍。通过推进政府和社会资本合作，厘清政府与市场边界，有利于打破能源、交通、电信、市政和各类公共服务行业等领域垄断和壁垒，进一步拓宽社会投资渠道。2016年7月国务院常务会议明确指出，要以推动政府和社会资本合作来促进投融资体制改革，在公共服务和基础设施等领域进一步放宽市场准入。同时，建立健全政府和社会资本合作机制，政府做好政策制订、项目规划和市场监管，社会资本承担项目的建设、运营和维护，有利于加快发展混合所有制经济，推动国有企业改革深化，增强经济增长内生动力，长期而言对于发展中国特色社会主义市场经济大有裨益。

二 不是所有的项目都可以做成 PPP 模式

Public-Private Partnership，作为舶来品词汇，有时也被译为公私合作、政府部门和私营机构合作、公私伙伴关系、公有民营合作制等。由于存在对政府和社会资本合作模式的不同理解，及忽视属性差异、地域差异、国内外差异，因而造成一定程度混淆。一些地方更是在推介项目时，一股脑儿往PPP口袋里装。在实践中需要抓住重点，具体把握TTT（三T）原则，可以有效推动政府和社会资本合作。

第一个T，PPP模式主要聚焦于两种有长期现金流的项目。资本是逐利的。PPP项目主要应用于有现金流支撑的基础设施项目，或财政补贴可持续支撑的项目。当前，我国鼓励的PPP模式具体投资回报方式主要是两类："使用者付费"方式和"政府付费"方式，或者两者结合使用。结合地方实际，PPP应该优先考虑投资规模较大、商业模式清晰、有长期社会需求的项目，鼓励实施包括（高速）铁路、高速公路、地铁、城际轨道交通、农林水利、排水、污水处理、非义务性质的科教文卫等领域的项目。而对于一般的市政道路、市政管网、普通道路等无现金流支撑和由财政支出的义务教育、文化、医疗卫生等纯公共服务项目，以及市场化程度较高、可由市场主体充分竞争的制造业等领域项目，原则上不应采用PPP模式。

第二个T，PPP模式主要适用于两类政府参与方式的项目。广义PPP指公共和私人部门合作提供各类公共产品，包括政府投资的外包类、双方共同投资的特许经营类、社会投资的私有化类项目等；狭义PPP指社会资本参与部分或全部投资，通过一定的合作机制与公共部门共担风险、共享收益。在我国一般指狭义上的概念，主要适用于社会资本参与投资的"特许经营"和"政府购买服务"两类，政府和企业均需全程参与。在国办发〔2015〕42号、发改投资〔2016〕2231号等关于政府和社会资本合作的文件，明确鼓励新建项目采用BOT、TOT、BOOT、DBFOT（设计—建设—融资—运营—移交）、BOT+EPC（工程总承包）等模式，存量项目采用ROT（改建—运营—移交）、TOT（转让—运营—移交）等模式，不提倡采用BT模式。

第三个T，PPP模式主要应用于两个非常"6+1"领域的项目。中发〔2016〕18号文和国务院相关文件均明确，PPP模式主要应用于基础设施、公共服务两大领域。进一步概括为两个"6+1"行业。传统基础设施领域的PPP项目由发展和改革委员会主推，包括能源、交通运输、水利、环境保护、农业、林业，及重大市政工程等基础领域"6+1"行业；公共服务领域PPP项目由财政部主导，包括科技、医疗、卫生、养老、教育、文化，及保障性安居工程等社会领域"6+1"行业。细看之下，由发改条线主导的传统基础设施领域一般以使用者付费模式实现投资回报，重点关注经济领域，政府参与方式以股权合作、特许经营为主，推进难度较大但经济社会效益较高；而财政条线主导的基本公共服务领域以政府付费模式为主，重点关注社会领域，以政府财政补贴、政府购买服务为主，推进难度和经济效益相对较小。

需要说明的是，2014年以来我国 PPP 模式的社会资本主体即第二个 P 的界定相对广泛。社会资本主体不仅包括民营企业、外商投资企业、混合所有制企业，也含其他投资、经营主体①。社会资本不仅包括民间资本、外商资本等非国有资本，也包括非本级政府所有的各种类型资本。

三 亟须从法治层面加强对 PPP 模式支持

自从党的十八届三中全会《决定》提出"允许社会资本通过特许经营等方式参与城市基础设施投资和运营""建立吸引社会资本投入生态环境保护的市场化机制"等之后，国务院、各部委及地方政府，纷纷出台了相关的政策文件，从法治层面不断规范和支持运用 PPP 模式。包括国发关于创新重点领域投融资机制鼓励社会投资的意见、中发关于深化投融资体制改革的意见等。尤以国家发展和改革委员会、财政部两家居多。

其他部委如住建部、民政部等，也出台了不少相应的行业规章文件。譬如，住建部《进一步鼓励和引导民间资本进入市政公用事业领域的实施意见》《关于进一步推进工程总承包发展的若干意见》，民政部《关于鼓励民间资本参与养老服务业发展的实施意见》，民航局《关于鼓励社会资本投资建设运营民用机场的意见》等，但更多的是以国家发展和改革委员会、财政部联合发文的形式出现。应该说，PPP 政策法规、规章制度从无到有、从少到多，已经在方方面面进行了覆盖，各级政府和社会各界作出了相当大的努力，这与过去尤其是 2012 年之前实施 PPP 项目，缺少法律法规支撑有了很大的区别、很大的进步，对于加快推广运用 PPP

---

① 2023年11月，《关于规范实施政府和社会资本合作新机制的指导意见》国办函〔2023〕115号明确，第二个P今后主要指民营企业和外商投资企业；并且财政部废止了此前印发的与新政策不符的部分政府和社会资本合作文件。在此之前的涉及政府和社会资本合作工作的各类文件，应仅适用于2023年2月PPP清理核查前已完成招标采购程序的项目。

模式起到很大的促进作用。

尤其是中发〔2016〕18号文给了各级政府和社会各界信心与明确的信号。这是继2014年国务院首次发文明确倡导在若干重点发展领域创新融资机制、吸引和鼓励社会资本投资之后，在中央层面再次对政府和社会资本合作模式表示肯定和鼓励，这也是投资体制改革历史上第一次以党中央名义印发的文件。18号文明确提出"加快推进铁路、石油、天然气、电力、电信、医疗、教育、城市公用事业等领域改革，规范并完善政府和社会资本合作、特许经营管理，鼓励社会资本参与"。但是，从实际投资规模和项目实施情况看，PPP"政热经冷"仍是普遍现象，社会资本参与度不高，观望情绪浓厚。根据PPP知乎发布的2016年PPP报告，民营企业作为独立中标人和牵头中标人参与的PPP项目金额，约占全年PPP项目投资总金额的1/4，而国有企业约占3/4。

这是由于PPP项目不仅有市场风险，更多的是法律风险、政策风险。首先，PPP项目运营难度高、成本高。一个项目涉及项目发起、项目评估、项目公司设立、合作伙伴选择、项目运作、项目移交等多个环节，往往要经过数轮艰苦的谈判并最终确定；除了建设初期资金需求后期设施项目运营也需要大量费用，需要政府补贴等不同资金来源渠道，容易形成企业与政府的博弈。其次，多个部委颁布PPP的操作指南和指导意见，缺乏统筹协调；在具体操作上适用何类部门的规章规范，也让地方及PPP项目操作者无所适从。最后，PPP项目建运周期往往长达数十年、投资大收益回报慢，而政策法规或地方规章存在可变动性，以及地方政府潜在的干预和处于强势一方，可能直接导致项目经营不佳甚至终止，进而使得社会资本顾虑较多。譬如，有专家指出采购法、预算法、招投标法等对PPP作了一些规定，但没有专门针对政府和社会资本合作模式的法律，且部委各自出台的文件本质上属于指导性文件、规章，没有法律强制效力。

因此，迫切需要从法律层面，进一步加强对政府和社会资本合作模式的支持，增强投资者信心。加快制定基础设施和公用事业特许经营法、政府和社会资本合作法等法律，并在此基础上更进一步，从宪法法律层面固化下来，制定一部统一的PPP法律或在宪法层面增设相应条款，明确给予私人部门和公共利益保障，鼓励社会资本长期持有运营。正如1982年《宪法》首次明确"国家保护个体经济的合法的权利和利益"促进改革开放一样，加强立法对于从根本上加快推广我国PPP模式大有帮助。

四 实施 PPP 项目应做好"12345"文章

具体而言，要选择好投资方，合理设计两类机制，把握三个关键环节，坚持四项基本原则，科学界定五种边界。

（一）择优选择社会投资方。因项目而异，依法通过公开招标、邀请招标、竞争性谈判等方式，尽量选取具有相应投资能力、管理经验、专业水平、融资实力、信用状况良好的社会资本合作方。按照优先选择能直接参与项目建设和运营的投资方合作原则，鼓励社会资本方成立联合体投标、设立混合所有制项目公司，鼓励投建结合、投运结合、建运结合。可有意识地选择大中型民营企业或境外优质企业参与 PPP 项目，包括在港上市公司和港资台企。对于省级 PPP 项目，鼓励省内外大型民企集团参与投资；对于市县 PPP 项目，鼓励各类基金、各类企业参与。

（二）科学合理设计两类机制。一是严格项目进入机制。一个项目可否采用 PPP 模式建设之前，应先设计 PPP 项目实施方案，确定项目发起人、股权结构、交易结构、合同体系等，重点进行可行性研究报告或物有所值评价（Value for Money）和财政承受能力论证，否决二次未通过论证的项目，确保合理的投资回报率，确保政府购买能力，确保项目的可行性。把握力度，不具备条件的不宜过度推广 PPP 模式，要确保项目"物有所值"或可持续性。对于一般性政府投资项目，项目可行性研究报告可以代替物有所值评价。二是规范项目退出机制。政府和社会资本合作期满后，按照合同约定的移交形式、内容和标准，及时开展项目验收、资产交割等工作。积极提高项目收费权等未来收益变现能力，提升项目价值，增强项目的可交易流动性；依托各类产权、股权交易市场，通过股权转让、资产证券化等方式，为社会资本方提供多元化、规范化、市场化的退出渠道，为 PPP 项目"严进宽出"积极创造条件。

（三）把握三个关键环节。PPP 项目，核心是合同管理。包括特许协议、贷款协议、承建合同、承购合同、保险合同、供应合同等。一个好的 PPP 项目实施方案，在项目可行性研究报告或物有所值评价阶段，设计好项目生命周期、项目资金成本、项目结构设计三个关键点。一是全覆盖的项目生命周期，包括项目的建设周期和项目经营期限，确定项目移交时间等，比如项目经营期 10—30 年。二是合理的项目资金成本，测算动态参考市场利率水平,合理设定社会投资人收益水平,测算一般收益率以银行同期贷款利率上浮一定幅度,防止以 PPP 形式进行高息融资。三是灵活的项目交易结构,结合项目风险因素及市场偏好,设计相对灵活的交易结构,明确不同的社会资本主体或政府出资主体的出资比例,尤其是对于投资大、周期长的基础设施项目,明确项目 SPV 公司(Special Purpose Vehicle)各自的资本金比例(20%以上),以及民营控股还是国有控股等。譬如,运营资金缺口,由政府根据相应补偿机制对项目公司进行补贴,设置项目存续期投资人选择性退出权等。

(四)坚持四项基本运行原则。一是利益共享。既要充分调动社会资本的积极性,建立有吸引力的投资回报机制,譬如可以采用经营收费、财政补贴、土地储备和物业开发、一级土地开发等方式,也要防止暴利和不合理的让利或利益输送。二是风险共担。政府与社会资本主体或机构投资人均应承担相应的项目建设和运营风险,确保政府和社会资本双方权利义务对等。三是主体公平。既要对央企国企放开各类政府和社会资本合作领域,也要一视同仁对民资民企放开和给予相应的优惠政策条件。四是诚信守约。既要规范设立项目公司,制定合同合约,又要严格责任追究,政府部门依法承担相关的违约责任。

(五)科学合理界定五种边界。PPP 项目关键之一是厘清政府与市场边界,区别不同性质项目,按照激励相容原则确定收入回报,建立健全项目市场化价格形成机制、有效防控履约风险机制等。对于市场定价 PPP 项目,充分发挥价格机制的调节作用,由项目法人自主定价、自负盈亏。对于收费定价 PPP 项目,按照"成本+合理回报"确定政府指导价,合理制定收费标准,健全服务收费动态调整机制。对于财政补贴 PPP 项目,财政通过购买服务方式、公开招投标邀约条件竞价,对项目协议产品或服务量不足部分给予补贴,政府补贴不承诺社会资本回报水平,防止政府承担过度支出责任。对于土地配置 PPP 项目,按照合同约定配置一定数量土地进行对价,以公开招投标邀约条件竞价确定,以土地开发收益作为投资或收益来源。对于开发增值 PPP 项目,允许投资人获取合理收益,设立超过一定幅度后的溢价共享、亏损共担机制,防止出现暴利。

五 因地制宜积极推广运用 PPP 模式

(一)建立健全政府和社会资本合作机制。包括建立政府和社会资本合作联席会议制度或工作领导小组，推广PPP模式。一是建章立制，北京、重庆、云南、黑龙江等建立了省PPP联席会议制度，湖北、湖南、河南、河北等成立了省PPP工作领导小组，省领导挂帅或总召集，下设办公室，联席会议或领导小组办公室一般设在发展和改革委员会或财政厅，还有的以办公厅、发展和改革委员会牵头居多。二是明确分工，在发展和改革委员会设传统基础设施领域PPP项目推进工作组，在财政厅设公共服务领域PPP项目推进工作组，在其他部门设立相关领域推进工作组，制定重大措施和实施论证，齐抓共管、形成合力，共同开展政府和社会资本合作。三是联动推进，建立省市县三级联动机制，省级行业主管部门会同市县政府，加强对口指导，细化明确本系统推广应用PPP模式。

（二）加快建立完善政府和社会资本合作中心。由于PPP工作专业性强，需要专门机构研究整理、统筹协调，干中学、边实践边创新。譬如，国家发展和改革委员会、银保监会、清华大学联合发起设立清华大学PPP研究中心，财政部设立政府和社会资本中心（PPP中心），住建部等也依托下属事业单位研究机构设立了PPP研究中心。在地方层面，譬如浙江杭州、宁波、海宁等部分市县，通过增加编制和增挂牌子或增设机构，依托发展和改革委员会或财政部门成立了PPP中心。应谋划以投资为主、财政配合的方式联合设立各级PPP中心，主要负责征集PPP前期项目，建立统一的PPP项目储备库；承担政府交办的PPP重大项目实施，参与项目管理政策的研究制定，制定操作指引及实施细则；建立健全PPP项目库和专家库，组织开展项目咨询评估，提出评估意见并实施跟踪服务；积极推进PPP领域的地区间、省际、国际交流与合作。

（三）创新政府和社会资本合作项目组织实施方式。机遇稍纵即逝，全面深化改革阶段是我国推动PPP的较好时机，占天时地利优势。建立健全"分级政府、分级管理"PPP项目管理模式，省属项目由省级行业主管部门牵头组织实施，设区市属项目由市级政府负责组织实施，县属项目由县级政府组织实施。对于市县而言，投资部门负责制定PPP试点领域改革指导意见，加强项目储备；行业主管部门负责行业PPP项目方案，积极引入第三方评估机构推行项目联审；项目实施机构做好项目可行性研究或物有所值评价，授权编制实施方案，合理设定标准建立投资回报机制；财政部门负责统筹PPP项目财政支出能力评估，运营补贴、政府付费项目列入财政预算（支出比例一般控制在10%左右）。

（四）创新政府和社会资本合作要素支撑。PPP工作政策涉及面广、理论性强、项目流程长，需要法务、金融、财务、咨询评估、政策研究等一批相关专业技术人才支撑。有必要建立政府、高校、企业、咨询机构等联合培养人才机制，加强PPP中介咨询机构和专家库建设，培养PPP复合型专业人才。鼓励金融机构通过债权股权、资产支持计划等方式支持PPP项目，探索设立专业化产业投资基金或基础设施投资基金，推动PPP项目实施。探索建立PPP项目履约保障基金，在政府无法及时启动调价机制或财政补贴难以到位时，由基金弥补社会投资者运营亏损，保障项目实施。

经济低估及结构性政策优化

根据经济普查，地区生产总值（GDP）及服务业比重等指标，个别年份存在着较大程度低估。正如政府性收入有财政收入和体制外收入、金融借贷有银行保险和民间借贷、居民收入有显性收入和隐性收入一样，省域经济尤其发达省份存在着一个庞大的未纳入统计的经济量，个别年份实际地区生产总值高于统计公布的数据。借鉴有关专家学者的研究成果，依据2008年浙江经济普查数据与若干地区比较，并利用收入法、支出法、生产法三种互验证的方法测算表明，2008年按当年价计算的浙江地区生产总值、居民可支配收入占比、第三产业比重、最终消费率，可能分别被低估了约25%、15个百分点、10个百分点、5个百分点。

一 地区生产总值存在低估

服务业、建筑业增加值低估，是我国国内生产总值屡屡被低估的主要因素。21世纪以来的两次经济普查显示，我国国内生产总值普遍存在漏统计现象，其中服务业漏统计是国内生产总值漏统计的主要原因，工业由于有实物产出统计相对准确。根据经济普查，我国两次大幅向上修正了国民生产总值和国内生产总值（即GNP和GDP），其中大部分为服务业增加值。例如，按照年度统计公报公布的2004年、2008年GDP分别为13.65万亿元和30.06万亿元，实际在普查后发现我国GDP分别少统计了2.3万亿元、1.3万亿元，相当于原有GDP的17.1%和4.4%。在增加值漏统中，服务业增加值漏统分别占90.6%和81.1%；建筑业增加值也存在着漏统，分别占3.8%和12.5%。尽管如此（即根据经济普查进行了数据调整），有学者指出我国国内生产总值仍存在低估。

譬如，按照著名的世界经济统计史学家安格斯·麦迪森（Angus Maddison）1990 年购买力平价算法，计算得到 2008 年浙江地区生产总值被低估了约 1.18 万亿元，低估量相当于地区生产总值的 35%左右。不过，按上述方法得到的低估由两方面因素引起。一方面是汇率低估导致总量低估。随着近年来汇率不断调整，这方面低估已经得到较大改善，体现在以美元计价的浙江地区生产总值，迅速与一些发达地区诸如台湾地区接近，汇率导致的低估因素正在消除。另一方面，隐性收入等使得统计不足或失真导致总量低估。这方面的低估应尽快调整，目前很多有关讨论区域经济失衡的问题正是由此而来。计算发现，一些反映地区实际经济运行的重大经济比例关系，比如居民可支配收入比重、最终消费率、第三产业占比等结构，由于 GDP 的低估被扭曲了。

二 居民可支配收入比重低估

2000—2010 年，按照统计，浙江经收入再分配后形成的分配格局中，居民可支配收入仅为 45%左右。也就是说，全部居民可支配收入中仅有 2%左右是通过国民收入再分配形成的，这与实际不符。而且按照城乡住户调查统计，2008 年再分配后全省居民可支配收入比重（41.1%），低于初次分配的劳动者报酬比重（41.2%）。这意味着全体劳动者在初次分配后，还需再向政府、企业部门进行一部分净转移支付，使得可支配收入更少，这也与实际不符。事实上，"藏富于民"的浙江居民超额储蓄一度占全国四分之一。

基于中国改革研究基金会国民经济研究所王小鲁研究员对 2008 年灰色收入的翔实调查研究分析，我国住户部门居民可支配收入及其比重被严重低估，表象上是抽样调查统计方法存在样本偏小和失真、国民经济核算体系调整等引起，究其根源是庞大的灰色收入或隐性收入所致。利用王小鲁的研究成果，结合相关数据可以大致估算浙江当年的居民实际可支配收入被低估约 7100 亿元，大部分是在住户调查时未被纳入统计的收入（俗称隐性收入）。假定政府部分和企业部门的收入统计准确不变，将这些收入漏统计视为地区生产总值的全部漏统计部分，则相当于重新估算 GDP 后的 25%左右。也就是说，在不考虑汇率因素的前提下，统计核算失真引起的浙江地区生产总值实际被低估了 25%。进一步地，可以估算出 2008 年浙江全部居民可支配收入大约为 1.6 万亿元，占重估后地区生产总值的55.8%，这一数据比之前提高了约15个百分点。

三 居民消费支出比重低估

与居民可支配收入低估相对应的是，居民消费支出也被严重低估，主要是服务消费被低估。近五年，浙江社会消费品零售总额相当于地区生产总值的36%左右，最终消费率约为45%，由于餐饮业、教育、医疗保健等行业的服务性消费支出漏统，推断这两个数据均存在较大程度低估。与一水之隔、经济规模类似的区域经济体——台湾比较分析，有助于理解掌握这一问题。

一是住宿及餐饮消费。2008年浙江经济普查公报显示，拥有5212万常住人口、崇尚饮食文化的浙江餐饮业营业收入25.3亿美元，仅为拥有2304万人口的台湾地区餐饮业营业收入的1/3。也就是说浙江每人平均每天餐饮消费不足1元，还包括了政府消费在内，这显然大有问题。浙江住宿及餐饮业全部从业人员绝对数，不到劳动力成本较高的台湾地区同期就业人员的一半；由于存在非正规就业和偏颇的统计调查，大量餐饮收入支出、从业人员应该没有纳入官方统计，消费者餐饮消费多数没有开具发票的习惯。

二是住房消费。由于近年来房地产市场价格、房屋租金上升较快，按成本法计算的自有住房消费相比按市场租金计算的有一定低估（彭志龙，2009）。根据彭志龙的估计，加上租房服务消费的我国自有住房服务消费占居民消费7.9%，而同期一些国家地区的比重在15%—16%。据统计，2008年浙江城镇家庭居民居住消费支出比重为8.8%，同期台湾地区居民住房消费服务占当年居民消费比重为17.4%，而1991年工业化同等水平时的台湾居民住房消费比重更是高达19.5%。以此来看，浙江居民住房消费比重被低估了8—9个百分点，相应的居住消费支出被低估50%左右。

三是教育医疗健康消费。"红包""择校费"等都因难以收集不纳入统计，大量小微企业和个体营业额低估，相应的服务性消费被低估（屈宏斌，2010）。2008年，浙江城乡居民医疗保健支出、教育支出（常住人口×人均支出）分别为393亿元和464亿元，仅占重新估算的全部居民可支配收入2.5%和2.9%。也就是说，一个家庭仅将其收入不足5.5%用于教育、医疗保健两项较大开支，这与实际大相径庭，消费支出大大低于实际。按照收支平衡原理，这一头收入被低估，那一头消费支出被低估，相应消费支出也被低估。

因此，根据人均可支配收入用于消费的比重进行测算，结果显示浙江最终消费率被低估了4—5个百分点。如果按照居民可支配收入的30%、40%、50%用于储蓄的三种情形计算，2008年浙江最终消费（率）分别可能为51%、49%、46%，即消费率被低估了1—6个百分点。如果按照全国国民经济核算资金流量表的39.4%居民储蓄率计算，最终消费率大约为49%。这也意味着浙江最终消费率仍高于投资率，投资比重并没有想象中的高。对于一个发展中的区域经济体而言，投资与消费结构仍算相对合理。

四　第三产业比重低估

居民可支配收入和最终消费率被低估，服务性消费被大大低估，表明第三产业比重也存在着较大低估，这在逻辑上是一致的。分析发现，不同服务行业增加值的低估，深层次原因是采纳现行统计体系之前我国是以计划经济体制下物质产品平衡表体系（MPS）来核算国民收入，这一体系不反映非物质服务业即第三产业的生产活动成果。虽然20世纪90年代中期引进了国际的国民账户体系（SNA）进行改革核算，但对第三产业的统计核算仍然是较为薄弱和建立在以前老的统计基础之上[1]。收入分配、消费支出等住户统计抽样调查不足，便反映了这一窘境，导致浙江服务业和建筑业产出存在严重低估。初步观察，第三产业中增加值存在较大低估的主要行业包括：房地产业、批发零售贸易业、交通运输仓储业、住宿餐饮业、教育医疗以及其他服务业。

一是房地产业。2008年浙江房地产业增加值仅为118亿美元，远低于同期台湾地区不动产业增加值，而浙江房地产业之繁荣全国闻名。2008年浙江仅商品房一项销售收入就达到341亿美元，经济普查数据显示房地产业收入仅为185亿美元，房地产产出统计存在较多出入。再例如与房地产密切相关的建筑业。经济普查资料显示，2008年浙江省建筑企业各类

---

[1] 许宪春：《中国服务业核算及其存在的问题研究》，《经济研究》2004年第3期。

建筑施工面积9.26亿平方米（包括省外），为台湾地区同期的28倍，但建筑业总产出、增加值仅为其1.5倍左右，即使考虑行业平均工资差异、剔除省外增值部分等因素，全省建筑业实际产值收入也存在较多低估（超过100%）。

二是批发零售贸易业。2008年台湾地区营利性事业单位的批发零售贸易业主营业务收入达到3780亿美元、从业人员177万人，而人口众多、以市场大省著称的浙江批发零售贸易业法人单位的营业额和从业人员，仅为3450亿美元和100万人。根据浙江统计年鉴，浙江当年批发零售贸易业从业人员有434.5万人，其中个体经营户从业人员数占全部的77%，产值却很少统计，这也使得整个行业增加值及其比重存在较大低估。2008年台湾批发零售贸易业增加值为731亿美元、占GDP比重为18.9%；浙江批发零售贸易业增加值273亿美元、占GDP比重为8.8%，不仅增加值总量偏低，而且占GDP比重也有较大程度偏低，存在显著的结构性问题。

三是交通运输仓储业、住宿餐饮业等，由于行业收入存在较大低估，相应的增加值低估。以交通运输仓储业为例。2008年，浙江的铁路公路货物运输量9.5亿吨、沿海港口货物年吞吐量6.45亿吨，均分别大大高于台湾地区的6.2亿吨、2.35亿吨，而浙江交通运输仓储业营业收入226亿美元，远远低于台湾同行业的305亿美元收入；行业从业人员39.2万人，也低于台湾地区的41.4万人。相关数据显示，两个地区的人均产出或劳动生产率仅相差20%左右，由此可以推算浙江交通运输仓储业至少存在30%的产出低估。

四是居民生活服务、文化休闲娱乐服务等其他服务业。很多属于"地下经济"和"不开票经济"，而在官方统计调查中实施推算方法估计产值的中小企业又占了这些行业的大部分，同样可以推断其账面统计的产出收入大大低于实际产出收入，导致增加值被很大程度地低估。对浙江服务业进行分行业的生产法重新估算，以及对比统计制度相对健全完善的台湾地区分析表明，2008年浙江服务业增加值实际可能达2100亿美元，占当年地区生产总值比重为51%，而非官方统计的41%。进一步的分析表明，有理由认为近几年浙江第三产业比重保持在50%—55%，相比统计公布的数字大致被低估了约10个百分点。

相应地，第三产业就业总量及比重低估。对比人口普查数据，2000年三产就业漏统545万人，2010年至少漏统320万人，由于工业就业统计相对准确，因此绝大多数漏统计的人员在服务业行业就业，比如一些小商小贩、小餐饮、交通运输、文化娱乐服务等。根据测算，2000年、2010年全省服务业就业比重分别低估10个和5.4个百分点。近三年，全省服务业产值平均增速达到12%，但服务业就业增长仅为3.3%，按照往年就业增长为产值增速一半的经验，三产就业增长弹性系数明显低估，就业总人数被大大低估。笔者分析，2000年以来全省实际的服务业就业比重保持在40%左右，相比现有统计数据被低估了5—10个百分点。

五 结论与政策建议

第一，分析显示了浙江实际地区生产总值，大于统计数据[①]。若按照实际购买力衡量，2008年浙江地区生产总值总量已列全球200多个国家和地区的第14位，高于荷兰、比利时、瑞典等西欧强国，也高于澳大利亚、泰国、中国台湾、菲律宾、马来西亚等亚太国家和地区，但人均产出仅排在40位左右，远远落后总量排名位次。这提示我们未来的增长应着力提高有效投资、人均工资收入、劳动增加值等，更加注重经济发展质量效益和人均产出效率提升。

第二，分析显示了地区生产总值存在较大程度低估，主要是服务业（包括建筑业）低估所致。调整后，浙江原有的经济结构、产业结构失衡问题得到显著纠正，投资率被高估，未来仍应注重增加投资提高经济实物量。浙江居民可支配收入比重、最终消费率有所偏低但没有表面的严重，服务业发展及其占经济比重尚在正常范围内，浙江三次产业结构已经是"Ⅲ>Ⅱ>Ⅰ"型而非"Ⅱ>Ⅲ>Ⅰ"型。

第三，结果显示了统计体系内可能存在的漏洞，及现实中存在的灰色收入地带。随着当前增长模式的体制性惯性越来越强，极少部分高财富者、权力拥有者和接近权力的资本家逐渐占据越来越多资源，收入差距在临界点上继续扩大，我国基尼系数、收入分配差距居高不下，沿海地区表现更明显。未来应加快推进收入分配改革，尤其是初次分配和居民内部的

---

① 应说明的是，地区生产总值的统计核算是一个复杂庞大的工程。本文依据普查统计资料和有关学者的研究成果，对浙江省地区生产总值、居民收入分配、服务业比重等作了一种方法论估算，将GNP和GDP等同研究（这实际上有出入，尤其对于浙江），并非准确计算，抛砖引玉，供研究参考和批评。

收入分配改革。

第四，分析表明，浙江产业结构及第三产业实际发展情况相对合理。这也突出表明了未来应坚持发展实体经济、工业经济导向，加快推进经济转型升级的至关重要性。制定浙江经济发展战略，仍应发挥地区优势、比较优势，加快投资更新提升"制造强省"，促进行业加工高度化和工业结构高级化为重点，浙江工业再深化之路远未结束。

重构温州经济发展微观基础

温州是一片创业创新的热土。改革开放以来,正是因为"温州模式",浙江经济曾领先发展近二十年;正是因为"温州模式",浙江相比其他省份更加开放,区域发展更为均衡;正是因为"温州模式",浙江地方政府治理方式、文化理念更加多元、包容。温州常住人口规模超过900万,居全国333个地级区划第12位;温州是全国30个主要制造业基地之一,中长期看仍将如此;在全球第三次产业革命和新一轮技术革命高潮迭起的背景下,经过近些年的努力,温州大规模的技术创新和产业升级已经启动。但温州应解决好开放滞后、升级断层、人才流失和"半城市化"等关键性问题。

一 经济边缘化倾向:开放滞后与产业转移

作为沿海率先开放的14个城市之一,1984年温州与上海、福州、广州、宁波等地齐名,温州也是浙江第三大中心城市、四大都市区之一。但自21世纪第二个十年以来温州开放型经济发展远远落后。2014年温州实际利用外资金额5.33亿美元,仅为杭州、宁波的8.4%和14.0%,以及嘉兴的20%左右,改革开放头30年累计利用外资总额不及杭州一年;进出口贸易总额不及金华、嘉兴、绍兴、台州,约为杭州的30%和宁波的10%,出口额不及一个义乌市。在浙北、浙中地区率先深深融入全球先进制造供应链的背景下,地处浙南的温州融入世界中高端产品供应链的程度则相对不高,比如在手机电脑、生物医药、汽车电器等中高端机电设备的生产制造方面,以及对外贸易方面。

外资进不来,企业却难留住。产业转移和虚拟经济的"挤出效应"仍然在这里发生作用。早在2004年笔者任温州瑞安市农村指导员期间,观察到由于中心城区及郊区土地价值不断上升，瑞安一些实体工厂企业纷纷向杭绍、湖州嘉兴一带迁移，包括服装灯具、机械设备等行业。时间一晃十多年过去，这种现象仍然延续不断。除了纺织服装等传统产业正常梯度转移之外，本地一些优质项目、优质企业也转移外迁，比如乐清、瓯海等企业总部和中高端项目，以及龙湾、瑞安等一些机械电器等优质项目，导致温州当地产业升级步伐大大放慢。一个根本原因是工业项目用地成本大幅上升，原先基本免费或万元一亩的工业用地，现在需要每亩数十万元乃至七八十万元，如此高的地价只有部分三产项目能够承受。因此，在其他地区快速发展的同时，温州经济发展虚化进入低潮期，甚至可以说存在着被进一步边缘化的风险。

经济被边缘化风险，可以从温州工业经济（企业数量、产值）在全国所有地级市的排位持续下降所表现出来。2000年在全国286个地级市，温州市规模以上工业企业数量、工业产值，分别高居第7位和第31位；2012年居全国第12位和第49位，分别下降5位和18位；2022年规模以上工业营业收入，不仅仅为杭州的31%、宁波的28%、嘉兴的47%，也低于绍兴、湖州等原来低于温州的设区市。产值规模与原来相近的一些其他省市地区差距迅速拉大，譬如泉州、南通、扬州、镇江、潍坊、烟台等沿海地市，产值为温州的1.5倍至2倍以上。客观上，这一方面是区位条件和市场机制本身在发生作用，另一方面也是温州自身吸引力不断下降，实体经济、本地企业成长性较慢等所致。

二　经济转型升级滞后：面临着三个断层

实体经济、工业经济一直是浙江经济的国际竞争力和命脉所在，尤其是对于温州而言更加成立。但曾几何时，土地大幅升值、经济虚化、房地产取代制造业成为主导产业，而优质项目、优质企业、优质人才留不住，温州出现了产业升级断层、企业升级断层、人才升级断层与"半城市化"现象，面临中等收入陷阱的巨大挑战。

一是产业升级断层。主要表现在工业行业结构变动率小、资本技术密集型行业比重低，2000年电气机械、皮革制鞋两大产业占规模以上工业比重32.7%，2013年比重仍约为33%；部分主导产业升级的行业，比如石化、生物医药、专用设备、电子等，占工业比重反而有所下降。2009

年国际金融危机和宏观经营环境恶化,以及企业"赚快钱"由实业转向金融房地产,土地价值不断上升,使得房地产投资大幅领先工业投资,经济增长较为依赖房地产投资驱动。之后,不动产与信贷危机引发实体经济危机,导致引领产业升级的一些高附加值行业转移甚至萎缩,产业转型升级出现较大断层。

二是企业升级断层。据统计,温州规模以上企业绝大多数是主营业务收入2000万元至1亿元的企业,占规模以上企业总数的80.7%,1亿元至5亿元规模层次的企业,数量显著偏少,出现"断层"现象。私营个体小企业多、大中型企业少,基座部分过于庞大、中间过小,形不成企业发展升级的"金字塔"形发展梯队。企业断层,导致劳动生产率低、技术创新上不去,产业升级丧失中坚力量。相比较福建泉州,在两市规模以上工业企业数量接近(均超4400家)的前提下,温州规模以上工业产值仅为泉州市的47%,大中型工业企业数量约为泉州市的53%;2014年温州共有上市企业14家,泉州却有91家,两地差距非常明显,后来者居上。

三是人才断层与"半城市化"现象。人力资本禀赋是经济长期发展的决定性因素,但恰恰温州这方面较为不利。调研中经常有反映温州的大学生毕业回来少之又少,并缺乏对高级人才的吸引力,反而出现了大量人口离开温州、返乡就业现象。产业转移、中高端项目流失不仅带走了产能、也带走了人才尤其是中高端人才,致使经济发展所需的中高层次人才出现"断层"。"六普"显示,温州常住人口中大专及以上教育程度人口比例不足7%,制造业从业人员受高等教育比例更低,均远低于全国平均水平。同时,大量人口不能真正融入城市,城镇化滞后于工业化,城镇面貌脏乱差,城市形态和布局不均衡、资源和环境约束严峻,"半城市化"现象仍然突出。低素质劳动力、劳动密集型产业和相对落后生产制造"低端工业化"过度,与"半城市化"现象并存。

三 微观再造、开放包容和以人为本的城市化

曾经的热土,现在的谷底,温州经济何去何从?温州是浙江乃至中国沿海经济的重要拼图之一。经济新常态下,更应牢牢把握产业转型升级机遇,实施微观再造,解放思想、开放包容,推进"温州模式"创新,再

创温州辉煌。

一是改善经商营商环境，再造重构企业微观。研究实施企业大规模减税、债务展期等方案，包括一次性企业债转股、企业重组资产打包等，提升发展民间借贷市场，强化企业资金风险帮扶处置，减轻企业社保税负，留住企业命根。发挥温州创业创新精神和海内外温州人资源优势，激发温州民间投资活力，打破行业垄断尤其是科技文化、教育、医疗、养老养生、金融、中介服务等服务行业领域，促进投资增长。着力运用互联网技术改造产业，实施"四换三名"工程，制定实施工业4.0和"互联网+"改造提升产业计划，助推电气鞋业等传统产业升级，助推临港产业、轨道交通等新兴产业发展，积极发展网络化经济，提高劳动生产率和竞争力。

二是加强企业制度创新，进一步推进开放多元。加快调整产业组织结构，重点在产能过剩领域支持"创造性毁灭"，有序引导破产重组兼并，鼓励企业采取上市、股权制、联营、合资合营等现代制度方式做大做强，摆脱"人格化交易"方式和"代际锁定"束缚，增强核心竞争力。积极引进外资、外企，加快温州港、空港开发开放，争取扩大海关特殊监管区域范围和政策范围，设立综合保税区，发展与保税及传统贸易相关的仓储、加工、展销、服务外包、出口加工等转口贸易和制造业务。争取贸易实验区和跨境电子商务试点，促进贸易投资便利化。以国务院批复同意设立的温州金融综合改革试验区为契机，提升金融服务实体经济的能力，争取开展包括东亚地区货币互换流通试点，开展东亚地区自贸区综合试点，扩大服务业领域开放。

三是着力解决"半城市化"现象，增强人才吸引力。以"五水共治"和"三改一拆"为突破口，加大近千个城中旧村、旧工业区改造力度，改善城乡居住环境，提升人居品质，优化温瑞一体为核心的大都市空间形态布局，建设美丽温州、创造美好生活。注重城市规模由扩张向功能制度完善转变，打破"画地为牢"的城市化怪圈，"空间换地"挖掘低效用地、盘活土地存量为主，加快推进城市有机更新。强化中心城市、城区高端公共服务资源的配置，增强中高端人才、高端要素和高端产业集聚能力。以人的城市化为核心，加快农村产权制度创新和土地流转，放开县市、中心城镇和小城市落户，积极改善教育、就业、社保、医疗卫生等条件，进一步推进基本公共服务均等化，加快实现城镇常住人口基本公共服务全覆盖，遏制人才外流、劳动力外流趋势。

四是加强公共产品提供，进一步深化投资。除大力完善社保和住房体系之外，加强提供以基础设施为主的公共产品、项目，加快温武铁路、市域铁路、港口支线铁路、甬台温复线高速、龙丽温高速、龙湾和泰顺机场、温州港口航运体系等基础设施规划建设，提升城市综合承载能力，打造国家重要枢纽港城市。创新社会资本进入市政公用事业、住房、综合交通等投融资，创新以特许经营、独资、合资等PPP公私合营项目建设机制，吸引带动创业投资、股权投资参与城市化和生态化。深化体制机制改革，激发社会创新活力，加快实施创新驱动发展战略；优化收入分配格局，提高劳动者报酬比重，切实缩小收入差距、地区差距、城乡差距。

省以下地方行政机制改革探讨

郡县治，则天下安。经过数千年的中央集权和地方分权制度变迁，县一级的地方政府制度安排，成为中国最稳定的政府，历来是中央政府统制治理的主骨架、核心。"两汉吏治"汉代郡—县制地方政府治理模式，被历史学家和学者认为是高效、合理，能较好处理中央集权和地方分权的制度安排典型。岁月穿梭时至今日，在大力发展经济和成为追赶型经济体的考核导向下，地方行政层级日益复杂，各类派出机构演化成为地方行政主体，县处级行政主体大量增加，在某种程度上扭曲了地方精简高效治理的格局①。

一 浙江省以下地方行政制度调整与主体演变

历史上浙江辖区地方政府主体或行政区数量变动并不大，这也为中央和地方稳定高效治理提供了坚实基础。汉代中国地方政府分郡和县两级，全国约一百多个郡一千多个县（道、邑），一个郡管辖十到二十个县，浙江地域分会稽八郡有约五十到六十个县，相当于市县两级行政区主体数量六十个左右。根据史料记载，唐代典型地方行政实行道—府（州）—县三级体制，唐玄宗时期全国大约有一千五百七十三个县，两浙道下辖府（州）、县两级地方政府主体数量在六十上下。宋代至元明清，地方行政一般实施三级行政制度，比如宋代的路—府（州、军、监）—县，元代

---

① 注：从经济行政学意义上讲，完整的地方政府或地方行政区主体由三要素构成，一是相对稳定的地域；二是相对集中的人口；三是拥有一套治理机构。本文省以下地方行政主体，指的是县及县以上地方各级人民政府，以及具有准县级或以上地方政府地位的省级开发区、园区、出口加工区、港区等，具有一定地域行政范围，具有独立的行政经费和机构编制，具有相当于县级或以上经济社会管理权限等。

的省—府（路、州）—县，明代的布政使司—府（州）—县等，省（路、布政使司）以下各级地方政府主体数量保持在80个至90个左右，变动不大，乡镇以下实行"乡绅自治"。民国时期浙江行政区划变动较频繁，区、县两级行政区数量随时局变化调整，但总体保持在七十五个至九十个之间；乡镇以下实行乡—保甲两级基层自治，且国家政权已开始向基层渗透①。

新中国成立后，为便于中央集中管理，地方行政层级关系几经调整，从最初大行政区划制度，慢慢过渡到目前的中央—省—市—县—乡五级行政体制，省以下为四级行政。据统计，浙江从新中国成立初期的5个专区、3个地级市、4个县级市、51个县、10个市辖区，到改革开放初11个地区75个县市区（其中10个市辖区、65个县），再至目前的11个设区市90个县市区（35个市辖区、35个县、20个县级市），市辖区、县级市逐步增加，县数、乡镇数逐步减少。乡镇街道数量由1985年的3325个（2729个乡、508个镇、88个街道）减少至2014年的1321个（258个乡、629个镇、434个街道），数量减少了2004个。通过乡镇撤扩并，土地资源、行政资源、资金资源等利用更为集中高效。表面上看，通过行政区划调整，浙江的市或县级行政区（地方政府主体）数量从86个增长至101个，仅增加了15个，但实际并非如此。

为适应新型工业化、城市化和经济发展需要，浙江率先通过扩权强县、强县扩权等"省管县"体制改革，撤县设区、撤县设市、撤市设区，调整市域县域行政区划，取得了明显成效，减少了管理层级、提高了行政效率。但是，随着作为派出机构的各类国家级省级开发区、园区、港区、风景名胜区管理机构等设立，相当于县级或以上的准地方行政主体大量增加。加之原有11个地市、90个县级行政区，省以下市、县两级地方行政区数量达200个左右，其中并不包括数十个省级高新技术区、旅游度假区、风景名胜区等。也就是说，具有一定辖区托管范围的县级行政主体数量，并不是统计上的101个而是超200个，大约是数千年历史上各个时期地方县级行政主体数量的数倍。这些主体均拥有一定的辖区范围及县级经济社会管理职责，成为"县中县"。（见表1）

---

① 钱穆：《钱穆作品系列：中国历代政治得失》，生活·读书·新知三联书店2005年版。

表1　　　　　　　中国省以下地方行政体制安排历史演变

时代	省级及以下地方行政安排	县级行政主体	省名或辖区
秦汉	郡—县（道、邑）两级体制	60个上下	会稽八郡
唐	道—府（州）—县三级体制	60个上下	两浙道
宋	路—府（州、军、监）—县三级体制	80—90个	两浙路
元	省—府（路、州）—县三级体制	80—90个	江浙行省
明	布政使司—府（州）—县三级体制	80—90个	浙江承宣布政使司
清	省—道府（州、厅）—县（散州、散厅）三级体制	80—90个	浙江省
民国	省—专区（市）—县三级体制	75—90个	浙江省
新中国	省—市—县—乡镇四级体制	大于200个	浙江省

资料来源：钱穆《中国历代政治得失》，黄仁宇《万历十五年》，省民政厅、省统计局等相关资料。

派出机构成为事实上的地方行政主体。以浙北某国家级经济技术开发区为例。开发区管委会属副厅级单位，行政管辖面积约140平方千米，下辖4个街道、40个行政村、14个社区，辖区人口约20万人，下设机构包括建设局、社发局、环保局、审批中心、执法支队、规划局、国土局、工商局、公安局、市场监管局等，有各类行政处罚、招商引资、经济发展、社会管理、人才开发、设施建设、土地征用、规划审批、环境保护、行政监管和税费征收等一系列职责。再譬如浙中某国家级经济开发区，名义上是政府派出机构，但实际上与所在地的区县分开管理，设有一整套经济社会管理机构，代管8个乡镇街道、200多个村社，辖区人口约50万人，设有组织宣传人社、行政审批中心、公安交警和执法大队等，研究制定辖区范围发展规划，全面托管开发区内的初中、小学、幼儿园、卫生、文化、人口与计划生育、民政工作及综合治理、农、林、水利等社会事业，有自身融资平台和管辖范围，有硬性经济社会发展与税赋任务指标，每年需要进行考核，行使县一级经济社会管理权限。

二　省以下地方行政制度安排存在的若干问题

制度是一种重要的基础设施，尤其是地方行政制度安排事关重大。地方行政体制不仅涉及机构、权限问题，也涉及行政区划、财权事权安排等。今日地方行政制度安排，尤其是相当于县级地方政府或行政主体越设越多,开发区园区越办越多,范围越划越大,占用大量耕地、资金和低水平重复建设,甚至超出了实际需要和经济承受能力,县域内形成大量的分利集团和"诸侯经济",既不利于地方转变职能,也不利于处理好政府、市场、社会关系,更不利于发挥市场在资源配置中起决定性作用和现代治理体系建设。

——简政放权和职能转变难度较大。当前中央积极简政放权,转变政府职能,意在促进地方经济发展和加强公共产品提供。但省以下行政层级较多,行政主体较多,一是导致行政机构多,行政成本过高不得不时常清理压缩"三公"经费;二是导致部门机构各类考核事项增多,部门行政人员疲于奔命和应付;三是导致国家各类政策指令很难顺利下行基层,容易造成"肠梗阻",而且上级导向型的行政体制安排,不能有效回应基层社会公众诉求。省以下地方行政层级,进一步可细分为省—副省(城市)—地市—副地厅(国家级开发区)—正县处—副县处(省级开发区)—乡镇七个层级,相当繁杂。市县范围内拥有多个行政层级和行政区主体,有的相互之间是平级或平行关系,各级政府"上下同责"和机构"上下同粗"[1],部门职责交叉重复。

——地方财政体制改革较难推进。经过20世纪90年代以来财政体制改革,中央与地方财政分成关系较为明晰,但省以下地方财政关系一直难厘清、省以下财政体制改革模糊不定,具有较大的不确定性、随意性。原因之一是地方政府主体过多、层级过于复杂,省市县乡四级财政分成体制设计,相较于中央与地方的二级分税制设计更复杂,各级政府之间的财权与事权更难以匹配。同时,地方财政体制改革牵涉到各个地方利益主体,相互牵制、相互关联,"自下而上"的改革已经无法动弹,"自上而下"的改革也往往较难推进。

——地方政府负债率难以下降。各类地方行政主体设置过多,地方政府融资平台多,地方债规模过大,甚至出现了地方债"越清理越多"的局面,地方债呈现复杂化与隐蔽化倾向。根据国家审计署统计,2013年6月底地方各级政府性债务规模达17.9万亿元,大大高于2010年10.7万亿元,占GDP达31.5%,比2010年上升4.8个百分点。据统计,浙江各级地方债90%以上来自市县两级政府及融资平台,省级负债占2.1%,乡

---

[1] 徐继敏:《地方行政体制改革:实践、问题与路径》,《改革与发展》2012年第4期。

镇负债占4.5%，地方债主要依靠土地出让收入还债，部分地方甚至陷入"举新债还旧债"恶劣循环。

——权力与民争利状况较难遏制。当前县或准县级地方政府主体数量过多，相互之间竞争日趋激烈，地方政府主体攫取资源能力过强，地方政府直接插手干预经济的愿望和实际程度很深，进一步导致"地方政府公司化"倾向。事实上，由于掌握着最广泛的资源，设立以经济挂帅的开发区园区，使得政府公司化发展，地方政府自身实际上已经成为地方经济利益最大化的代言人，这是调研中各地普遍反映的实际状况。地方政府主体过多和公司化倾向，寻租机会大量增多，腐败行为增加，直接导致政府信任度下降。

——国民收入分配格局较难调整。国民收入分配问题一直是政府和全社会关注点所在。各级地方政府主体过多，政府规模偏大，融资平台多且大肆举债发展经济的导向，使得货币供应量迅速增长，并形成各类资产泡沫和大量灰色收入，加剧了收入不平等和收入分配不均状况，政府所得、资本所得比重偏高，劳动者报酬比重偏低。浙江劳动者报酬占初次分配比重，长期低于全国平均水平。

三 省以下地方行政制度改革若干对策建议

大道至简。经济新常态背景下，厘清地方行政层级、精简行政主体机构，转变政府传统角色，对于全面推进依法治国，具有重要意义。可以说，地方行政体制改革，是未来其他改革取得成功的重要基础或支撑。尤其是长三角等发达地区省市正在进入工业化后期、以转型创新求发展的关键时期，地方行政制度安排相应地应加快改革完善，大胆创新争取领先一步，再创体制机制新优势。转变地方政府职能，建设现代治理体系，应解决好地方行政架构安排等基本问题。

一是处理好政府、市场与社会的关系。"法无授权不可为、法定职责必须为"。进一步理顺政府与市场的关系，加大简政放权和转变职能力度，建立完善"四张清单一张网"，推行政府权力清单制度，取消非行政许可审批，减少政府对微观经济行为的干预，消除权力设租寻租空间。进一步理顺省以下地方各级政府的关系，下放权力、财权与厘清地方行政层级关系结合起来，加强地方提供公共服务、市场监管、社会管理、环境保护等职责，解决财权事权不匹配、职能交叉、职权不清、相互推诿扯皮等问题。

二是处理好经济发展与地方行政的关系。"删繁就简三秋树，领异标新二月花"。积极深化"大部制"改革，加大机构整合力度，比如推进工商、质监、食药监、物价部门整合成立市场监督管理局等。逐步还原省级产业集聚区开发区园区、保税区、加工区等经济功能，成为国家级或省级部门的派出机构而非市县政府派出机构，或可重新归口商务、经信等主管部门管理，减少事实上的地方行政（区）主体数量，防止地方行政主体、机构部门设置数量越设越多的问题。

三是处理好中央和地方政府分权的关系。从长期看，削减行政纵向层级，实行地方行政体制三级甚至是二级制度安排，促进地方行政扁平化管理。综观各先进国家和地区，基本实行国家三级和地方二级的行政制度安排。支持发达省份推进本辖区行政体制改革，发挥省级政府在推进地方行政体制改革的主体作用，鼓励地方大胆探索，推进四个行政层级逐步向省、设区市和县、乡镇三层级转变。加大中央向地方行政分权力度，探索实行省、设区市或县市的两级地方行政制度改革，提高行政治理效率。加强基层党组织和基层政权建设，推动德治、法治、自治融合，更广泛吸收社会组织和公众参与管理，积极应对基层面临的新情况新问题，增强其自我治理、自我服务的功能，促进基层治理体系和治理能力现代化。促进地方更多自治，按照法国历史学家、政治家阿历科西·德·托克维尔（Alexis de Tocqueville）的说法，更有利于培育一个地方的爱国情怀和社会和谐。

地方社会治理的新挑战新任务

社会治理是以政府干预协调为引导、非政府组织为中介、基层自治为基础和公众广泛参与，规范和协调社会组织、社会事务、社会生活的一系列活动。社会治理是党委政府的基本职能之一，其他包括经济调节、市场监管、公共服务。社会治理主要是属地治理，中央行使宏观管理和服务职能，地方的社会治理与职能责权较大。根据法律规定，在中央政府领导下，地方政府可以利用税收、财政、立法、司法、公安、行政等工具对社会的不公平和不稳定现象进行干预，促进社会公平与公正，维护社会秩序与社会稳定。

一 面临的新挑战

长期以来，我国各地普遍存在社会建设发展滞后于经济建设发展、社会治理滞后于经济管理的客观状况，经济增长在许多方面是以社会福利、社会保障、生态环境为代价换来的。尤其是东部沿海先发地区，由于经济社会发展水平领先一步，社会结构、人口结构、利益格局等变动更加多元化复杂化，传统社会治理方式方法跟不上社会新需求的矛盾尤为突出，各种社会矛盾不断积累、深化，已进入集中凸显期，地方社会治理面临严峻挑战。

一是社会分层结构变动加剧。新的社会阶层和社会群体不断产生与形成，新经济组织、新社会组织等新生管理领域大量涌现。"单位人"变"社会人"，社会结构正加快由单一向多样、由固定向流动、由封闭向开放转变。中等收入群体和高度多样化的现代职业阶层快速形成壮大，个私企业主等阶层人员快速增长，社会分层日益复杂，社会利益碎片化倾向较为明显，社会流动性下降。城乡绝对差距仍有不断拉大趋势，就业结构有待优化，区域发展均衡性有待增强。

二是社会人口结构变动较大。人口结构变动较大，东部沿海地区人口大量流动和老龄化问题形成了一系列的挑战。以浙江为例。浙江是全国第二大流动人口和跨省人口流入省份。根据统计，2011年浙江流动人口达2535万，其中省内流动人口达2152万，相当于全省总人口的39.4%，即外地、本地呈"四六开"分布，不少县市流动人口已超过本地户籍人口；这些从外地进入的流动人口平均年龄仅为32岁，"80后""90后"新生代占了近半，整体生活状况不容乐观，流动形态复杂。老龄化问题同样需要重视，上海、江苏等不少省市的人口结构正在趋于老化，人口红利快速下降。

三是社会利益格局变动复杂。随着经济迅速发展和分配格局调整，社会各类利益主体大量增加和细化，利益诉求日益趋于群体化和激烈化，一定程度上增加了社会治理的复杂性。群众利益诉求涉及的领域越来越宽，采取的形式方式越来越多，参与的主体越来越广，并形成规模化趋势。"军转企"、"民师"、企业退休人员、水库移民、失地农民、城镇拆迁户等利益诉求主体规模扩大，农民、城镇居民、职工、离退休人员、个体工商业者、出租车司机、学生等新增利益诉求逐渐增加。社会利益诉求大量增加，"非经济利益诉求"问题凸显，经济主要矛盾正在逐渐向社会主要矛盾转化。

四是社会思想观念深刻变化。物质生活水平提高带来了精神文化生活的活跃和多样化，促进了人们思想观念进步，社会成员的公平意识、民主意识、权利意识和监督意识提高，对生活质量、精神生活、社会地位等方面需求标准提高，但也引起了一些负面的蔓延扩散之势，加之社会分配不公、贫富差距拉大，社会信任危机加剧。在思想道德领域，部分人世界观、价值观、人生观发生扭曲，是非善恶美丑界限混淆，拜金主义、投机主义有所滋长，社会主义核心价值观念丧失，社会诚信缺失问题日益突出。

二　应对的新任务

社会治理本质上是一种上层建筑、生产关系，它必须与不断变化的经济基础、生产力相适应；如果不相适应必然会出现大量的社会矛盾、利益纠纷。面对经济社会的深刻变化，应切实按照"最大限度激发社会创造活力、最大限度增加和谐因素、最大限度减少不和谐因素"的要求，从本着处理好人民内部矛盾的角度出发，逐步树立政府、企业、社会组织、公民共同治理的正确理念，"强法治、提服务、保安全、优结构、重改革"，全面优化完善地方社会治理。

（一）以强化民主法治为保障，着力提升社会公平正义。一是加快推进民主法治建设。完善地方立法计划，全面加强地方社会治理立法和司法，不断形成有法可依、依法管理的法治化社会治理格局。切实加强公民权益依法保障，深入推进地方司法体制和工作机制改革，促进司法公正独立；强化人大的法律监督和政协的民主监督，着力构建开放式的决策管理运行机制。二是着力构建群众权益维护机制。从满足群众利益诉求的角度出发，不断健全人民调解、司法调解、行政调解、仲裁等"大调解"工作体系，推行重大事项社会稳定风险评估制度，建立完善群众权益维护机制。加强和改进信访制度，扩大信访工作面，建立健全省市县接访工作制度。三是积极强化社会诚信建设。重视和支持社会舆论监督，健全社会舆情汇集和反应机制，依法保障人民知情权、参与权、表达权、监督权，重点强化"诚信政府"建设。加强社会主义精神文明建设，大力弘扬以爱国主义为核心的民族精神和以改革创新为核心的时代精神，倡导艰苦奋斗的优良传统。

（二）以提升服务管理为手段，着力提高社会运行效率。一是大力促进社会组织发展。一个成熟社会的NGO（非政府组织）一般较为发达和有效，单个组织的规模也不需要太大，比如日本民间组织普遍只有4—5个固定成员。关键是降低社会组织准入门槛，改变目前社会组织登记的双重管理体制，大力发展地方各类社会组织，发挥社会组织在社会治理方面的重要作用。二是强化流动人口和特殊人群服务。制定完善流动人口净流入地居住登记制度，建立完善流动人口服务管理机构，深化基本公共服务体系建设，逐步消除人口歧视、人口流动的制度政策障碍，建立适应人口流动的"一盘棋"管理机制。建立完善部分特殊人群常态化帮教管控机制，积极做好刑满释放等特殊人群帮扶服务工作。三是完善虚拟网络社会治理。建立健全省县互联网管理统筹协调机制，强化政务信息公开，倡导建立领导干部"网络问政"制度，构建民主民生互动平台。克服网络消极影响，加强信息网络安全管理，依法打击网络犯罪，警惕将网络依法管理变成网络管制、网络压制。

（三）以保障公共安全为重点，着力建设社会稳定大局。一是加强食品药品和安全生产管理。"民以食为天"，食品安全是一个社会的底线。深化食品药品监督管理机制改革，设立食品安全委员会常设机构，完善食品药品领导体制和工作机制，建立完善食品药品质量安全追溯、召回、市场准入和退出制度。严格安全生产许可，健全安全生产监管体制，进一步落实企业主体责任，强化基层安全建设。二是加强社会治安综合治理。依法打击各种刑事犯罪活动，深入推进"扫黑除恶"专项斗争，全面推进社会治安综合治理。加强基层政法组织建设，整合技防资源，推进综治网络实现村居、社区、企业、学校有效覆盖。三是加强生态环境保护治理。在生态环境日益恶化威胁群众健康和影响社会稳定的今日，环境保护治理、环境规制已经成为社会治理领域的一项重要内容。落实生态文明建设、应对气候变化和节能减排"十二五"规划，监督实施重点区域、流域污染防治规划，强化各级应对突发环境事件和重大生物灾害的防控能力。启动地方环境税改革试点，进一步完善生态环境补偿机制。

（四）以优化社会结构为根本，着力推进社会协调发展。一是着力优化收入分配结构。积极完善初次分配调节机制，落实农民的土地财产权利，切实提高中低收入者的收入，进一步扩大中等收入群体。加强有劳动能力意愿群体的就业培训和援助，强化政府促进就业职能，健全就业、失业预测预警和监控分析制度。积极推进《劳动合同法》和社会保障规划各项社保政策落实，实现各地社保关系无缝转移接续，切实维护劳动者权益。二是着力优化城乡区域结构。加快推进统筹城乡配套改革，加快推进农村土地等要素流转改革，推进城乡公共资源统筹配置。积极促进农村就业援助、养老、医疗、住房等社会保障，积极促进低收入群体增收、低收入农户奔小康。三是着力优化人口结构。鼓励中小城市和小城镇放宽落户条件，积极推进农民工市民化和外来人口本地化，优化人口年龄结构。统筹人口分布与生产力布局，促进各地人口均衡发展。制定实施应对人口老龄化战略，建立财力与社会保障支出相适应的老龄事业管理体制。

（五）以深化改革创新为取向，着力促进和谐社会构建。一是优化基层政权建设。深化基层社会治理机制改革，积极推进社会治理创新综合试点，创新适应新时期的社会治理体制机制。大力推进基层服务与管理信息化，完善基层自我管理、自我服务、自我监督的群众自治机制。加强基层党组织建设，把党的政治、组织优势转化为管理服务优势。二是优化县级政府管理职能。加大对地方基层的社会治理分权力度，进一步明确中央、省与县市的管理事权、财权、决策权等。加强省级政府社会监管职能，鼓励指导县市制定实施中长期社会建设发展规划，制定完善地方社会民生和公共服务专项规划方案等。三是优化完善社会治理领导体制。强化中央顶层设计，大力推进地方社会治理领导体制改革，组建地方各级社会建设工作委员会，建立健全社会治理组织领导机构。优化行政层级管理，深化省直管县体制机制改革，进一步增强基层政府社会治理职能，加快推进社会工作体制、社会治安体制、社区管理体制等社会体制改革。

三 若干对策建议

优化社会治理是一项系统工程。社会治理与政府的经济管理、市场监管等均存在较强的相关关系，尤其是社会治理与公共服务，两者相辅相成、相互作用、相互影响、相互促进，密不可分。正是当前社会保障、公共服务体制的碎片化，很大程度上导致了地方社会及其结构的碎片化。在强调地方政府管理职能的同时，中央应与地方一道密切合作，加快完善社会保障体系、提升公共服务，纾缓地方社会治理压力和提高社会治理效率，从而优化各地社会治理。

长远而言，随着各项政策法规制度健全、中产阶层发展壮大和公民社会日渐形成，各级党委政府应进一步优化完善"党委领导、政府负责、社会协同、公民参与"的社会治理格局。比如，着力发挥基层组织、社会组织和公民社会作用，逐步转变政府主导的以政府为本位的社会治理模式，过渡到共同合作的以社会为本位的社会治理模式，实现从"大政府、小社会"向"有为政府、有效社会"的转变；从政府主导管理向社会共同治理转变，从强制性秩序向自发性秩序转变，从他治他律向自治自律转变，从单一主体治理向多元主体融合治理转变，减轻基层社会维稳管理压力，不断提高社会的自我管理、自我修复和自我服务的能力。

第二编

探路高质量发展

巩固制造业传统优势产业地位,大力培育战略性新兴产业,未来产业,把握引领新经济,加快形成新质生产力。

第二篇

林科高质量发展

"新基建"是高质量发展的基石

新型基础设施建设（简称"新基建"），不仅是扩投资稳增长的基本手段，也是抓住全球新一轮产业变革和科技革命机遇，推动高质量发展、增强核心竞争力、提升现代化水平的长期基石，更是当前浙江努力建设新时代全面展示中国特色社会主义制度优越性重要窗口的机关所在。

一 "新基建"：比特引导原子

新基建，相对于传统基建而言。根据2020年4月20日国家发展改革委新闻发布会创新和高技术发展司的阐释，新基建是以信息网络为基础，面向高质量发展需要，提供数字转型、智能升级、融合创新服务的基础设施体系。广义"新基建"包括信息基础设施、融合基础设施、创新基础设施三个方面，涵盖譬如特高压、城际高铁和轨道交通、新能源汽车充电桩等智能交通智慧能源融合领域，以及相应的科教基础研究领域。狭义"新基建"可称为数字化基建、数字基础设施建设，包括5G网络、物联网、工业互联网、大数据中心、人工智能等领域。最明显的特点是为了构建一个与物理世界平行的数字化世界（数字孪生世界），传统基建通常是为了构建一个更便捷高效的物理世界，譬如铁路公路、能源水利设施等。按照阿里研究院安筱鹏等专家的说法，"新基建"的新在于构建一个新世界，即数据赋能物理世界之后形成的数字孪生世界；"新基建"的价值特征在于比特（bit，信息量的最小单位）引导原子（atom，物质量的最小单位），形成数字化红利，提高整个社会的资源配置效率。

ABC（人工智能、大数据、云计算）是"新基建"的三大核心要素。"新基建"是"算数+算力+算法"三者的结合，"算数+算力+算法"，分别对应大数据、云计算、人工智能，以此为基础构建形成以云为核心的数字孪生世界的底层基座。其中,"算数"来自各类主体运用管理信息系统技术、人脸语音识别技术、区块链技术、工业传感器技术、卫星遥感技术、物联网技术等收集的海量数据和人工数据,比如消费互联网、工业互联网、卫星互联网、物联网等;"算力"依靠云计算、泛在计算、边缘计算、量子计算等信息基础设施建设,比如大数据中心、5G 网络等;"算法"来自各种软件模型、机理模型、流程模型、人工智能模型等不断迭代形成的算法范式,并对物理世界进行赋能。算数、算力、算法缺一不可,推动"新基建"构建形成万物互联的数字世界。当前,我国布局"新基建"的四大巨头表现抢眼,并已经在各自领域拥有核心的先发优势。根据公开资料显示,阿里巴巴计划三年投资 2000 亿元,百度计划未来十年智能云服务器台数超 500 万台、培养 AI 人才约 500 万人,腾讯未来五年计划投资 5000 亿元,华为预计每年至少 1000 亿元,投资建设新基建。

二 "新基建"具有强大的基础作用和战略价值

"新基建"是一条新赛道,不仅是区域之间竞争赛跑,更是支撑我国参与全球化竞合和抢占发展制高点的关键。

一是可以有效应对重大疫情等紧急事件。过去已经形成的部分数字基建积累应用,在新冠疫情防控和复工复产中发挥了重要作用。工信部指出,疫情时期各类医疗机构和政府部门借助互联网、大数据等新的技术,精准高效开展疫情监测分析、患者追踪、社区管理等工作,加快病毒检测诊断、新药研发、防控救治等进度,对我国及时控制新冠疫情起到了很大帮助。与此同时,一些地方深化工业互联网、工业 App、人工智能等新技术运用,推行远程办公、远程运维、居家办公、协同研发、电子商务等方式,有效地加快制造业产能恢复和企业复工及基层政务运转。

二是可以有效促进产业升级消费升级"双升级"。制造业领域实施产业基础再造和产业高级化工程,实施 5G+工业互联网、产业链协同创新等工程,扩大制造业投资和传统产业技术改造,培育发展人工智能、航空航天、量子信息、前沿新材料等重量级未来产业,打造世界级产业集群等,首先需要建设完善新型基础设施。根据中国信通院最新预测,未来五年仅5G 网络市场规模,至少需要 1 万亿元的投资体量,带动 3—5 万亿元的各种消费，同时促进产业升级和消费升级。值得注意的是，经过多年建设和完善，高速公路、铁路、港口、国省道等传统基建投资的边际回报效应趋于递减，而"新基建"的投资边际效应正处在初始的快速上升期。

三是可以有效培育增强新经济新动能。传统经济以传统基建为基础，新经济以"新基建"为支撑底座。构建以数字经济为核心的新经济"四梁八柱"，大力培育新技术、新产业、新业态、新模式，加快发展新零售、新制造、新消费、新服务、新贸易、新金融、新"三农"、新健康等新经济，并使之产生"核聚变"效应，很大程度上依赖"新基建"的成果。当前，网红经济、云经济、无人经济、宅经济以及社交电商、直播电商、在线教育、在线医疗、远程办公等新业态新模式，无不受益多年建设形成的信息化基础设施。

四是可以有效降低试错成本并惠及全体。中国科学院大学网络经济和知识管理研究中心主任吕本富认为，"新基建"与知识创新带来的最大益处是降低试错成本、边际成本甚至零成本，大大提高了创新效率。同时，与传统"铁公基"和房地产投资产生的投资拉动效应和财富分配效应不同，"新基建"投资具有巨大的乘数效应和缩小分配差距效应，是实现经济发展和共同富裕双赢的有力手段。在过去的 50 年，1GB 存储成本从 1000 万美元降到了 0.02 美元。"新基建"遵循摩尔定律、梅特卡夫定律等，使得人人享有高速上网便利，而且成本会趋向于零，有助于缩小数字鸿沟、惠及包括弱势群体在内的全体成员。

三 "新基建"是浙江建设"重要窗口"关键一招

浙江省委十四届七次全会提出，努力建设新时代十个方面重要窗口和加快形成 13 项具有中国气派和浙江辨识度的重大标志性成果，其中 8 项与"新基建"息息相关。尤其是"十四五"时期需要通过"新基建"四两拨千斤，实现在高质量、竞争力、现代化上全面突破，增强软实力。

首先，"新基建"是浙江推动高质量发展的根本手段。通过"新基建"形成的新技术聚变优势，推动浙江逐步向高质量发展进阶，加快实现质量变革、效率变革、动力变革。2022 年浙江 R&D 经费支出占 GDP 比重达 3.0%左右，未来相当一部分的新增研发经费集中在"新基建"的信息技术基础设施领域，以及如何运用这些新技术改造提升传统产业，推动产业数字化、数字产业化,与实体经济深度融合。制造业劳动生产率,从 2010 年相当于美、日、韩的 20%—25%,提高至 2019 年的 40%—45%。预计再过十年,工业互联网、新制造等带来的效率变革、技术变革,制造业劳动生产率有望达到美、日、韩的 60%—70%,成为全球劳动生产率最前沿地区,基本实现制造业乃至整个经济高质量发展。

其次,"新基建"是浙江提升国际竞争力的重要法宝。通过"新基建"构筑形成的数字世界,有利于大幅提高资源要素配置流转效率,降低制度成本、降低营商成本,提升综合竞争力。数字经济"一号工程"实施以来,全省数字经济比重不断提升,在云计算、大数据、人工智能、区块链、物联网等技术基础设施,航空航天、工业互联网、卫星互联网等通信网络基础设施,以及数据中心、超算中心等算力基础设施,智慧交通、智慧能源等融合基础设施进行了富有成效的探索,并领先全国各地半个身位。阿里研究院报告指出,杭州数字基础设施、数字政务、数字民生指数在长三角 27 个中心城市居首位,成为全国"数字经济第一城",并推动浙江打造"数字经济第一省"。2022 年全省数字经济增加值占 GDP 达 50%以上,营商环境便利度达国际先进水平的 90%左右。

最后,"新基建"是浙江实现现代化的关键一招。正是通过多年数字化信息基础设施建设形成的互联网经济发展带动,浙江突破中等收入陷阱,突破传统产业、传统经济束缚,突破劳动力、土地等资源要素日益紧张的经济发展制约。2017 年浙江全省人均 GDP 达 1.27 万美元以上,跨过高收入经济体门槛;2022 年人均 GDP 达 1.76 万美元,在全球相当于前 50 位经济体的人均水平,完成了从劳动密集型到资本技术密集型经济体的过渡。现在摆在面前的难题是如何突破高收入陷阱,从资本密集型向知识密集型经济上过渡取得突破,在治理体系和治理能力现代化方面取得突破,稳定在高收入行列并进而成为真正意义上的现代化经济体。更通俗一点,人均 GDP 如何实现从 1.5 万美元到 3 万美元的跨越。

四 下一步推动浙江特色"新基建"的若干对策

面对世界百年未有之大变局,面临新一代信息技术引领的新一轮产业变革和科技革命机遇挑战,当前一个区域内投入的"新基建"投资,将决定这个区域经济体未来至少 10—20 年的核心竞争力。

一是整体优化，突出信息网络设施建设。信息基础设施建设是"新基建"的核心。加快 5G 网络、物联网、卫星互联网、工业互联网、消费互联网等算数基础设施，数据中心、超算中心、智能计算中心等算力基础设施，人工智能、网络计算、区块链等算法基础设施建设，谋划一批、建设一批、完成一批，滚动推进实施。加大信息网络基础设施建设项目的政策支持力度，重点考虑能耗、土地、基金等方面给予省级层面支持，力争数年内建成 10 万个 5G 基站、20 个左右超大型数据中心，完善"1+N"工业互联网平台体系。

二是夯实根基，加强技术创新基础设施支撑。"新基建"以信息网络为基础，以技术创新为驱动，需要重大科技基础设施、产业技术创新基础设施以及大量的人力资本支撑。依托国家自主创新示范区、杭州城西科创大走廊建设，鼓励之江实验室、中国科学院宁波材料所、清华长三角研究院等科研院所成果研究转化，大力支持 AI、云计算、大数据、区块链、物联网、空天信息、柔性电子、虚拟现实、增强现实、生命科学、量子通信等研究和创业创新。加强与华为、阿里巴巴、百度、腾讯等巨头合作，鼓励高校开设相关专业培育一批 ABC 复合型细分领域的理工科人才，加强与国家电网、中国铁塔、三大通信公司等央企对接，积极争取国家布局新一轮重大科技基础设施和国家级重大项目。

三是跨界创新，推动融合型基础设施建设。实施智慧交通、智慧物流、智慧水利、智慧能源等一批融合基础设施项目，加快传统基建数字化改造升级，推动新老基建的融合创新应用，选择一批项目示范实现"数据+""智能+"，打造全国传统基建数字化改造标杆省，建设一批"新基建"标杆城市。逐步建设完善特高压输变电网络，健全新能源汽车配套设施，示范建设杭绍甬智慧高速公路，推动一批高速公路智慧化改造，完善区域城际高速铁路网、城市地铁轨道网，加快构建三个"一小时交通圈"。充分发挥优势，抓住疫情倒逼机遇，加快"城市大脑"、未来社区、互联网医疗、在线教育、在线办公、生鲜电商等一批新场景建设应用。加快长三角区域公路、铁路、港口、轨道交通等传统基建数字化改造和智慧化升级，助推三省一市基础设施互联互通。

四是政企协同，发挥好企业和政府两方面作用。与传统基建和传统 PPP 模式以央企与国有资本为社会资本方主力不同，"新基建"的主体是企业尤其民营企业、地方政府，需要以掌握技术的民营企业为主社会资本方,而政府方可以是各类地方投融资平台。充分发挥市场主体在"新基建"中的重要作用,放宽市场准入,包容审慎监管,积极创新"新基建"PPP投融资模式。探索建立"新基建"基金,放大财政专项资金杠杆作用,支持金融机构"新基建"优惠贷款,鼓励和引导社会资本加大"新基建"投入力度。加大新型基础设施投资领域"最多跑一次"改革力度,提升项目效率。探索建立新型基础设施评估机制,开展重大项目建设评估。

五是协调推进,不断优化"新基建"布局。围绕全省"四大"建设,支持企业在大湾区培育建设人工智能、大数据、云计算、5G+AI、5G+工业互联网等设施,在大通道积极开展车联网、自动驾驶、新能源汽车充电换电站等智慧交通试点应用,在大花园建设一批智慧文旅、智能养老、智慧健康、智慧体育等项目设施,在大都市区布局一批智慧政务、智慧城市治理、智慧医疗、智能教育、智慧安全等项目。切实肩负建设"数字长三角"重任,打造长三角世界级新零售网络、数字经济等世界级产业集群,创新体制机制模式,打破大数据区域壁垒和部门壁垒,整合引领长三角区域数字经济发展和数据要素市场一体化。

把握引领新经济率先推动高质量发展

云卷云舒，浩瀚无垠，新一轮科技革命和产业变革大行其道。21世纪的数字经济发展新动能无处不在，不断迭代升级，大有成为全球经济主引擎的趋势。一方面，新技术推动全球新一轮科技革命和产业变革，颠覆现有传统产业、业态、分工模式和组织方式，重构人们的生活、学习和思维方式，重塑企业和全球500强格局，重整各国全球现代竞争力，推动经济发展质量变革、效率变革、动力变革。另一方面，新经济对浙江乃至我国传统经济传统产业产生巨大冲击，推动行业变革融合，产业界限不断模糊，对现有宏观调控、经济体制改革、社会治理、城市管理和公共安全等，甚至统计制度带来较大挑战。信息技术与生物技术不断交叉融合，大数据、人工智能快速发展，对事关我们自身利益的数据安全、社会伦理等也都带来了巨大的挑战。

新经济总是相对传统经济而言的。经济形态随着生产资料变化而变化，随着生产力与生产关系变化而变化。进入新时代新阶段，数据日益成为生产资料，计算算力、算法是生产力，互联网是生产关系。世界经济正在快速向数字化转型。当前的新经济是由信息技术革命或数据革命驱动的经济，集中表现为数字经济为核心的"四新"经济。把握引领新经济，率先推动高质量发展，要坚持供给侧结构性改革主线不动摇，战略方向是数字化经济（智能社会），战略重点是构建新经济"四梁八柱"，战略路径是产业数字化、数字产业化，战略实施推动产业升级和消费升级"双升级"，增强经济循环发展动力并实现更高水平均衡。

一　新经济发展内涵及影响

新时代新阶段新经济应运而生。全球新一轮产业变革和科技革命如火如荼，科学发展进入新的大科学时代，大数据日益成为新的科研范式，颠覆性创新以革命性方式对传统产业发展产生"归零效应"，而对新兴产业增长产生"核聚变效应"。我们处在一个伟大的新时代，这个阶段发展一大特点是由新一代信息技术驱动、由数据驱动，经济增长日益建立在三大定律基础之上。

- 三大定律

当前新一轮产业变革和科技革命，正如经典物理时代的牛顿三大力学运动定律，是由摩尔定律、吉尔德定律、梅特卡夫定律三大互联网定律驱动，发挥着推动经济变革和改造世界的基础性作用。

——摩尔定律（Moore's Law）。由美国英特尔总裁戈登·摩尔（Gordon Moore）1965年提出，即CPU微处理器的速度每18个月或2年左右翻一番，价格减半。之后的演变基本验证了这一点。晶体管越做越小，集成电路芯片集成的电路数目每隔两年翻一番，微处理芯片性能越来越高，计算能力呈指数级增长，生产成本费用不断降低。英特尔公司做过一项统计，1971—1997年电脑单个芯片处理器的晶体管数量，由2300个增长至奔腾Ⅱ处理器上的7.5百万个，26年增长了3200倍。随着纳米技术应用和工艺不断改进，现在硅基CMOS芯片的晶体管数量已达到10亿级别，是1971年的43万倍。

——吉尔德定律（Gilder's Law）。由美国"数字时代三大思想家"之一的乔治·吉尔德（George Gilder）20世纪提出，即主干网带宽每6个月左右增加一倍，增长速度是摩尔定律CPU增速的3倍。微软公司做过一次实验，300公里的范围内无线传输1GB信息仅需1秒钟，是普通计算机Modem传输能力的1万倍。未来随着5G技术大规模应用，无线传输能力又将增长10倍。同时，吉尔德定律揭示随着网络带宽不断扩大，上网费用将大幅下降最终实现人人免费上网，全球成为一个地球村落，资源可以得到更为高效的利用。

——梅特卡夫定律（Metcalfe's Law）。由以太网的发明者和计算机网络先驱鲍勃·梅特卡夫（Bob Metcalfe）提出，即网络的价值同网络用户数量的平方成正比，N个联结可以创造出"N×N"的共享效益。梅特卡夫定律决定了新科技推广的速度，揭示了在互联网络经济时代上网人数越多、共享程度越高，产生的社会效益越大。这一现象与爱因斯坦的质能方程（即能量是质量光速的平方）惊人一致，只不过一个揭示了物理学规律，一个揭示了互联网社会规律。互联网的威力不仅在于它能使信息的消费者数量增加到最大限度甚至是全人类，更在于它是一种传播与反馈同时进行的交互性媒介，随着上网人数增加网上资源将呈几何级数增长，需求不断创造出新的需求。

$$质能方程：E = m \times c^2$$

其中 E 为能量，m 为质量，c 为光速。

$$梅氏定律：V = K \times N^2$$

其中 V 为价值，K 为常数，N 为用户数量。

上述三大定律之间相互关联，层层递进。依据摩尔定律、吉尔德定律推理，计算机成本将会持续回落，而网络呈指数级扩大、网络使用成本边际趋向于零；随着成本下降和网络用户不断膨胀，网络价值越发高涨甚至无法估量，与梅特卡夫定律不谋而合。梅特卡夫定律说明了信息社会的网络联结效用，几乎可以无穷尽，像是一座金矿只要能够挖掘可以取之不尽用之不竭。网络联结的效益，甚至可以用一个纸折叠小故事说明。假如一张厚度 0.01 毫米的 A4 纸折叠 51 次，厚度可以有多少？$0.01 \times 2 \times 51 = 2.25E+08$ 千米，结果是比太阳到地球的距离（大约 1.5E+08 千米）还要大，光速穿越也要数秒时间。这正是其奇妙之处。足够多的用户一旦联结，将形成"光年效应"。

- 新经济内涵

新总是相对旧而言，经济发展具有鲜明的时代烙印。在互联网时代，数据日益成为土地、资本、煤炭石油等之后人类新的关键生产要素。因此，与20世纪所谓的新经济不同，当前的新经济是以数据为驱动、信息技术为引领、数字经济为核心的经济形态。（见表1）

表1　　　　　　历史上三次典型的工业革命及代表性事件

时间	特征	代表产品	动力资源	代表性人物
18世纪60年代至19世纪中期	机械化时代，机器代替人力	珍妮纺纱机、蒸汽机	煤炭、蒸汽	哈格里夫斯、瓦特
19世纪60年代至20世纪中期	电气化时代，电气代替机械	发电机、核电、汽车飞机	石油、电网	法拉第、爱因斯坦、爱迪生
20世纪50年代至今	信息化时代，电脑代替人脑	PC机、机器人、人工智能	数据、互联网	图灵、比尔·盖茨、乔布斯

资料来源：根据相关资料整理。

对于如何定义新经济，众说纷纭。美国《商业周刊》杂志曾认为，新经济是指在20世纪90年代初到2001年互联网泡沫出现前的高增长、低失业和低通胀并存的经济繁荣，具有高就业、低通胀、低赤字、高增长，以及知识密集型、技术密集型等特征。2012年4月英国《经济学家》杂志以"第三次产业革命"为题作了一份特别报道，认为新经济潮流是制造业的数字化发展①。美国经济趋势会会长、《第三次工业革命》作者杰里米·里夫金认为，新经济是"互联网+新能源"组合形成的经济。新经济是第三次工业革命的产物，即驱动20世纪50年代以来的基于集成电路、计算机、软件、原子能、空间技术、生物技术等发展起来的新经济。国内有学者认为，高新技术产业、战略性新兴产业、互联网经济，以及应用高新技术、新一代信息技术改造传统产业部分等形成的增加值，均属于新动能或新经济的一部分。新经济是高人力资本投入、高科技投入、轻资产并且可持续的较快增长经济，包括节能与环保、新一代信息技术与信息服务、生物医药、高端装备制造、新能源、新材料、高新技术服务与研发、金融服务与法律服务、体育文化和娱乐等十个类别产业②。

《2016年国务院政府工作报告》首次提及"新经济"。时任总理李克强指出"当前我国发展正处于新旧动能迭代更替的过程，……，必须培育壮大新动能，加快发展新经济。"新经济不仅是应对"三期叠加"阵痛的苦口良药，也是转变发展方式、抢占制高点、促进高质量发展的关键。党的十九大进一步指出，新时代要加快建设制造强国，加快发展先进制造业，推动互联网、大数据、人工智能和实体经济深度融合，在中高端消费、创新引领、绿色低碳、共享经济、现代供应链、人力资本服务等领域培育新增长点、形成新动能。为顺应未来发展趋势，2016年阿里巴巴在云栖大会上发布"五新"战略，包括新能源、新技术、新金融、新制造、新零售，旨在构建一个横跨商业、金融、物流、云计算、大数据、物联网等的数字经济体。未来已来，轮廓显现。

我们认为，新经济是一种新的经济运行形态，以新技术、新产业、新模式、新业态"四新"为主。从产业层面理解，当前新经济涉及"互联网+""数字+"一二三产业，不仅包括基于新一代信息技术发展起来的电

---

① The Economist. Manufacturing: The Third Industrial Revolution. 2012.
② 财新智库，万事达卡财新BBD中国新经济指数，2017年3月发布。

子商务、金融科技、生命健康、地理信息、智慧农业、数字农业等新兴产业，也包括运用新一代信息技术改造提升纺织服装、建材化工等传统产业的部分。从表现形式来看，不仅指云计算、大数据、物联网、人工智能等新技术，以及共享经济、平台经济、体验经济等新业态，也包括工业制造业中的智能制造、网络制造、工业互联网、大规模定制化生产等新模式，还涉及以信息化推进适度规模经营的家庭农场、农业+旅游、农村六次产业融合等新形态。

更准确地说，当前新经济是基于新一代信息技术和数据驱动形成的经济形态，在产品形态、商业模式、生产方式、生产组织等方面与传统经济显著不同。新经济是基于新一代信息技术为代表的一组通用目的技术推动形成的经济，基本特征是以新科技为根本动力、数据为生产要素、万物互联、智能无处不在。新经济有信息经济、网络经济、数字经济、分享经济或共享经济、知识经济多种称谓。新经济是一种智能经济，是使用"数据+算法+算力"的决策机制解决不确定性的经济系统[①]。

- 革命性的影响

新经济对传统产业传统模式的冲击，是方方面面、巨大的，未来的变革将远远超过我们想象，这可以从新零售初见端倪。随着互联网、智能手机普及，信息基础设施逐步成熟，电子商务、移动购物等新业态快速兴起，网络购物、无人超市、智慧物流快速增长，有力地促进了传统商业模式变革，也导致了无数的百货商场、超市，传统的音乐音像、报纸图书出版市场，以及传统邮政、电话电报等商店或业务被代替。2018年，全国网络零售额高达9万亿元，从无到有已经相当于全社会消费品零售额的约1/5；浙江网络零售额达16719亿元，超过了2013年全年的社会消费品零售总额。2010—2023年，浙江全省网络零售额相当于社会消费品零售总额的比重，由4.4%增长至超过90%。"线上线下+大数据+智能物流"新零售不仅推动了传统零售业变革和消费升级，也间接有力地促进了制造端变革和产业升级。（见图1）

与此同时，新经济对传统企业的冲击是颠覆性、革命性的，尤其是数字经济引领的新经济。信息技术数字经济平台兴起，有形的物质不断被无

---

① 阿里研究院，数字经济系列报告之四：《解构与重组：开启智能经济》，2019年1月发布。

年份	网零相当于社零（%）
2023	>90
2022	88.8
2021	86.4
2020	84.9
2019	79.4
2018	62.5
2017	54.9
2016	46.9
2015	38.5
2014	31.6
2013	23.9
2012	14.3
2011	8.5
2010	4.4
2009	2.7
2008	1.5
2007	0.8
2006	0.4
2005	0.0
2004	0.0
2003	0.0
2002	0.0

图 1　浙江网零相当于社零比例

资料来源：历年浙江统计公报。

形的技术手段替代，很大程度上摆脱了企业利用资源和能力的束缚，完全颠覆了以前的增长模式。传统的业务模式不断萎缩甚至消亡，柯达、诺基亚手机、摩托罗拉、尼康等一批传统巨头纷纷倒下，取而代之的是互联网科技数字化企业。普华永道根据公司市值排出全球 100 强企业，2008 年市值前 10 位中只有微软一家是互联网企业，通用电气、美孚石油、花旗银行、沃尔玛、辉瑞制药等均为传统领域企业。2018 年 3 月市值前 10 位分别是苹果、谷歌母公司、微软、亚马逊、腾讯、伯克希尔·哈撒韦、阿里巴巴、脸书、摩根大通、强生公司，美国 8 家、中国 2 家，其中互联网科技企业占 7 席。

二　搭建新经济发展的"四梁八柱"

加快发展新经济、增强新动能，已成为浙江省委、省政府的重大战略。2017年12月时任省长袁家军在桐乡乌镇举行的第四届世界互联网大会的主旨演讲中，提出近年来浙江以首个国家信息经济示范区建设为主抓手，以"两化"深度融合为发力点，以新技术、新业态、新产品、新模式"四新"为重点，抢抓数字经济变革的时间窗口，积极营造数字经济生态，以数字经济为标志的新经济正在加速崛起。

当前，浙江已经进入创新驱动发展为主的高质量发展阶段，提高全要素生产率，培育新经济新动能显得更为重要。我们认为，加快发展新经济，构建新经济为引领的现代化经济体系，首先要搭建好发展新经济的"四梁八柱"框架。

发展新经济的"四梁八柱"如何构建？结合浙江实践，可以从其对当前经济发展纵横两方面的颠覆性革命性影响去理解和构建。一是横向的颠覆构建，对整个产业链价值链或业务流程有革命性影响，譬如新的技术、新的产品、新的工艺、新的商业模式等新的形态，所谓"梁"；二是纵向的颠覆构建，对某个行业领域有革命性影响或已经发生重大变化，譬如新零售、新制造、新服务、新"三农"、新贸易、新消费等新的经济增长点，所谓"柱"。

- 搭四梁

新技术、新产业、新业态、新模式为"四梁"。四新经济，是在新一代信息技术革命背景下，以现代信息技术广泛嵌入和深化应用为基础，以技术创新、应用创新、业态创新、模式创新为内核的相互融合的新型经济形态。四新之间相互关联，其中新技术是引领。

——新技术。指可以替代传统应用推广和形成市场力量的信息技术，包括以移动互联、云计算、大数据、物联网、区块链等新一代信息技术的创新应用，或融合其他新技术集成可植入技术、生物基因等一大批颠覆性的技术体系。譬如人工智能（Artificial Intelligence）、大数据（Big Data）、云计算（Cloud Computing）、移动互联（Mobile Internet）、物联网（Internet of Things）、区块链（Blockchain）、空天信息（Aerospace Information）、虚拟现实和增强现实（VR/AR）、地理信息（Geographic Information）、量子通信（Quantum Communication）、柔性电子（Flexible Electronics）及生命科学（Life Sciences）等。

——新产业。指以市场需求为依托、引发产业体系、经济体系重大变革的新兴产业，包括新技术直接催生的新兴产业，譬如人工智能产业、物联网产业、云计算产业、大数据产业、机器人产业、集成电路产业、地理信息产业、空天信息产业、生物医药产业等重量级未来产业；也包括运用新技术改造提升传统产业，以及运用新的科技成果融合应用推动产业分化裂变、升级换代、跨界融合衍生出的服务业，譬如众创空间服务、创业指导服务、技术交易市场、天使投资、创投基金、风投基金、供应链管理服务等生产性服务业。

——新业态。指伴随新一代信息技术升级应用，顺应全社会多元化、个性化需求，从现有领域中衍生叠加出现的新环节，主要包括依托互联网开展生产经营活动，应用创新商业流程、服务方式或产品形态，提供的更加灵活的个性化服务经济。典型的有平台经济（天猫、淘宝），共享经济（共享实验室、产业创新综合体），分享经济（阿里淘工厂、生意帮），体验经济（精品民宿、未来社区），创意经济（特色小镇、家庭农场），甚至是服务融合经济等。

——新模式。指打破原先垂直分工的产业链及价值链，实现传统要素高效重组的新方式，主要是互联网与产业创新融合后形成的新的生产和消费模式。譬如在生产制造领域，有协同制造、个性定制、网络制造等新的商业制造模式；在销售领域，有社交电商、母婴电商、绿色电商、农村电商、跨境电商等电商新模式；在教育消费领域，有慕课、微课、云课堂等教育模式；在医疗健康领域，有远程医疗、精准医疗、智能医疗、智能康养等新的健康消费模式。

- 建八柱

结合"四新"发展，从畅通生产、流通、分配、消费的经济循环链条出发，坚持以深化供给侧结构性改革为主线，充分发挥市场配置资源的决定性作用和更好地发挥政府作用，重点构建新零售、新制造、新"三农"、新物流、新贸易、新消费、新金融、新能源"八柱"，培育增强新动能。

——新零售。加强云、网、端等信息基础设施建设，推动虚拟现实、生物识别、物联网、人工智能等技术与零售业深度融合，促进线上线下、商品服务、行业跨界深度融合，探索发展零售新业态、新模式。积极推行"数字化+零售"模式，大力发展数据驱动的泛零售形态，培育数字化批发零售业、数字化物流业、数字化餐饮业、数字化文娱业等，重塑产业链价值链，推动消费升级。以提升消费体验为中心，积极培育新零售示范企业，打造新零售标杆城市。加强长三角地区世界级新零售网络建设，积极推动长三角高质量一体化合作。

——新制造。全面推行个性化制造、数字化制造、网络协同制造、小批量大规模制造等"互联网+制造"模式，着力构建"物联网+云计算+大数据"为主的新制造体系，积极推动 B2C 制造模式向 C2B 制造模式变革转变。推广应用 IOT 物联网技术、MES 制造系统技术、AM 增材制造技术、VR 虚拟现实系统、区域集群协同制造管理系统等智能制造技术系统，推动新一代信息技术与制造业深度融合。加快推动制造业和现代服务业深度融合，建立健全工业互联网平台，连接打通供应链与产销、生产制造与服务，大力发展柔性服务制造，促进新的组织形式、新产业集群形成和发展。

——新"三农"。全面推进"互联网+农业"，大力发展数据农业、定制农业、订单农业、智慧农业等数字化农业，积极促进农村一二三六次产业发展，扎实推进乡村振兴战略，推动"三农"发展质量变革、效率变革、动力变革。坚持数字兴农，推进数字乡村建设，大力发展农村电子商务、文化创意等，培育一批农创客、新型职业农民，打造一批电商镇、电商村。突出以数字化技术运用，提升实施浙江"千村精品、万村景区"工程。支持鼓励农业众筹、预售，以及农业自媒体、新媒体营销新模式，培育农业复合新业态。着力推进农产品生产加工销售与旅游、健康、文化、体育等产业融合，打造一批业态丰富、功能多样、单条产值十亿元以上的示范性农业全产业链。

——新物流。着力促进物流数字化转型，推动实施"互联网+物流"，以信息港建设促进海港、陆港、空港"四港融合"，降低通关成本、全社会物流成本。运用人工智能、云计算、区块链等，鼓励传统流通企业向供应链服务企业转型，推进一批企业供应链创新与应用试点，培育一批智慧物流平台、流通与供应链平台，打造具有国际竞争力的现代供应链。推动特色产业集群和物流集聚区提升数字化水平，积极发展供应链物流新模式、新业态，培育智能制造供应链、现代农业供应链、绿色供应链、全球供应链，构建生产、流通和服务深度融合的现代供应链协同平台，畅通生产、流通和消费国民经济循环。

——新贸易。鼓励发展市场采购、跨境电商、外贸综合服务、数字服务贸易等新业态新模式，大力促进数字化全球贸易，支持建设阿里巴巴电子世界贸易中心（eWTP）以及"数字丝绸之路""网上丝绸之路"，推动浙江成为全球电子商务核心功能区、以数字贸易为标志的新型贸易中心。抓住"一带一路"建设机遇，加快部署运用5G、IPv6等新一代互联网技术，加强云计算大数据、城市大脑等领域国际合作，与"一带一路"合作伙伴国家地区共建"一带一路"信息走廊，以新技术推动新贸易和全方位开放。广泛运用人工智能、虚拟现实等智能化技术，深化跨境电商综合试验区建设，探索建设自由贸易港，发展新型贸易。

——新消费。契合消费升级趋势，抓住国家培育促进形成强大国内市场机遇，大力发展消费新业态、新模式，完善消费体制机制，进一步激发居民消费潜力，迎接新消费经济时代。积极运用5G+AI、人工智能、智能驾驶、体验交互设计、大数据、物联网等新一代信息技术，加快5G商用及垂直行业应用示范，扩大信息消费、汽车消费、时尚消费、绿色消费等，促进实物消费升级。鼓励运用网络平台、移动终端、社交媒体加强与消费者互动，培育体验消费、定制消费、智能消费等新业态，鼓励发展知识付费、数字文化消费、智慧健康消费、智慧养老消费、智慧家庭服务消费等新模式，促进旅游文化消费、体育健身消费、养老育幼消费、教育知识消费等服务消费。

——新金融。传统金融匹配传统经济，新经济需要新金融模式和业态。创新金融新技术新业态新模式，支持金融服务交易平台、第三方支付、互联网借贷、小微金融服务、众筹融资、私募投资基金、财富管理、创业投资、产业基金等发展，更好地服务实体经济、服务中小微企业。鼓励运用人工智能、大数据、区块链、移动支付等新技术，发展互联网金融、大数据金融、区块链金融、供应链金融、绿色金融、私募金融、消费金融等新业态，培育基金小镇、财富小镇、金融小镇等新平台。加快建设金融大数据服务中心、跨境电商金融结算平台，积极开拓移动支付等金融服务市场，打造金融科技、网络金融产业、网络金融安全等为主的新兴金融科技中心。

——新能源。历史上每一次工业革命都有能源革命的身影。在数据时代，数据就是经济发展的新资源、新能源。数据之于数字经济时代，就类似煤炭之于蒸汽机时代、电力之于电气化时代，数据好比石油，互联网好比电网，数字经济时代海量数据就是能源。充分运用云计算、云网络、云存储技术，加强城市管理大数据、自然资源大数据、交通大数据、农业大数据、工业大数据、医疗大数据、健康大数据、旅游大数据、教育大数据、公共安全大数据等云平台建设，推动各行各业建立一个类大脑数据中心，推进数据资源共享交换。大力推进新型基础设施建设，建设完善"云、网、端"等设施，大幅改造提升传统基础设施，支持基于人工神经网络的机器深度学习发展，推动建设数字政府、数字社会，发展数字经济，支撑智能社会建设。（见图2）

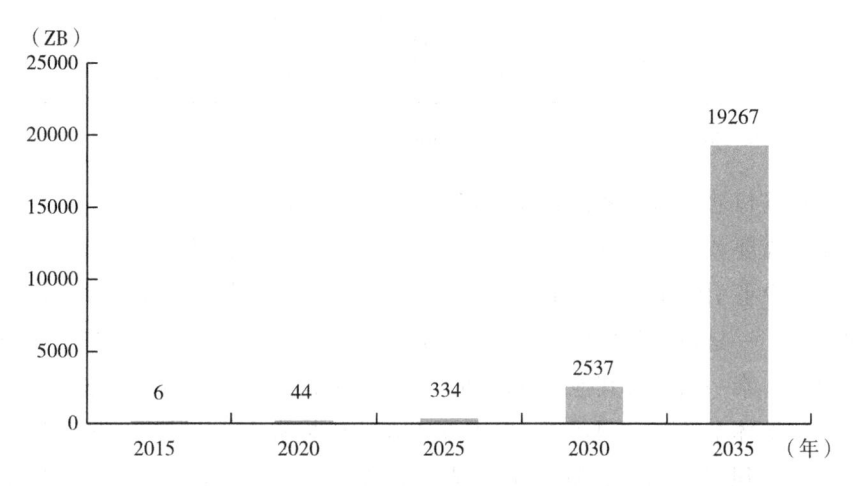

图2 全球数据资源增长趋势（2015—2035年）

资料来源：中国电子学会整理。

注：1ZB = 2^50MB（兆字节）。

● 培育重量级企业

麦肯锡全球研究院（MGI）指出，中国拥有全球最活跃的数字化投资与创业生态系统，中国数字经济引领全球发展。当前在数字经济领域，美国有GIF全球百强公司（谷歌、英特尔、脸书），中国有BAT三大巨头（百度、阿里、腾讯）；美国有AAN（苹果、亚马逊、奈飞），中国有HHL（华为、海康威视、科大讯飞）等新兴公司。阿里研究院发布的《数字经济体：普惠2.0时代的新引擎》报告认为，近十年全球上市公司市值前十强的变化，是新经济、数字经济体崛起的最直接体现。并预测数十年后全球最大的数字经济体会出现在中国，全球前十大市值公司将全部来自数字经济体，一半以上的公司市值超过1万亿美元，甚至出现2—3万亿美元市值的超级公司。（见表2）

表2　　　　中美两国数字经济体并行引领全球数字经济发展

美国公司	估值（亿美元）	所属领域	中国公司	估值（亿美元）	所属领域
Apple（苹果）	8510	科技服务	Alibaba（阿里巴巴）	6400	消费服务
Google（谷歌）	7190	科技服务	Tencent（腾讯）	4960	科技服务
Amazon（亚马逊）	7010	消费服务	Huawei（华为）	3000	科技服务
Facebook（脸书）	4640	科技服务	Baidu（百度）	900	科技服务
Intel（英特尔）	2430	科技服务	Hikvision（海康威视）	500	科技服务
Netflix（奈飞）	2240	科技服务	Liflytek（科大讯飞）	130	科技服务

资料来源：根据PwC的调查报告及相关研究报告，2018年3月31日。

抓住机遇，培育浙江数字经济领先企业。搭建"四梁八柱"新经济框架，需要数字经济巨头和大中小企业支撑。浙江是新经济大省，数字经济及其企业引领全国乃至全球发展潮流，两化融合、信息化发展水平居全国前列。一是包括阿里巴巴在内，重点支持海康威视、大华、新华三、恒生电子、泰一指尚等其他互联网知名企业做大做强，力争培育更多更强的数字经济体全球及全国百强。二是全方位实施推进企业上市和并购重组为核心的"凤凰行动"计划，超前谋划布局一批重量级未来产业，加快推进互联网、大数据、人工智能和实体经济深度融合，力争以数字经济为引领推进公司上市。三是全面实施旨在培育在全球同行中具有引领作用的新经济企业"雄鹰行动"计划，围绕云计算、物联网、人工智能、集成电路、软件通信、新型材料和网络安全等领域形成一批超千亿级的企业和世界500强，抢占产业发展制高点。四是积极实施"雏鹰行动"、小微企业等行动计划，充分运用现代信息技术提升发展融合，鼓励小微主体在新制造、新零售、新消费、新金融、新服务、新贸易等领域，打造"隐形冠军""单打冠军""小巨人"企业，培育未来的阿里巴巴。

三　抢占新经济制高点推动高质量发展

从全球范围内看，西方工业化发达国家通过上百年的资本积累和技术积累，在传统的关键产业领域牢牢占据着制高点。譬如，德国的钢铁、铜及铝工业、化工产业、汽车制造、光学产业、增材制造等，法国的核能工业、航空航天等，日本的海洋产业、精密仪器、精细化工、消费电子等，

美国的生物制药、高端装备、电信、计算机和消费电子等领域。（见表3）

表3　　各国处于全球领先地位的关键产业领域

德国	法国	日本	美国
钢铁、铜及铝工业	核能工业	海洋产业	生物制药
化工产业	航空航天	精密仪器	电气设备
设备和机械制造	高速铁路	精细化工	航空航天
汽车制造	汽车制造	汽车制造	汽车制造
光学产业	化学和材料	金属冶炼	石油天然气
医学仪器产业	矿业和冶金	消费电子	金融投资
环保技术产业	节能环保产业	半导体	工业软件
国防工业	海洋产业	电气设备	材料工业
航空航天工业		纺织纤维	计算机
增材制造			消费电子
			医疗健康
			节能环保
			精密仪器仪表

资料来源：《德国工业战略2030》《美国先进制造业伙伴计划》《法国工业版图计划》《日本制造业白皮书》《全球制造业竞争力指数》及相关报告。

但在新经济领域，我国拥有成为领先者的优势和潜力，大家处在同一起跑线上。从近十年来看，新经济正在继续产生"核聚变"效应，新一代信息技术已经成为大幅提高浙江乃至我国全社会劳动生产率、全要素生产率，推动经济质量变革、效率变革、动力变革最重要的手段。

结合国内外实际，重点围绕人工智能、生命健康等九大领域，培育新技术新产业新业态新模式，大力推进产业数字化、数字产业化，促进新一代信息技术与三次产业深度融合，促进数字经济与实体经济深度融合，力争在更多领域实现"弯道超车""换道超车"，加快推动浙江乃至我国经济高质量发展，为高水平建设成为现代化经济体夯实基础。

- "人工智能+"

人工智能是引领新一轮科技革命和产业变革的头雁技术。2018年MGI预计到2030年机器人将取代全球8亿个工作岗位，全球大约70%的公司至少应用一种形式的AI技术。美国2016年开始陆续颁布《美国国家人工智能研发战略计划》《为人工智能的未来做好准备》《人工智能、自动化与经济报告》等顶层设计报告。2019 年 2 月，美国将 AI 发展跃升成为美国具有里程碑式的国家战略，提升其在全球的领先地位。近年来我国也已经发布新一代人工智能发展规划及行动计划，将"AI+"上升为国家战略，发展智能经济建设智能社会等。抓住机遇，发挥浙江数字经济领域领先优势，大力发展智能软硬件、智能终端、AR 与 VR 等人工智能类新兴产品，加快人工智能关键技术研究和转化应用，推进计算机视觉、智能语音处理、生物特征识别、智能决策控制及新型人机交互等关键技术研发，促进 AI 产业化。超前布局前沿技术研究，加强量子通信、下一代网络等创新试验和应用，培育创建一批人工智能小镇，建设若干千亿级"AI+"产业基地，打造世界级"人工智能+产业集群"。围绕智能制造、智慧农业，以及教育、医疗、养老、育幼等需求，加快人工智能+示范应用，建设浙江"AI+"社会。

- "大数据+"

大数据成为新时代越来越重要的生产资料，我们从 IT 进入 DT 时代。毕马威中国（KPMG）发布的一份研究报告指出，"一切业务用数据说话"正在驱动企业增长模式重塑。从零售到制造，从能源到金融，从三产到一产，企业纷纷通过数字技术、业务和经营管理的融合，重构整体价值链和生态体系。近年来，浙江大数据支撑体系不断完善，产业规模显著扩大。重点围绕大数据计算等重大科技基础专项，积极开展大数据智能示范应用。加快大数据产业中心和省级重点企业研究院建设，发展一批大数据应用示范企业，开发一批具有国际竞争力的大数据处理、分析、可视化等软件和海量数据存储设备，丰富大数据应用终端和服务产品。参与创建长三角国家大数据综合试验区，在节能环保、工业、"三农"、海洋经济等领域建立若干大数据中心，培育具有国际领先水平的大数据龙头企业，打造全国领先的大数据发展和应用中心。争取在数字农业领域培育一批数字农业示范园，实现农田智能监测、养殖环境监测、园艺设施精细管理和精准控制，农产品质量安全可追溯、可监管；在数字制造领域，推动工业大数据应用，发展绿色融合制造、服务型制造、网络协同制造等新制造模式。

- "云计算+"

云计算日益成为浙江和企业的核心竞争力。计算算法就是未来人类创造新财富的关键生产力。结合浙江云计算基础优势，加快发展云计算产业，构建云产业生态，推进云计算应用和服务体系建设，发展公有云平台和行业专有云平台。加快推进"工业大脑"建设及在典型行业的融合应用，打造 supET 工业互联网平台，构建"1+N"工业互联网平台体系，长期争取工业设备联网率达到 100%。推动自动控制与感知、工业核心软件、工业互联网、工业云与智能服务平台核心技术攻关，加快推进制造业与互联网深度融合应用，助推信息产业发展。抓住联合国地理信息大会永久落址浙江地理信息产业园机遇，把握地理信息技术发展前沿，优化时空信息数据采集应用，突出产业链集聚发展，打造全国地理信息产业大省。坚持技术融合、产业融合、军民融合，发挥云栖小镇作用，推动北斗应用自主创新，大力发展空天信息产业，打造杭州国内先进的空天信息基地、全国数字经济第一城。支持推动杭州、宁波建设国内外软件名城，构建开放的云端工具平台及研发生态体系，开发面向重点行业主要业务的工业应用程序。

- "物联网+"

万物互联逐渐成为一种新的经济社会发展范式。浙江拥有全球云计算、数字安防业领军地位的企业，物联网应用全国领先。加快基于 5G 的大规模移动互联建设，推进物联网与大数据、云计算、地理信息等技术融合创新，构建万物互联社会的物理基础。加强网络空间安全主动防御等重大科技基础专项研究，突破传感芯片、通信网络、终端设备、应用平台等关键技术，增强系统集成服务能力，带动数字安防、车联网等产业发展，打造全国物联网产业中心。着力推广应用"城市大脑"，鼓励应用云计算大数据和物联网技术建设新型智慧城市，实现所有市县区全覆盖，推动社会治理、公共服务等智能化，大幅节约城市各类资源。推动未来社区建设试点，打造一批新型城市功能单元，实现未来邻里、教育、健康、低碳等场景集成智慧应用。大力支持智能网联汽车发展应用，推进 5G 车联网智能交通示范应用基地建设，推进杭州、嘉兴等地智能网联汽车应用示范，率先开展智能网联汽车开发试验和应用推广，助推世界级汽车产业集群建设。

- 智能机器人

浙江是全国在役工业机器人数量最多的省份。近些年全省积极推动"机器换人""机联网"等应用机器人技术装备，工业机器人密度达全国的两倍左右，总量已经超过 6 万台，2022 年在役工业机器人数量更是有望达 15 万台，制造业机器人密度达 200 台/万人以上，接近发达国家水平。促进人工智能技术与机器人深度融合，培育发展智能化水平特色的智能工业机器人、智能服务机器人等研发及产业化，不断催生"机器人+"新业态、新模式。重点突破高精密减速器、高性能传感器、高档伺服电机、智能数控系统等关键技术，加快发展工业机器人和特种机器人，大力推进机器人应用和产业发展。围绕制造强省和"中国制造 2025"浙江行动，积极发展机器人关键零部件，培育一批机器人拳头产品，培育一批具有国际影响力的行业龙头企业和产业基地，率先建设一批技术创新实验室，建设国内一流的机器人应用示范基地。大力实施制造业智能化技术改造提升，建设一批"无人工厂""无人车间"和智能工厂，推进机器人应用发展。围绕家庭服务、养老育幼、医疗健康、教育娱乐、供应链、"三农"服务等市场需求，积极推进"机器人+"服务、教育、物流、健康等消费，促进消费升级。

- 新一代集成电路

集成电路产业是信息经济、智能社会的硬件基础。智能社会建设有赖于大量的芯片支撑。中国是最大的半导体和集成电路消费大国，但是核心技术受制于人，90%以上的芯片依赖进口，核心芯片、基础软件和关键器件自主创新能力不强，成为又一"卡脖子"技术。结合浙江信息技术产业发展趋势，积极开展新一代集成电路关键技术和高端芯片重大科技专项攻关，重点发展专用集成电路设计、制造、封装测试和配套产业，推进产业链一体化发展，引进发展 8 英寸以上的大尺寸生产线为主，形成专用芯片产业特色，打造国内领先的集成电路制造设计强省和重要的产业基地。重点培育具有自主知识产权的嵌入式 CPU 和面向物联网、汽车电子、智能硬件等集成电路设计企业，鼓励集成电路企业做强做大。抓住长三角一体化高质量发展机遇，联动沪苏皖建设"芯片—软件—整机—系统—信息服务"集成电路全产业链，打造长三角成为世界级的半导体和集成电路产业集群。大力发展柔性电子产业，优化布局柔性电子项目，支持柔性电子产品开发。

- 新兴材料

新兴材料是新一轮信息技术革命的硬件基础。随着智能化时代演进，与云计算大数据、物联网、人工智能等新一代技术应用相伴，感知、学习、存储、运算等硬件载体必须有更新型的材料、更先进的工艺支撑，包括半导体材料、纳米材料、稀土材料、有机材料及多元合金、石墨烯、超导材料等，以及电镀、涂装、喷涂、转化膜、表面改性处理等新工艺技术。20世纪八九十年代，韩国、中国台湾地区等四小龙正是由于掌握了计算机半导体材料加工等先进技术工艺，转向通信电子行业生产制造为主的经济结构，逐步跟上发达国家步伐从中等收入经济体跃升为高收入经济体。浙江发展新材料产业基础扎实，在磁性材料、氟化工材料、高性能纤维材料等具有比较优势。鼓励发展氟硅新材料、高性能磁性材料、高性能纤维及复合材料等，加快发展石墨烯、增材制造、超导材料、先进高分子材料、高端结构材料等前沿新材料，积极推进碳纤维、石墨烯、纳米及生物基材料下游应用领域的研发、生产及规模化应用。以加快材料工业升级换代为主攻方向，培育一批国内外知名的新材料企业研发平台和一批特色鲜明的新材料基地，争取打造具有国际竞争力的新材料万亿级产业集群。

- 金融科技

金融科技正在赋能新经济加快增长。与上海打造国际金融中心相比，浙江具有建设国际金融科技中心的优势。浙江是企业上市和并购重组最活跃的地区，上市公司数量居全国第二，全国私募基金投资者有20%以上是来自浙江的有限合伙人，在财富管理、私募基金、互联网金融等领域具有领先优势。尤其是杭州，集聚了蚂蚁金服、网易、新华三、恒生电子、信雅达、连连银通、挖财网、川山甲等新金融服务企业，蚂蚁金服估值达1500亿美元，拥有玉皇山南基金小镇、西溪谷互联网金融小镇、运河财富小镇、湘湖金融小镇等一大批金融小镇，支付宝稳居互联网第三方支付市场龙头，占移动端市场份额达70%，私募基金集聚程度仅次于北京、上海、深圳，区块链产业规模仅次于北京居全国第二，新金融业态蓬勃发展。发挥新金融科技优势，广泛将大数据、区块链等技术应用于传统金融业，鼓励创新业态、模式、应用、产品。做大做强金融科技产业，支持发展互联网金融、移动支付、消费金融、供应链金融、区块链金融、私募基金、绿色金融等新兴金融业态，着力推动杭州创建国际金融科技中心，建设钱塘江金融港湾，打造"移动支付之省"。推动区块链底层技术研发和应用创新，培育相关的独角兽企业，谋划打造全国区块链之都。

- 生命健康

数字经济、生命科学是21世纪两大主导方向。中国科学院"十三五"发展规划纲要提出着重围绕八大领域实现重大创新突破，克服"卡脖子"技术，其中包括生命健康领域的研发器官修复及再造技术。生命健康是浙江在全国具有技术和产业比较优势的领域，快速的新型城镇化和人口老龄化也使得健康产品和服务需求迅猛增长。按照省政府科技新政50条意见要求，加强前沿理论研究，强化变革性、交叉性基础研究，促进基础研究、应用研究与产业化对接融通，重点部署研究脑认知与脑机交互研究、干细胞与再生医学研究、作物品质形成与抗病毒研究三个方向。突出推广应用大数据、3D打印、人工智能、区块链等新技术，培育远程诊断、精准医疗、个性化治疗等新模式，发展智能医疗、智能康养、智慧健康等新业态，做大生物医药、健康养老、医疗保健等板块，建设全国一流的健康休养中心和生物医药基地，打造健康产业强省。突出数字生物、数字健康、智慧养老、智慧育幼、智慧医疗等，争取国家级生命健康重大科技专项布局在浙江，建设若干高能级科创平台，以杭州、温州等为核心建设具有全国影响力的生命健康创新中心和基地，以及生命健康研究与产业化为特色的省级科创大走廊，打造具有国际竞争力的千亿级乃至万亿级产业集群。

四 进一步健全完善新经济统计的若干建议

把握引领新经济，推动高质量发展，首先要精准量化新经济。新经济度量，事关各区域各个层面的领导决策和政策制定。继2016年杭州和2017年汉堡的二十国集团领导人峰会后，2018年11月习近平总书记在沪国际进口博览会上的主旨演讲中，重申了大力发展"四新"经济加快新旧动能转换的重要性，提出"各国应该把握新一轮科技革命和产业变革带来的机遇，加强数字经济、人工智能、纳米技术等前沿领域合作，共同打造新技术、新产业、新业态、新模式"。

一是建立健全"四新"为主的地方新经济统计体系。作为我国新经济最活跃的地区，按照国家统计局《新产业新业态新商业模式统计分类（试行）》，近年来浙江对新经济统计进行了不懈努力和探索实践，测算"三新"经济增加值。2018年"三新"经济增加值占GDP的24.9%，比上年增加0.8个百分点，但是电商、网售等在线业务增长超过20%，数字经济核心产业同比增长13.1%，新一代信息技术和物联网产业增长19.9%，规模以上工业新产品产值率提高近2个百分点，均远远高于

7.1%的 GDP 增长。我们认为，在全社会软投入日益加大和新一轮科技革命加速的背景下，完整统计新经济，仅有"三新"不够，应将"新技术"单列即统计新技术、新产业、新业态、新模式"四新"经济增加值，缩小与数字经济统计差距，做到应统尽统。我国已将 R&D 计入 GDP 核算统计①，研发作为新技术的主要来源，以及绝大部分研发活动依托信息技术完成，可以考虑全部纳入新经济增加值统计。

二是完善以数字经济为核心的新经济统计。众所周知，新经济引领着我国现代化经济体系构建，核心是数字经济（信息经济）。然而"三新"经济与数字经济统计差距较大②。新经济不仅包括数字经济，也包括制造业、服务业等产业的数字化部分，范围更大。根据《高质量发展指标体系 2018—2022 年》及科技新政等意见，2017 年浙江数字经济增加值约占 GDP 的 40%，与新经济增加值占比相差足足有 15 个百分点。同样地，国家层面也存在数字经济与"三新"经济增加值统计的巨大差距。根据中国信息化百人会和腾讯研究院等机构估算，数字经济占我国 GDP 的 30% 以上，这与国家统计局采用"行业法"统计发布的"三新"经济占 GDP 比重，相差约 15 个百分点③。

三是"行业法"之外考虑"支出法"新经济统计体系。在行业分类统计的基础上，进一步加强对新经济融合部分、在线部分支出的统计。国家统计局试行的"三新"统计《新产业新业态新商业模式统计分类》包括 9 个大类 63 个中类 353 个小类，主要参照 2015 年之前的国家文件，及《战略性新兴产业分类（2012）（试行）》修订版、《高技术产业（服务业）分类（2013）》、《国家科技服务业统计分类（2015）》等分类制定，通过"行业法"重点体现在中国制造 2025、互联网+、大众创业万众创新、跨界综合管理等"三新"活动。目前来看，多年前制定的行业法统计多有局限，已不足以涵盖或穷尽新经济范畴，并导致分享经济、共享

---

① 为更好地反映创新对经济增长的贡献，国家统计局在 2017 年改革了研发支出核算方法，将能够为所有者带来经济利益的研发支出不再作为中间消耗，而是作为固定资本形成处理，并从 2016 年统计公报开始，据此对各省（区、市）的 GDP 历史数据进行修订，形成计算 GDP 和人均 GDP 的新口径。

② 数字经济不仅包括传统产业的数字化部分，也包括了数字产业化增加值部分。广义上，数字经济就是新经济，当代新经济主要是数字经济。

③ 蔡跃洲：《数字经济增加值和贡献度的测算综述》，《求是学刊》2018 年第 5 期。

经济、在线服务消费、新兴消费支出等"漏统"较多。因此，从支出法或其他方法完善统计新经济，可能更为准确。

四是新经济统计进一步考虑体现地方特色。对于浙江而言，互联网、云计算、大数据、物联网、人工智能等新一代信息技术研发投入比较大，应用发展比较快，更新迭代、日新月异，并正在逐步形成新的产业集聚。更有一种"士别三日当刮目相待"的感觉。与此同时，跨界融合经济也是一大特色。譬如，新金融、新零售、新服务、新制造等层出不穷，数字经济、平台经济、分享经济、创意经济、体验经济等快速发展，特色小镇、未来社区、金融科技、生命科学等创建加快，成效不断显现。上述这些新技术新产业新模式新业态，以及生物经济、绿色低碳经济、未来产业、高技术服务业等新经济领域，如能单独统计或健全相关的统计分类，预计将进一步扩大浙江新经济规模，从而更符合地方实际。

全球新一轮产业结构和布局调整挑战

全球产业结构和布局调整加速演进，叠加疫情疤痕效应和贸易保护主义影响，产业实体化、布局本地化、技术高端化等态势明显。针对全球出现的新一轮产业结构和布局调整大变局，结合调研，建议毫不动摇深化改革开放，深化数实融合，突破固有思维，开辟新领域、制胜新赛道，"五链协同"构建浙江特色现代产业体系，巩固壮大实体经济，做大做强新兴产业与未来产业，克服全球调整带来的不利影响，化险为夷、化危为机，持续推动经济社会高质量发展。

一 全球新一轮产业结构和布局深刻调整

在新一轮科技革命和产业变革等推动下，发达国家兴起产业实体化回归浪潮，全球产业链供应链区域化调整加速，新一轮产业结构和布局调整日益呈现实体化、近岸化、高端化等趋势。受逆全球化思潮抬头和地缘政治斗争影响，我国在全球新一轮产业结构和布局调整中处于不利地位。

（一）产业实体化回归加码。2008年国际金融危机发生以来，发达国家和地区认识到产业经济虚拟化、空心化问题的严重性，纷纷加力推进"再工业化"，推动制造业回归，大力发展实体经济。总体上看，近15年欧美发达国家已经出台实施包括欧盟"欧洲复兴计划""英国向增长前进""德国工业4.0"、美国"先进制造业振兴计划"和芯片法案等战略规划政策，并取得显著成效，第二产业比重不降反升，制造业巩固回升。日本出台一系列支持制造业回流产业政策，制造业外商直接投资由2020年约30亿美元大幅增至2021年超123亿美元。

从制造业采购经理人指数（PMI）走势表现反映更为明显。根据2010年1月至2022年12月PMI数据，美国、欧元区等主要经济体制造业 PMI 均值高于服务业 PMI 均值，显示制造业扩张步伐快于服务业，三次产业结构调整有利于第二产业方向发展。但应注意的是，在这 13 年中，我国制造业 PMI 月度均值为 50.7，远不及美国的 54.7、欧元区的 52.3，也远低于同期国内服务业 PMI 为 53.3 的月度均值；我国制造业增长与农业增速相当，名义增长均为 8% 左右。(见图 1)

图 1　欧美、中国制造业采购经理人指数 PMI 比较

说明：PMI 是每月统计发布的采购经理人环比指数，50 为荣枯线，高于 50 表示扩张，低于 50 表示衰退。

资料来源：Wind 数据库。

（二）布局近岸化步伐加快。近半个世纪以来，在贸易分工比较优势论的推动下，世界贸易迅速发展，全球经济循环逐步形成消费国、生产国、资源国格局。即美国提供技术和消费需求、中国提供产品"世界工厂"、中东和俄罗斯提供资源原材料的"大三角"格局，我国事实上成为全球制造中心和全球供应链枢纽。但有专家指出，这种在"二战"后依靠国际贸易比较优势发展形成的产业贸易"大三角"格局正在被打破，以若干国家近岸为中心的区域循环加速形成，即亚洲（中国）、北美（美国）、欧洲（德法）的"大三环"格局。从各国产业项目规划布局看，在全球新一轮兼并收购重组浪潮等的推波助澜下，全球产业体系和产业链供应链日益趋向本土化、近岸化、区域化，芯片机电等高端产业回归趋势明显。譬如，欧盟重点瞄准台积电、三星和英特尔三家拥有最先进制程工艺的半导体企业，宣布投入数百亿欧元支持本地芯片生产，打造一个能与美国竞争的"半导体生态圈",加强"战略自主"。欧洲大力发展新能源以摆脱对俄罗斯能源依赖,美国鼓动盟友或所谓友好国家推进"友岸外包""近岸生产",东南亚、墨西哥等新兴经济体凭借成本优势承接国际产业转移致力于打造新的"世界工厂"。

（三）技术高端化升级加速。各国加紧从技术、标准、龙头企业等出发,抢占技术制高点,争夺产业话语权。美国智库机构连续迭代发布《美国创新战略》报告,研究保持美国先进制造业领导地位策略,如何优先为先进制造、生物技术、清洁能源等发展提供政策和资金支持；美国政府通过制定《芯片与科学法案》加大补贴和贷款优惠力度,鼓励企业进一步提高半导体、新能源电池、原材料和医药品等关键领域自主供应能力。欧盟通过《欧盟芯片法案》,提出要重点突破2nm以下先进节点技术和量子芯片,支持大规模技术能力建设和尖端芯片创新。德国凭借雄厚的产业基础加快推动工业互联网、人工智能等新一代信息技术与先进制造业融合,制造技术优势得到巩固。日本政府组建专门职能机构,制定专项财税政策,为大企业增加研发费用占比提供激励。美国技术策略成效明显,譬如,由美国openAI公司发布的chatGPT互联网应用火爆,推动全球数字经济将从大数据时代走向通用人工智能时代,而为其提供算力算法支撑的人工智能计算公司英伟达（NVIDIA）,成为首家市值突破1万亿美元的芯片企业,并带动了整个产业链升级。尽管我国20年前提出建设国家创新体系和创新型国家,但从0到1的突破上还是较欠缺,关键核心技术"卡脖子"非常明显。

（四）分工专业化程度加深。世界正经历百年未有之大变局。根据联合国贸发会议2022年世界投资报告,世纪新冠疫情叠加地缘政治影响,全球跨境投资出现明显分化,南北发展不平衡加剧。发达国家制造业增长快,发展中经济体增长慢,在产业政策的引导下,跨国企业供应链布局由传统的成本效率导向,转向更加重视安全韧性和专业化,全球产业链价值链分化加剧。譬如,2020年以来英特尔、三星、台积电、海力士等巨头纷纷宣布在美扎堆建设生产基地,掀起投资热潮。跨国公司为代表的大企业凭借多年布局积累和全产业链优势,推动全球价值链、供应链专业化多元化布局的作用依然较强；"隐形冠军""专精特新"、单打冠军等中小企业深耕核心业务,成为细分行业领导者。譬如,一年一度的德国汉诺威工业4.0博览会,全球大大小小的制造企业展示智能机器人、3D打印、能源环境科技、动力控制等各类细分前沿产品，空间转换、仿生学、光电等最新技术及各种高精度分析设备和检验设备，以及工业生产工艺过程自动化、软件研发服务、IT等先进技术和解决方案。

（五）地缘政治化影响加剧。全球经济竞争日益受地缘政治风险浸染。全球进入新的动荡变革期，新冠疫情、地区冲突、主权债务危机等各种"黑天鹅""灰犀牛"事件风险显著上升，逆全球化思潮持续酝酿，出于自身考虑各国纷纷将推动产业发展和政策安全并举作为重要考量，地缘政治对产业布局和结构调整的影响越来越深。尤其俄乌冲突持续化，短期食品和能源价格高涨及公共债务飙升，长期受保护主义和逆全球化思维扰动，对世界格局产生了重大影响。地缘政治化对我国影响更甚。一是美国自恃其霸主地位，将中国列为"最重要的地缘政治挑战"，对我国产业遏制打压不断升级，通过技术封锁、出口管制、外资审查等手段推动供应链"去中国化"，对华直接投资创新低。二是加速打出"芯片牌"，从"芯片四方同盟"到牵头组建美荷日"三方联盟"，谋划对中国整个半导体领域全面围堵。受此影响，我国芯片生产企业所需的EUV先进制程光刻机等高端设备无法进口，供应链严重受阻。2023年8月美国总统拜登签署行政令设立对外投资审查机制，明确限制美国主体投资中国半导体和微电子、量子信息和人工智能领域。三是引导跨国公司产业外迁，对向从中国迁往东南亚、美洲等地的企业提供低息贷款和免税待遇。2013年以来美国在中国进口占亚洲低成本区域比重下降19.3个百分点，从中国进口货物贸易占比下降5个百分点且仍在持续，而从墨西哥、东南亚等进口增加较快。

二 全球调整对浙江的不利影响显著增强

改革开放以来，作为典型的外向型经济大省、制造大省通过不断融入全球产业分工体系，浙江经济高速发展，产业结构不断优化升级，浙江制造、浙江服务已深深嵌入全球产业链供应链价值链。但是，当前全球新一轮产业布局调整已对浙江产生显著影响，短期影响主要在外贸和经济稳增长等方面，中长期影响产业技术升级乃至"两个先行"建设。某种程度上，浙江正面临着产业链脱钩、供应链断链、价值链锁定、创新链阻隔、人才链松动等风险挑战。

（一）外贸订单持续流失，产业链脱钩风险。尽管疫情后全球产业链、供应链恢复正常，但随着美国各类法案生效，叠加土地要素制约、生产成本提升和疫情等因素，浙江制造业尤其劳动密集型产业外迁明显，部分制造企业已将部分或全部产线迁至国内其他省市或者国外，墨西哥、印度和东南亚成为外资主要代替目的地，带来的直接影响是对外贸易量萎缩。2022年下半年以来全省进出口下滑明显，负增长效应延续至2023年上半年，1—6月出口同比增长4.1%，6月负增长，形势严峻。调研发现，近两年来，浙江一些制造企业纷纷表示合作多年的欧美客户明确要求，企业到东南亚或其他地方设厂，以规避25%关税和产业链供应链等风险。外贸从以前的缺柜缺舱突然间到现在空箱堆积，宁波舟山港口出现大量空集装箱，既有周期性生产供应过剩和空箱回流等因素，更多是国外订单大幅减少或转移所致。纺织服装、木业、橡塑等传统产业转移较为明显，譬如裕华木业嘉善基地由于订单不足，地板年生产能力仅用了70%左右，大量订单转移至越南、印度尼西亚、印度等地。（见图2）

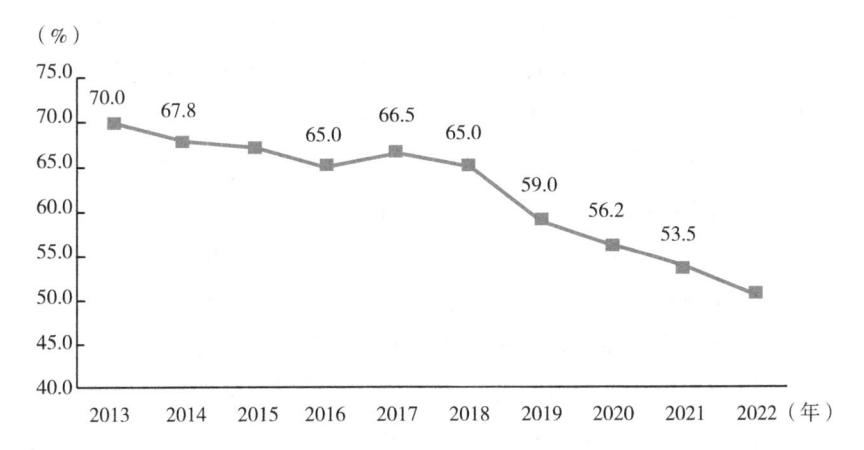

图2　美国在中国进口占亚洲14个低成本国家或地区中的比重

说明：亚洲14个低成本区域包括中国大陆、中国香港、中国台湾、马来西亚、印度、越南、泰国、印度尼西亚、新加坡、菲律宾、孟加拉国、巴基斯坦、斯里兰卡和柬埔寨。

资料来源：Wind 数据库。

（二）供给端持续受冲击，供应链断链风险。受中美贸易摩擦和新冠疫情冲击，全球供应链持续波动，出于地缘政治、国家安全等问题考虑，各国纷纷加强关键零部件、重要资源、供应链关键环节的本土化。芯片供应链风险持续叠加，美国、日本、荷兰等限制向我国出口先进的芯片生产设备，浙江集成电路、网络通信等半导体终端产业生产受到较多干扰。譬如，宁波杭州湾新区汽车产业平台调研发现，受制于辅助驾驶芯片和摄像头等核心零部件短缺，吉利极氪新能源汽车001车型一天300多台的产能，实际上只能生产100多辆，供不应求情况一直持续至今。浙江集成电路高端光刻机、生物医药重要原材料、人工智能高端芯片等产品和设备供应，在不同程度上受制于欧美国家；关键核心技术和设备"卡脖子"问题难突破，浙江高速增长的集成电路、新能源汽车产业乃至十大标志性产业链中关键环节的技术、部件、设备和产品进口依赖度高，短期内难以实现国产替代，供应链极易形成断点。2019年以来，浙江制造业等领域实际利用外资虽恢复增长，但相对于经济总量的比例总体仍有所下滑，从2.5%降至1.6%左右，值得引起重视关注。

（三）关键技术设备引进壁垒，创新链阻隔风险。自2018年中美贸易摩擦加剧以来，美国加大核心技术管控力度，持续打压中国科技崛起，国际创新联系被人为切割，AI、云计算、大数据、光学等领域新技术合作研发受阻。特别是在5G、人工智能、量子通信、高端处理器等敏感技术表现更为突出，限制中资企业融资，英美明确宣布禁止在5G网络建设中使用华为等设备。同时为了禁止关键领域技术流入中国，美国通过"实体清单"形式进行管制。据不完全统计，当前已有超过1300个中国实体和个人被列入美国制裁清单，其中包括杭州华为通信、大华、海康威视、中航通飞、中浮新材料等至少25家浙江知名企业和机构，及一批浙江在全国乃至全球的相关子公司均受影响，涉及半导体、新材料、航空航天等领域。浙江作为战略性新兴产业发展主阵地，在人工智能、航空航天、集成电路等领域遭受重大冲击，譬如浙东北某区投资百亿的航空航天合资项目，由于技术敏感性被迫中止合作，区域产业链、创新链和相关产业创新生态体系无法得到有效构建，影响较大。

（四）中高端要素资源流失，价值链低端锁定风险。麦肯锡一份研究报告指出，全球当前"仅有不足20%的商品贸易属于劳动成本套利型贸易，而且在过去10年里，这一比例在很多价值链中逐年降低"。一方面，全球廉价劳动力套利机会显著下降、多边贸易受地缘政治影响风险上升，跨国公司价值链回流母国趋势明显，疫情一度使得国际人才、资本、技术等要素流动中断，浙江产业嵌入全球价值链的升级进程趋于被动。当前全省规模以上工业企业利润持续下降，在2022年下降约15%的基础上，

2023年上半年继续下降了20%多。利润是企业的生命线和扩大再投资基础，利润下降比较明显传导至民间投资，2022年浙江民间投资名义增长4.7%，2023年表现更低迷，同比增长仅1%左右。另一方面，发达国家加速产业链价值链高端回归，东南亚地区加速承接劳动密集型等价值链低端产业转移，加之浙江新兴产业、未来产业尚在培育之中，产业转型升级腹背受敌，区域价值链存在中低端锁定风险。十年来全省规模以上工业增加值率一直在22.5%上下徘徊，甚至略有下降，远低于欧美国家和地区40%以上的工业增加值率。

（五）国际人文交流频受阻，人才链松动风险。人工智能、量子科技、基因工程等前沿技术领域竞争归根到底是人才竞争，科技创新和人才引进存在窗口期，稍纵即逝，国际引才取长补短是更高效方式。近年来，一是受疫情影响各类会议、论坛、展会赛事等国际交流出现中断；二是受美国遏制战略思维的影响，部分美国高校开始明显限制中国留学生进入敏感类专业学习，国内相关机构今后可能很难从美国引进留学科技人才，部分行业科技人才"断供"现象可能发生，国际高层次人才交流引进培养链条出现松动。而且人才链一旦松动脱钩，其负面影响不止短期的"人才荒"，还可能出现"人才断档"。浙江人才队伍大而不强问题突出，具有全球影响力的科研机构、顶尖人才缺乏，国际一流的科技领军人才和创新团队较少，且有滑坡迹象。譬如，PCT国际专利申请量2022年全省4316件，同比2021年下降7.7%，总量仅为广东（24290件）的17.8%。

三 "五链"协同联动积极应对新一轮挑战

危中有机、危中存机。坚定不移实施数字强省、制造强省、开放强省、创新强省等战略，坚持把发展经济的着力点放在实体经济上，突破单一思维，加强产业链、创新链、价值链、供应链、人才链"五链"联动协同，推进数字经济和实体经济深度融合发展，巩固制造业传统优势产业地位，大力培育战略性新兴产业、未来产业，加快形成新质生产力，积极应对全球新一轮产业结构和布局调整挑战，化危为机，推动经济社会高质量发展。

一是针对产业链脱钩风险，毫不动摇推进全球先进制造业基地建设，一体优化产业链。着力扩大开放打造产业链上下游企业共同体，让全球产业链脱不了、脱不得、不能脱。深入实施"415X"先进制造业集群行动方案,加强新一代信息技术、高端装备、现代消费与健康、新能源新材料等重大制造业项目要素资源保障,培育一批世界一流企业,提升"浙江制造"高端化、智能化、绿色化、国际化水平[①]。推动产业基础再造和产业链提升,力争数字经济、生命健康等领域基础再造实现重大突破,加快形成数字安防、集成电路、网络通信、智能计算、新能源汽车等具有全球竞争力的十大标志性产业链。深化"链长+链主+专精特新"协同,加快打造一批具有技术领先性和国际竞争力的百亿级千亿级产业群。大力发展新能源汽车、光伏电池组件等,提升太阳能电池、锂电池、新能源汽车"新三样"出口,迭代升级形成全球新的优势产业链。发挥新时代浙商优势,推动内外贸产品供需互促,促进国内国际标准互认,打造全球产业链上下游企业命运共同体,促进国内国际市场一体化。

二是针对供应链断链风险,推动产业链供应链协同创新和加强利用外资,深刻塑造供应链。着力提升产业链供应链韧性和安全水平,让全球各类供应商不能断、不敢断、不想断。一方面,积极开辟新赛道,引领新赛道,以高质量供给创造市场乃至全球市场需求,吸引全球企业主动来华投资布局。推进强链拓链固链,推动供应链国内外多元布局,服务构建双循环新发展格局。数字赋能、系统重塑,鼓励供应链管理、业态、商业模式和治理模式创新,构建国内领先、自主开放、企业主导、重点产业全覆盖的现代供应链体系。另一方面,加强与德法等欧洲国家和地区合作,深化与日韩等邻近地区产业合作,支持企业开展海外并购和国际合作,优化布局境外供应链网络。围绕标志性产业链,积极引进利用外资,参与全球供应链规则制定,打造先进产业链和安全可控的供应链,打破美国所谓的高技术封锁。深入实施营商环境优化提升"一号改革工程",对标打造国际一流营商环境,进一步推动贸易和投资自由便利,让更多跨国企业共享浙江乃至我国庞大的市场和开放红利。

三是针对创新链阻隔风险,坚定不移地实施创新驱动和开放提升战略,融通夯实创新链。以"315"科技创新体系建设为引领,依托全球产业链供应链打造全球创新共同体。一方面,坚持原始创新、集成创新、开

[①] 《浙江省人民政府关于印发浙江省"415X"先进制造业集群建设行动方案(2023—2027年)的通知》,浙政发〔2023〕4号。

放创新融通设计，聚焦"互联网+"、生命健康、新材料三大科创高地以及一批关键技术，打造新型实验室体系，建设高水平新型研发机构，打造高能级创新载体，构建产业创新共同体。坚持创新链、产业链、资金链、人才链融通发展，产学研用金、才政介美云，构建"基础研究+技术攻关+成果产业化+科技金融+人才支撑"创新生态链，实施产业链协同创新强链，强化关键核心技术攻关，推动重大科技成果转化。另一方面，走出去加强全球创新联系，深度融入全球创新网络，构建具有全球竞争力的开放创新生态。面向全球建立揭榜挂帅机制，加快集聚国际创新资源，深化长三角科技创新共同体建设，协同推动关键核心技术与断链断供技术攻坚，支持发展云计算与未来网络、智能计算与人工智能、微电子与光电子、信息安全、合成生物等未来技术。千方百计发挥浙江民营经济的科技创新主体地位，引领提升产业链创新链价值链。

四是针对价值链锁定风险，加快推动两化两业深度融合和产业优化升级，内源提升价值链。促进数字经济与实体经济深度融合，加快推动先进制造业与现代服务业、现代农业与现代服务业深度融合，深入实施服务业高质量发展"百千万"工程，提升产品附加值和产业集群竞争力，打破路径依赖和全球价值链低端锁定，破解微笑曲线陷阱。深入实施数字经济创新提质"一号发展工程"，抢占云计算、大数据、工业互联网新型架构等关键技术制高点和数字新赛道，通过制度创新、市场开发、场景应用等多元驱动释放数据要素价值，推动产业数字化、数字产业化，提升数字全产业链竞争力，构建以数字经济为核心的现代化产业体系[①]。大力发展服务型制造等融合新业态新模式，支持以"产业大脑+未来工厂"推动产业链组织重构，加速建设高速泛在、集约高效的新型基础设施，支持新型电商平台、工业互联网平台、智慧化服务平台等重点领域平台建设，优化平台经济发展环境，全力支持平台企业参与国际竞争。

五是针对人才链松动风险，强化人才强省首位战略和国际人文交流合作，深度嵌实人才链。围绕产业链部署创新链，围绕创新链嵌实人才链，推动产业链创新链人才链深度融合。一方面要加强内育，深入落实人才发展规划，超常规推进一流高校、重点实验室等平台建设，培育引进一批战

[①] 浙江省数字经济发展领导小组《关于印发浙江省数字经济创新提质"一号发展工程"实施方案的通知》，浙数〔2023〕1号。

略人才、领军人才、优秀青年人才。深化产教融合、职教融合，持续推动公共职业技能培训扩容提质，提升高校毕业生等青年群体就业技能，加强新时代浙派工匠培育。另一方面要加强外引，深入实施"鲲鹏行动"等重点人才计划，引进海内外高层次人才、领军型团队，打造全球人才蓄水池。加强国际科技合作基地、海外创新孵化中心、国际联合实验室等载体建设，鼓励设立外资研发中心或创新基地，吸引全球人才来浙兴业创业。持续建设"一带一路"战略枢纽，扩大欧非文化交流与合作，打造一批国际人文交流基地。借助杭州亚运会契机，鼓励各地积极引进网球、帆船、动漫电竞等国际赛事品牌。千方百计扩大开放尤其是服务业领域开放，激发新动能，开辟新赛道，打造服务国内国际双循环的战略枢纽。

解构浙江经济转型升级"双螺旋"结构

产业升级、消费升级,犹如浙江经济的 DNA 碱基对双螺旋结构,围绕经济高质量发展这一中心,不断复制迭代、更替裂变,推动信息革命时代经济社会加速转型升级。新技术、新产业、新业态、新模式的不断涌现,激发了供需两端量变质变,供给提升促进需求升级,需求消费升级推动产业升级,使得经济循环发展动力持续自我强化,不断创造出经济新增长点,实现更高水平的经济发展均衡。

一 新技术、新产业为主推动产业加速升级

新技术不断赋能推动经济主流形态及其载体发生蝶变。长期以来,浙江主导产业一直停留在纺织、化纤、化工、五金设备和批发零售等,其主要载体平台多为县市工业园区、乡镇工业功能区、产业集聚区、开发区,以及食品市场、小商品市场、批发市场等传统市场型态。如今通过工业互联网、物联网、人工智能、云计算、大数据等的不断赋能,基本形成了新一代信息技术与物联网、软件与信息服务、高端装备制造、文化旅游、新金融新零售等产业经济主流结构。产业数字化、数字产业化,浙江数字经济规模已超 3 万亿元,增加值占 GDP 达 50%以上。相应地,主要平台载体升级为数字自贸区、硅谷天堂、信息技术产业园、数字经济产业园、数字特色小镇、直播电商产业园、跨境电商产业园、未来社区、未来农场、数字乡村等新型态,以及淘宝、天猫、义乌购、世界青田购等 App 网上平台市场,产业大脑、工业互联网、黑灯工厂、未来工厂等工业平台经济。

适应信息文明时代发展需要的产业更新换代步伐加快。在数字化智能化等发展方向引领之下,浙江产业结构加快从"轻"到"重"再到"高",云计算、大数据、移动互联网等新一代数字基础设施建设快速推

进，人工智能、物联网开始与实体经济深度融合，网络化协同制造、个性化定制、MES 系统制造、分享制造等"互联网+制造"全面兴起，行业加速迭代和质变。2013—2018 年，浙江规模以上工业高新技术产业增加值比重提高近 26 个百分点达 51.3%，领先行业从纺织切换到电气机械再升级到信息产业，制造业从传统产业高技术应用改造到高新技术产业引领。光纤、碳纤维增强复合材料、城市轨道车辆、新能源汽车、智能电视、智能手机、工业机器人等产品产量大幅增长。据统计，2018 年全省规模以上工业新产品产值率 36.4%；新产业新业态新模式"三新"增加值约占全省 GDP 的 25%，增长贡献率未来有望超过 50%。

持续改造提升促进制造劳动资本结构发生革命性变化。机器换人、腾笼换鸟、三去一降一补，所谓的纺织、家具、橡塑等传统劳动密集型产业，已升级成为资本密集型行业。除了皮革、服装业，人均产出效率、户均员工数量、人均拥有固定资产等指标，甚至大大超过计算机电子、汽车等通常意义上的资本密集型行业。譬如，食品、造纸、水泥等行业人均产出水平，高于汽车、通用电子、电气机械等行业；纺织、服装、皮革、橡塑等行业户均员工数量，小于大部分资本或资本技术密集型制造业，食品加工企业户均员工数量甚至仅为计算机电子行业的 1/3 左右，人均产出效率是电子业的 1.4 倍、仪器仪表业的 1.9 倍。单位产品成本中的资本支出高于劳动成本支出，整个制造业的劳动和资本结构彻底发生改变，浙江已经没有传统意义上的劳动密集型行业。（见表 1）

表 1　　浙江十大传统产业 2017 年均跻身资本密集型行业

	分行业及代码	人均产出（万元）	户均员工（人）	行业属性
十大传统产业	C13 农副食品加工业	126.7	109	资本密集型
	C17 纺织业	74.3	139	
	C18 纺织服装、服饰业	45.4	194	
	C19 皮革、毛皮、羽毛及其制品和制鞋业	38.2	177	
	C22 造纸和纸制品业	119.6	133	
	C26 化学原料和化学制品制造业	266.3	144	
	C28 化学纤维制造业	210.2	185	
	C29 橡胶和塑料制品业	75.4	136	
	C30 非金属矿物制品业	115.5	107	
	C32 有色金属冶炼和压延加工业	297.6	106	

续表

	分行业及代码	人均产出（万元）	户均员工（人）	行业属性
装备制造产业	C35 专用设备制造业	65.4	148	资本密集型
	C36 汽车制造业	110.0	222	
	C37 铁路、船舶、航空航天和其他运输设备制造	80.4	177	
	C38 电气机械和器材制造业	81.7	198	
	C39 计算机、通信和其他电子设备制造业	91.0	306	
	C40 仪器仪表制造业	66.6	217	

资料来源：浙江统计年鉴。

二 新业态、新模式为主推动消费加速升级

消费新业态新模式层出不穷，经济新动能大大增强。共享经济、平台经济、体验经济、闲置经济、创意经济等方兴未艾，新零售、新商圈、新消费迅速兴起，推动服务业快速发展和经济结构优化。综合电商、跨境电商、农村电商、社交电商、生鲜电商、母婴电商、移动电商、精品电商、品牌电商等零售模式遍地开花，应乎市场需要应有尽有。浙江网络零售额增长持续高于全国，省内居民网络消费占社零达三分之一，远高于全国平均水平，以网络零售为代表的新零售走在全国乃至全球前列。与此对应，新消费推动浙江制造升级、以数据为核心的"ET工业大脑"等新制造快速发展，通过互联网应用IOT、云计算、大数据、人工智能技术快速链接实体工厂，传统制造从B2C模式逐渐向智慧化、个性化的C2B模式转变，形成更为可靠节约的绿色生产方式。

服务消费快于实物消费增长，消费迭代升级步伐加快。恩格尔系数不断降低，实物消费与服务消费此消彼长，高端消费品快于大众化消费品增长，消费结构不断优化。根据阿里研究院统计，目前居民消费增长最快的是医疗保健、教育文化娱乐、居住等服务体验类消费，食品、衣着等实物支出比重持续下降，定制消费、高端消费、个性化消费正在取代大众化消费、低端消费。淘宝天猫"双11"期间网络成交额，相当于浙江以往一年的全社会消费品零售总额，已成为名副其实的全球购物狂欢节，超过了全球闻名的"Black Friday"。信息消费、教育消费、健康消费、养老消

费、育幼消费、文旅消费、知识消费等领域消费高速增长，消费规模不断扩大，最终消费支出对浙江经济增长贡献率已达60%左右，最终消费率近50%。作为全国首个信息经济示范区，云上浙江和数据强省、移动支付、工业互联网、电子商务、信息网络基础设施等，以及智能制造、智慧医疗、智慧安防、智慧教育等领域应用领先全国，信息消费年均增长15%以上，固定宽带家庭接入率接近全国平均水平的两倍。

促进形成强大国内市场，消费引领作用不断增强。中央和国务院及国家相关部委，2018年以来相继密集出台了完善消费体制机制、激发居民消费潜力的一系列政策，中央经济工作会议提出促进形成强大国内市场。事实上，我国市场规模已相当庞大，今后潜力更大。我国全社会消费品零售几乎超过美国，成为全球第一大消费市场，未来有望达到60万亿元的超大规模市场。作为市场经济大省，敢为人先、勇立潮头和善于捕捉先机的浙商，通过传统市场升级、跨境电商贸易、线上线下融合、品牌化国际化运营、新零售新金融等消费升级措施，不断满足和引领国内市场消费需求升级。杭州以蚂蚁金服为代表的消费服务领域独角兽数量位列全国前三，规模总量超过上海位列全国第二。凭借海量消费者数据和云计算大数据、人工智能等数字经济优势，未来浙江在全国乃至全球消费升级方面将发挥越来越强的作用。

三 进一步以"四新"优化升级双螺旋结构

在新一轮产业变革和科技革命加速的大背景下，新技术新产业新业态新模式"四新"引领着产业升级、消费升级，并形成了经济DNA双螺旋结构，这是未来发展密码。发展是第一要务、创新是第一动力。进一步以"四新"推动浙江高质量发展和两个高水平建设，在"十二五"初总量规模超过台湾地区后，浙江有望在"十四五"末赶上韩国。

一是大力发展新技术。新技术是产业持续升级的源泉。信息革命带领我们已进入DT时代，紧紧抓住新一轮产业变革和科技革命机遇，大力实施科技新政，着力构建"产学研用金、才政介美云"类似热带雨林生态系统的十联动创新创业生态体系，打造"互联网+"数字经济和生命健康两大高地，争取R&D经费支出占GDP比重保持在3%以上。迈上新台阶，形成更多的知识专利、无形资产是关键。加强国家创新型城市建设，加强长三角知识产权合作交流，设立知识产权法院，实现严格的知识产权保护。人工智能是新一轮产业变革和科技革命的制高点、经济新增长点。发挥浙江在人工智能研发和产业化应用领域等先发优势，积极以"AI+"赋能经济增长。落实国家和省新一代人工智能发展规划与行动计划，加强数据、算法、计算能力等基础理论研究，强化制度设计和自主研发，培育人工智领军企业，建立开放协同的人工智能科技创新体系，打造全国领先的新一代人工智能核心技术引领区和创新发展高地。积极推动人工智能示范应用，推广应用"AI+制造""AI+交通""AI+医疗""AI+金融""AI+教育""AI+政务"等，催生新产业，培育新动能。

二是着力推动产业创新。新产业是产业持续升级的关键。抓住供给侧结构性改革深化机遇，联动长三角地区，着力培育人工智能、数字经济、绿色石化等世界级产业集群，推动制造业高质量发展。加快互联网、云计算、大数据、人工智能与实体经济深度融合，积极推进十大传统制造业为主的两化深度融合，加快改造提升为资本技术密集型行业。培育集成电路、柔性电子、量子通信、数字创意、生物医药、航空航天、生命健康、高端装备等一批引领未来的重量级产业，抢占制高点打造高端产业集群。大产业需要大企业支撑。鼓励浙江企业尤其是民营企业抓住新一轮开放扩大机遇，多元化全球化发展，打造新的全球500强企业。改革开放以来浙江已诞生了阿里巴巴等8家全球500强企业，未来10年通过进一步融入全球产业链价值链供应链，在数字经济、高端装备、新能源新材料、基建投资等领域，一批长期保持中国500强地位的浙江企业，完全有可能进入全球500强行列，从而可能超过韩国全球500强企业数量（9家）。

三是鼓励创新消费业态。新业态是消费持续升级的重点。以ABC为代表的万物互联新技术，正在重组全球经济秩序，并将释放出新的巨大消费潜力。抓住中央促进形成强大国内市场发展机遇，聚焦消费全过程和重点消费领域，大胆探索发展新业态，营造放心消费环境，推动愿消费、敢消费、能消费，激发居民消费潜力，打造国内一流的消费天堂。利用大数据、物联网、云计算等技术优势，重点培育信息消费、时尚消费、绿色消费、文旅消费、健康消费、知识消费、养老消费、育幼消费等领域，促进实物消费和服务消费，激发消费新增长点。聚焦网络消费、定制消费、体验消费、智能消费等新热点，积极发展平台经济、共享经济、体验经济、创意经济等新业态，抢占国内国际市场，推动消费升级。深化跨境电商建设,加快把杭州、宁波打造成为新零售标杆城市,支持杭州创建国际消费中心城市,建设新型贸易中心、新兴金融中心,打造国际中高端消费集聚平台。

四是支持商业模式创新。新模式是消费持续升级的动力。结合数字浙江建设,在数字经济、数字政府、数字社会三大领域,大力推动城市、交通、文旅、就业、养老、教育、医疗、扶贫、公共安全、社区治理、乡村振兴等应用场景数字化转型,赋能企业实现模式升级运营升级,培育形成更多独角兽企业。譬如,在信息消费领域,争取率先大规模实现 5G 商用,推广应用5G+智能家居、5G+智能物流、5G+无人驾驶、5G+AI、5G+VR、5G+IOT、5G+4K 超高清视频等;在知识消费领域,鼓励发展在线培训、网络学院、网络教育等互联网教育和职业技能培训,推广知识付费、慕课、微课、云课堂等模式;在汽车消费领域,引导发展以租代购、共享汽车、汽车融租平台、智能网联汽车等模式活跃汽车消费;在住房消费领域,鼓励发展共享房屋、长租公寓、短租公寓等,改造新建一批面向未来的智能化数字化社区;瞄准"一老一小",在养老育幼消费领域,探索发展智慧养老、"互联网+家庭"共享养老、智慧育幼等新模式。

服务制造化和制造服务化推进两业融合

先进制造业和现代服务业融合，是当前产业经济发展的一个重要趋势。随着数字化技术广泛应用和数字经济加速发展，近年来杭州等地产业升级与消费升级相互促进，服务业制造化、制造业服务化，推动先进制造业与现代服务业相融相长，融合新业态新模式不断涌现，出现了耦合共生的现代产业结构，并成为新的经济增长点。

一 探索形成两业融合发展的杭州路径

作为"数字经济第一城"，浙江省会——杭州积极探索先进制造业和现代服务业融合发展路径，以数字化为主线，瞄准重点领域关键环节，以企业为主体，推动业务关联、链条延伸，从"机器换人""工厂物联网"到"产业大脑""企业上云"，逐步形成具有杭州特色的两业融合路径。

"数字+服务+制造"。通过人工智能、云计算、大数据、工业物联网等数字化技术联结制造与服务，应用物联网、车联网、云平台等"互联网+"制造业和服务业，实现现代服务业与先进制造业深度融合。杭州加快推进数字产业化二次攀升，实施新制造业、"新工厂""未来工厂"等计划，大力推动数字技术与实体经济融合发展，推广协同制造、智慧制造、共享制造、网络型制造等新制造，打造数字产业集群，推动生产性服务业向专业化和价值链高端延伸、向制造业延伸，融合新业态新模式层出不穷。尤其杭州高新区（滨江）充分发挥数字经济先发优势，在物联网、智能制造、生命大健康、信息软件等领域积极推动两业融合，以"数字+制造""数字+服务"赋能制造和服务，制造业逐步向服务端延伸、服务业逐步向制造端拓展，打造形成两业融合"滨江模式"。

"服务衍生制造"。发挥数据、技术、渠道、创意等要素优势，通过运用新一代信息技术重构经营和商业模式，支持电商等平台服务型企业通过委托制造、品牌授权等方式拓展制造业务，从而实现两业融合。杭州拥有众多电商知名企业，积极发挥大数据、渠道等市场优势，通过品牌授权向制造环节不断延伸拓展，实现零售服务与自有品牌制造融合。以网易严选为例，"严选服务衍生模式"以互联网为主导，以制造为基础，依托自身平台利用严选消费大数据，帮助制造端精准感知市场需求，与品质制造商、品质物流服务商强强联合，从产品设计、材料采购、生产制造、质量检测到物流配送、售后服务，实行严标准选择、全过程控制，深入全产业链，通过品牌授权制造和委托加工等形式，逐步形成具有自身特色的创新原始设计制造商（ODM）模式，打通供需两端，缩短产销环节，并构建了平台型企业为中心、众多企业参与的供应链生态圈。

"供应链管理延伸"。通过提升信息、物料、资金等配置流通效率，推动设计、采购、制造、销售、消费信息交互和流程再造，形成智慧供应链网络，推动物流供应链与制造业融合。现代物流与制造业深度融合发展不仅是适应"双循环"新发展格局的内在要求，更是产业链、供应链现代化的重要标志。杭州拥有航空港、陆港、内河港、信息港"四港联动"网路通达优势，集聚吸引了众多国内外供应链物流企业，建设打造世界级物流枢纽节点城市，智慧物流发展走在全国前列，并成为杭州的一张城市名片。譬如菜鸟网络、传化智联、百世物流等，通过发展现代物流融合制造，一方面推动物流全流程数字化发展；另一方面积极搭建制造企业和物流企业对接平台，创新供应链协同模式，推进物流设施和制造服务全流程绿色化、智能化、一体化提升改造。

"系统整体解决方案"。通过引导规划设计、制造、施工等领域骨干企业整合资源和延伸链条，提供一揽子服务整体解决方案，包括智能制造系统解决方案、总集成总承包等模式。杭州积极优化产业生态，引导和支持有条件的企业由提供设备向提供系统集成总承包服务转变，由提供产品向提供整体解决方案转变；鼓励制造企业发展融资租赁、工程总承包等模式，引导企业深化智能制造发展过程中配套服务集成，加强工业互联网创新应用，完善协同应用生态，建设数字化、网络化、智能化制造和服务体系，不断提高制造业服务化水平。譬如杭可科技公司，整合行业资源、延伸产业链条，构建售前咨询、方案规划仿真、研发设计、智能制造、施工及试运行、售后服务等一揽子服务，为客户提供从"咨询"到售后的全过程服务体系和整体解决方案，提升锂电池生产装备制造业和系统集成服务业融合水平。

"工业设计服务制造"。通过创新产品、系统、服务及体验活动，紧密联系研发设计、技术、制造与消费者，策略性提出系统解决方案，推动工业设计与制造业、文旅产业等深度融合。杭州把发展工业设计产业作为推动产业升级的重要内容，在时尚产业、装备制造、新能源汽车、健康产品制造与服务、文化等重点领域，完善工业设计产业体系，推进工业设计公共服务平台建设，鼓励制造业企业设立工业设计中心，加速工业设计与信息软件、传统制造业的深度融合，产业整体实力全国领先，业态日渐多元丰富，逐渐成为以"设计+数字化"为特色的全国工业设计中心城市。譬如，顾家家居，设立制造设计中心数字化平台，共享开放 PLM 系统模块，实现智慧服务、3D 设计、制造、物流一体布局，推动制造与设计深度融合。再譬如，长三角国际珠宝产业园，新消费联动新制造，紧密联动时尚设计类高校、检验检测认证等机构，协同打造以珠宝时尚产品设计研发、加工制造、展示发布为主的一体化时尚制造平台。

二 推进两业深度融合发展存在的困难

在调研过程发现，杭州推动两业融合发展存在延伸拓展不足、反向制造不足、认识不到位等问题困难。

一是制造业向服务延伸发展不足。制造业向服务型制造、技术密集型行业发展，产业集群竞争转向供应链竞争、产业链竞争，提升核心竞争力成为趋势方向。客观上当制造业发展到一定阶段，需要实现价值链延伸和高端市场发展，要求制造业在服务端不断强化，实现制造与服务融合发展、高质量发展。但由于行业发展不平衡、协同性不强，工业企业"重制造、轻服务"，部分企业热衷房地产经济，造成诸如金融与实体经济、科技与生产等脱节现象，数字赋能制造、设计赋能制造、科技赋能制造等的价值未引起足够重视。尤其值得注意的是，由于房地产投资需求旺盛和土地增值，用地用工等成本上升过快，杭州部分制造企业外迁，产业空心化倾向对制造服务融合发展也产生了一定程度影响。

二是服务业向制造反向拓展不足。现代服务业是杭州的一大优势，2020年服务业增加值超过1万亿元，占全市地区生产总值的68.1%，拥有数字经济、电商、批零、金融、物流、研发设计等行业众多知名企业，但从产业角度看服务业和制造业仍处于割裂状态，消费互联网发达但服务于制造的工业互联网亟待提升，尤其是生产性服务业服务于本地本省产业升级的能力欠缺。生产性服务业向专业化和价值链高端延伸不够，不能有效支撑制造业高质量发展。全市围绕九大标志性产业链建设融合发展深度不够，科技研发、检验检测、认证认可、工业设计等高端生产性服务业有待加快发展，研发、设计、品牌、营销等环节有待提升。重点领域、重点区域各类平台推动两业融合发展的信息软件、工业设计等基础服务设施短板有待补齐，服务体系待改善提升。

三是对两业融合发展的认知不足。两业融合是新一轮科技革命和产业变革背景下产业发展的必然要求，也是高质量发展的必然趋势。两业融合主要表现为制造业服务化、服务业制造化等模式驱动的全产业链创新发展。由于两业融合是一个相对新的概念，涉及经济学、管理学、心理学、工程学、信息科学等多个交叉学科，各界比较陌生，对融合发展的机理、作用机制、发展模式等不清晰，有的简单地将"两化融合"视为"两业融合"，一定程度影响两业融合发展。开展两业融合和申报试点的热度氛围不够，与全市6000家规模以上工业企业数量和上万家规模以上服务业企业的规模能级不符。

四是两业融合发展环境有待优化。市场竞争方面，与两业融合密切相关的科技金融、移动通信、信息安全等服务领域，存在准入限制、玻璃门弹簧门，民营经济进入相对难，有关知识产权保护等相对薄弱，相应政策引导与利益保障机制有待建立，服务于两业融合发展的土壤环境需进一步培植。人才培养方面，由于对两业融合发展前瞻性认知不足，专业、学科建设未能跟上趋势，两业融合复合型人才、数字型人才等培养滞后，人工智能、工业互联网等专业设置处于起步阶段，高技能技术人才主要集中在传统产业。基础建设方面，5G应用等新型基础设施建设投资周期长、规模大，推进完善尚需时日。评价机制方面，适应于制造业服务化、服务业制造业的评价与认定，适应于两业深度融合的监测体系、标准体系、政策体系、工作体系等还需进一步建立。

三 着力打造两业深度融合的杭州范例

(一) 深入推动服务行业制造化发展

1. 提升总集成总承包水平。鼓励支持骨干企业提供一体化整体解决方案,发展咨询设计、制造采购、供应链管理、施工安装、系统集成、运维管理等一揽子服务,开展设施建设、检验检测、供应链管理、节能环保等领域总集成总承包服务。鼓励大型企业集中整合优质资源,建设"硬件+软件+平台+服务"集成系统,发展建设—运营—移交(BOT)、建设—拥有—运营(BOO)、交钥匙工程(EPC)等服务。引导企业增强系统问题解决能力。鼓励南方中金环境、杭可科技、杭氧集团、奥的斯机电等行业龙头企业和重点企业,在新能源、新材料、高端装备、生命健康等重点行业,支持企业取得相关资质,探索开展总集成总承包战略和管理咨询服务。

2. 加强全生命周期管理。系统管理产品全生命周期,延伸研发设计、生产制造、安装调试、远程运维、状态预警、故障诊修、回收利用等全链条服务,拓展售后支持、在线监测、数据融合分析处理和产品升级服务,发展产品再制造、再利用,实现经济、社会生态价值最大化。建设产品应用互联网和数字化平台,发挥杭州新华三、迪安诊断、大华智联、思创医惠、杭叉集团、信凯实业等一批行业企业示范引领作用,将大数据、云计算、人工智能、物联网等技术贯穿产品生产和使用全过程,获取即时数据信息,提供协同管理、资源管理、数据服务等服务,拓展产品价值增值空间。

3. 提升供应链管理效率。健全供应链服务体系,提升信息、物料、资金、产品等配置流通效率,推动供应链信息交互和流程再造,实现制造业供应链向产业服务供应链转型。稳步建立制造业智慧供应链体系,推动感知技术在制造业供应链关键节点的应用,建设智能化物流装备和仓储设施,提供专业化、一体化生产性服务,形成高效协同、弹性安全、绿色可持续的智慧供应链网络。深化现代物流服务和先进制造业跨界融合,以"互联网+物流"为方向,推进大数据、物联网等技术集成应用,支持中通物流、传化智联、百世物流、川山甲等积极发展流通新业态新模式,推动制造业物流全流程数字化、智能化发展,推广物流机器人等新型物流技术装备,实现供应链资源实时、高效整合。

4. **深化发展服务衍生制造**。鼓励电商平台拓展制造,发挥大数据、技术、渠道、创意等要素优势,通过委托制造、品牌授权等方式促进平台和制造企业产销对接。支持发展精品电商,做精电商直营对工厂源头的品质管理,打通从原材料、生产设备、产成品到销售各环节。推动消费升级引领制造业转型,充分发挥淘宝直播、蘑菇街、有赞、有播等直播平台优势,借力知名头部直播电商 MCN 机构,以网络直播电商服务传统制造,直播带货等数字消费模式为引擎,打造一批有特色、有亮点、有知名度、附加值高的直播电商产品与服务内容。支持依托打造直播电商核心区,推动杭州服务型制造研究院、浙大电气装备创新中心、长三角国际珠宝产业园、快准车服网络科技等深化与制造业融合互动,推动信息软件服务商平台化转型,打造"杭货"品牌IP。

5. **鼓励农文旅体融合发展**。高水平建设森林小镇、旅游风情小镇等,做优做强乡村民宿、乡村休闲、乡村康养等新兴产业,打造区域品牌,创新集"休闲、观光、体验、游购"于一体的农文旅业态,以文化旅游牵引农副产品制造,加快农村一、二、三产业深度融合。探索生态经济融合新模式,打造"研发+生产+康养""加工生产+生态贷""专业市场+消费服务"等融合模式,推动乡村振兴。鼓励在现代农业园区、特色农业强镇、特色农产品优势区,融合一、二、三产业发展乡村"六次产业",提升乡村特色产业竞争力。

(二) 深入推动制造行业服务化发展

1. **加快未来工厂建设**。深化新一代信息技术、软件技术等与制造业融合发展,推动数据跨系统采集、传输、分析、应用,以制造方式创新、企业形态重构、要素资源重组为重点,加快数字技术在优势制造业全流程渗透。立足产业基础和比较优势,大力实施"新制造业计划",加快建设"新工厂",重点布局人工智能、虚拟现实、区块链、量子技术、生物技术和生命科学等重点前沿领域,培育100家左右智慧工厂、链主工厂、聚能工厂、云端工厂。推广数字化设计工具,支持海康威视、杭叉集团、犀牛智造、春风动力、老板电器、万向钱潮等一批企业示范引领,推动生产过程"感知—分析—决策—执行"闭环管理,优化要素管理,实现生产设备、产线、车间及工厂智能化运作。

2. 创新工业互联网应用。完善工业互联网基础设施，建设面向供应链的网络化协同系统，优化布局云数据中心，加快下一代互联网（IPv6）规模部署，统筹5G和窄带物联网协同应用，加快SupET等跨行业、跨领域的工业互联网平台建设，推进国家（杭州）新型互联网交换中心建设，促进企业间数据互联和业务互联，促进资源共享、业务优化和高效配置。推广产业大脑场景应用，探索产业数字化和数字产业化共性支撑平台，围绕大数据、区块链、人工智能等新一代信息技术集成应用，创新网络和服务平台建设。支持众合科技、鸿雁电器、中控技术、紫光恒越、阿里淘工厂、仟金顶网络科技等一批企业强化全产业链供应链数字化场景应用，打造数字制造产业新生态，建设智能化制造和服务体系，实现工业互联网各环节高效衔接和全流程协同。

3. 推广柔性化定制。建设开放式个性化定制平台，打通线上线下多渠道数据采集窗口，通过用户参与、在线设计、交互设计等方式，深化客户需求分析、敏捷产品开发设计、柔性智能生产、精准交付服务等应用，依据用户需求实现制造端按需灵活生产。支持建立行业数字化设计与虚拟仿真系统，加快设计研发、生产制造和供应链管理等环节数字柔性化改造，增强定制设计和柔性制造能力，促进小批量个性化制造系统与大批量个性化定制服务协同。深化大中小企业与阿里巴巴、中电海康、网易严选等数字化企业合作，鼓励顾家家居、航民百泰等时尚类企业，提升行业个性化定制服务能力，支持在线定制、网络预售、众筹团购等定制消费，发展时尚消费新业态。

4. 大力发展共享生产平台。鼓励资源富集企业开放产品制造、研发设计、物流配送等优势资源，搭建共享制造、共享设计和共享数据平台，提供数据开发、物流仓储、检验检测、设备管理、质量监控等专业化共性服务，打造共享制造"杭州场景"。建立"平台接单、按工序分解、多工厂协同"共享制造模式，发展分包协同生产、融资租赁等业务，整合制造各环节分散、闲置资源，依托网络化协作开放平台对接需方，实现弹性匹配和动态共享。鼓励吉利汽车、泰普森、嘉楠耘智等企业开展示范引领，探索产业集群内部共性制造需求，建立共享制造工厂，集中配置高通用、高成本的生产设备，创新高端资源共享机制，完善共享制造发展生态，实现制造业资源高效利用。

5. 支持工业文化旅游融合。鼓励在三大世界文化遗产以及之江文化产业带、沿运河文化产业带、白马湖生态创意城、两岸文化创意产业合作实验区、老工业基地等区域，培育"工业遗产+旅游"融合新业态，加快工业存量空间腾笼换鸟，建设工业文化创意产业园区，开展工业旅游产业、标准、政策等研究，开发生产展示、观光体验、教育科普等于一体的旅游产品。以工业文化肌理为核心，运用创意思维、数字技术激活遗产价值，建设现代化工业文明窗口，打造文化新地标。支持千岛湖啤酒、农夫山泉等淳安经开区企业推动旅游反哺产业发展，聚集工业和旅游资源，探索推进工业旅游发展新模式新机制，推动工业旅游景点景区开发，延伸品牌知名度和社会价值，实现"文化旅游+工业"产旅融合转型。

创新服务业发展增强经济动能

随着转型升级步伐加快，服务业日益成为经济发展强大引擎，新兴服务业为代表的新经济正在引领全球生产与消费变革浪潮。未来需更加注重创新服务业发展，推动现代服务业和先进制造业双轮驱动，加速新旧动能转换。

一 服务业逐步成为经济发展主动能

现代服务业是经济增长的强大引擎。根据统计，2011年全省服务业增加值占地区生产总值超过工业占比，2014年占比超过第二产业，2016年占比超过50%，相比2008年提高了10个百分点，基本迈入"服务经济时代"；2023年服务业占比约为55%，信息传输、软件和信息技术服务业成为浙江服务业第一大行业。服务业增加值增速累计已连续10年超过工业增速，对经济增长贡献接近60%，继续成为增长引擎。以2016年为例，统计显示服务业对全省经济增长贡献率为63%，对投资增长的贡献率88%，对税收增长的贡献率为85%，服务业税收占全部税收的53.2%。杭州市的一组数据更能说明问题。据杭州市统计，杭州大约新增市场主体的90%、新增就业岗位的90%、固定资产投资的80%、招商引资的80%、地方税收收入的60%都来自服务业。

现代服务业是培育增强新动能的主战场。事实上近年来正是由于网络经济、数字经济等现代服务经济发展，新技术、新产业、新业态、新模式层出不穷，量变形成质变，形成新一轮的科技革命和产业变革新动能，推动浙江产业升级和经济加速转型，推动中高速增长转向中高质量发展，推动浙江从中等收入经济体向高收入经济体转变。在浙江，制造业越来越趋向于服务化，向"微笑曲线"两端延伸，研发设计、品牌售后等占制造业企业比重越来越高；服务业也在向制造业产业链延伸，谋求全产业链发展。利用新一代信息技术、互联网、人工智能等促进先进制造业发展，工业化信息化两化融合，增强新动能，是大势所趋。

服务业制造业两业融合是振兴实体经济的主抓手。党的十九大报告指出，着力加快建设实体经济、科技创新、现代金融、人力资源协同发展的产业体系，不断增强经济创新力和竞争力。加快发展先进制造业，推动互联网、大数据、人工智能和实体经济深度融合，在中高端消费、创新引领、绿色低碳、共享经济、现代供应链、人力资本服务等领域培育新增长点、形成新动能。实体经济既包括制造业也包括服务业，两者均是重要支撑。在浙江，服务业、互联网+制造业是实体经济的主要部分。尤其是云计算大数据等生产服务新技术新业态，日益成为推动浙江工业经济增长的原动力，物联网、新制造、新零售、软件和信息服务、数字创意等新产业成为浙江实体经济的主战场。可以说，未来经济更多是服务型经济，未来制造更多是服务型制造，未来农业更多是三次产业融合。

二 现代服务业发展处于黄金机遇期

浙江进入工业化后期发展阶段。产业结构加速升级，新兴消费不断迭代，新旧动能加快转换，要素驱动转向创新驱动，服务业为引领的新兴产业发展空间巨大。

从发展周期角度看，服务业发展站在新的历史起点上进入全面跃升期。单纯从国际经验看，人均 GDP 在 1 万—2 万美元阶段，经济服务化、价值高端化、产业低碳化发展，各经济体服务业比重平均上升约 10 个百分点。中国社科院财经战略研究院报告预计，我国服务业发展进入跃升期，未来十年服务业比重持续提高进入"服务经济时代"；2030 年比重将达72%，服务业强国目标初步实现。浙江进入一个新发展周期，要素驱动转向创新驱动，工业驱动转向先进制造业和现代服务业双轮驱动，预计服务业比重和人均收入均将大幅提升，2030 年有望到 70%，人均 GDP 超 2 万美元。

从需求导向角度看，服务业不断成为浙江经济新增长点、新动能。中高端消费、共享经济、现代供应链、人力资本服务等不断升级，电子商务、云计算、新金融等"浙江服务"不仅服务于浙江，更是服务全国，乃至全球。当前，服务业占全球 GDP 比重超过 60%，服务业对外投资占国际 FDI 投资超过 2/3，服务贸易占世界贸易总额已接近 1/4、增加值占比约 1/2。可以预计，浙江港航物流、旅游、健康、咨询服务、计算机和信息服务、金融贸易等服务外包，生命科学、量子通信、数字创意、节能环保、清洁能源等领域服务行业，这些能够集聚大量人才、高端要素和服务于全球的未来产业，将呈现爆发式增长并引领浙江经济发展。

从产业变革角度看，服务业成为引领技术创新和产业创新的主导力量。众所周知，全球已经历了三次产业革命，前两次更多是"工业革命"，当前第三次产业革命即信息革命可称为"服务革命"，是一系列产业组织形态、产业政策、商业模式、经营业态等全方位变革。马云认为"未来最重要的生产资料是数据，而不是钢铁、水泥、石油、房地产；未来是新零售、新金融、新能源，未来的制造是新制造建立在物联网基础上的制造"。今后相当长一段时间，可穿戴设备、移动智能终端、智能家居、车联网等新产品，新零售、新金融、新制造等新产业，"互联网+""物联网+""人工智能+"等，都有赖于各类生产生活性服务业发展，持续推动浙江技术创新、组织创新、制度创新和产业变革。

从行业改革深化角度看，未来结构性改革重点应集中在服务领域。知识经济、信息经济新时代实现结构性改革重大突破，关键要推进服务业市场全面开放，把发展服务业和服务业市场开放作为新阶段新周期市场化改革、深化供给侧结构性改革的重中之重。腾笼换鸟、凤凰涅槃，补齐创新驱动、交通基础设施、生态环保等短板，增强金融服务实体经济能力，优化存量资源配置，扩大优质增量供给，实现供需动态平衡，主要依靠服务业及两业融合。改革强省、创新强省、开放强省、人才强省，实现创新、协调、绿色、开放、共享发展，需依靠知识技术密集型产业尤其是服务业增长。

三 创新推动服务业提质增效的建议

与全球发达地区相比，浙江服务业发展还存在劳动生产率不高、服务质量不高、竞争力不强，以及制度性、结构性等问题。譬如，服务业对外开放相对滞后，市场准入限制较多，服务业发展掣肘于国家宏观政策较为明显；物流等服务业发展不足，金融服务实体经济的能力有待增强等。当前与过去相比，经济形态更高级、分工更复杂、结构更先进，但在服务业发展规划、制定政策，服务业监管方式、理念和手段仍停留在过去的范式，亟须创新提升。

一是强化服务业制度供给。与工业企业相比，水电油气等要素价格偏高，成本高不利于某些服务行业发展。加快推进要素价格市场化改革，放宽服务业准入限制，打破行政性垄断和不公平竞争，推进服务业"营改增"，切实降低服务业发展相关经营成本。加快推进金华、宁波等现代服务业综合改革试点建设，总结经验复制推广；重点支持杭州发展总部金融、私募金融、科技金融、普惠金融、绿色金融、互联网金融等新业态，增强金融服务实体经济能力，守住不发生金融风险的底线，打造国际新金融服务中心。创新推进义乌国际贸易综合改革等国家试点，积极创建杭州国家自主创新示范区、浙东南国家自主创新示范区。

二是培育服务业新增长点。加快培育发展精准智慧服务新模式（智慧医疗、智慧教育、智慧交通、智慧环保、智慧节能、智慧建筑、智慧安防等），做大做强制造服务新业态（分享经济、平台经济、体验经济、创意经济、数字经济等），大力发展新兴产业（电子商务、物联网、新零售、健康医疗、供应链物流、航空航天、文化影视、人力资本服务等），着力应用发展新技术（新一代信息技术、云计算大数据、量子通信、生命科学、人工智能、区块链技术等），培育一批特色小镇，推进互联网、大数据、绿色低碳、人工智能与实体经济深度融合，鼓励服务业与制造业、农业深度融合发展，两化融合、两业融合，不断培育新增长点。

三是扩大服务业开放试点。党的十九大报告提出，"大幅度放宽市场准入，扩大服务业对外开放""培育贸易新业态新模式，……探索建设自由贸易港"。浙江是开放大省，走出去的浙商数量约占全国四分之一，绝无仅有。浙江有能力服务于全国乃至全球，浙江服务业发展应该面向国际、对标世界一流。抓住机遇争取试点，推动金融、教育、文化、医疗等服务业领域有序开放，放开育幼养老、商贸物流、电子商务等服务业领域外资准入限制，吸引私人资本和外资进入。创新推进中国（浙江）自由贸易试验区、跨境电子商务试验区、"一带一路"综合试验区试点，争取自贸区扩容，探索建设自贸港，大力发展离岸贸易，增强国际竞争力。

四是打造世界级服务业中心城市。与发达地区相比，美国加利福尼亚州有旧金山湾、硅谷、好莱坞，浙江有环杭州湾、城西科创走廊、横店影视城。近年来,浙江杭州以阿里巴巴这样的世界级科技企业所形成的新经济为代表,向类似美国加州及其旧金山硅谷为龙头的全球科技、经济创新引擎类型特大城市发展。发挥杭甬金等地理区位、体制机制优势,提升发展港航物流、国际贸易、金融、人文等,高水平建成"一带一路"国际现代物流枢纽、国际科创产业合作高地、国际贸易创新发展高地、国际新金融服务中心、国际人文交流中心。抓住举办杭州亚运会契机,积极支持"城市大脑""产业大脑"等云提升计划,创新金融、科研、服务贸易等高附加值业发展,培育世界级现代服务业集群,力争将杭州打造成为世界级服务业中心城市,提升浙江全球影响力。

发展平台经济畅通经济大循环

当前经济发展，越来越呈现数字化、平台化发展趋势。平台经济或互联网经济，基于大数据、云计算、物联网、区块链、人工智能等新一代技术发展形成，属于数字经济和新经济范畴，代表了新的生产力、新的组织方式，是一种新经济业态。作为浙江服务业发展重点的"四大经济"（平台经济、分享经济、体验经济、创意经济），发展平台经济有助于对接生产和消费供需两端，优化资源要素配置，促进供给升级、消费升级，畅通浙江乃至我国经济内外循环。

一 当前供需两端普遍存在的若干问题

循着深化供给侧结构性改革和推动经济高质量发展的思路，通过对实体经济调研和相关资料分析发现，当前经济发展供需两端存在着匹配错位、内需外溢等问题。

一是"肠梗阻"。一方面社零等实物消费增速在下降，另一方面消费意愿需求上升，消费者信心、消费意愿等却处于历史高位，消费悖论明显。浙江同样如此。消费者信心一路高涨，消费者信心指数达到历史高点，但社零名义增长却降低了2—3个百分点。强烈的消费意愿并没有转化为现实的消费购买力，消费潜力未能充分释放，生产、流通、分配、消费的经济循环不畅。

二是内需外溢。一方面，消费者抱怨买不到好产品或产品性价比不高，消费者得不到实惠，受中美贸易摩擦的影响外需不振；另一方面，我国大量消费需求外溢，海淘市场一度火爆，好产品往往要在国外绕一圈才能回来。譬如时任李克强总理提到的智能马桶盖以及空气净化器、吸尘器、电饭煲、厨房用具、水龙头、纺织服装、洗碗机等，而这些产品大多在国内生产代工。笔者认为，导致这一现象的根本原因包括社会信用体系不健全，消费者对国内产品和服务缺乏信心，企业对国内销售产品账款回收缺乏信心，好的制造企业出口转内销受阻，营商环境亟待进一步优化等。根据相关部门估算，每年我国至少有1万亿元消费外流。

三是供需错位。生产能力过剩但产品需求不足，2019年以来我国工业生产价格PPI总体持续下降，经济下行压力较大。一方面在传统产业链发展模式中，信息不对称、责权利不匹配，相对于批零商，中小制造企业明显承担较大的产供销责任，企业库存等资金占用成本较高、风险较大。制造业传统中小企业大多以订单为导向，还没有大规模步入以消费者需求为导向的研发设计和制造时代，供需两端不匹配，产品滞销积压容易导致企业面临经营困难乃至破产风险。另一方面，新的基于互联网平台的产业生态链正在形成，但由于信用体系等不健全，存在明显的"劣币淘汰良币"干扰，在品牌推广、新品开发、设计研发等环节存在不少困难。

四是制度障碍。供需两端存在内外贸分割、内资外资"两张皮"管理和多头管理体制，市场一体化、区域一体化等体制机制改革滞后，部分资源要素市场流动性和市场化配置程度不高。教育、养老、住房等领域居民消费和预期改善得不到现有政策体系有效支撑，重点领域消费市场不能有效满足城乡居民多层次多样化消费需求，对消费升级发展缺乏整体谋划研究，传统监管体制不适应平台经济新业态新模式的迅速发展等，消费领域的痛点堵点比较多，促进消费升级的体制机制有待进一步优化完善。譬如，汽车消费以及部分服务消费领域扩大开放不足，养老消费、知识消费、健康消费、家庭服务消费等消费潜力新动能未得到充分激发。

二 平台经济对于打通供需两端的积极作用

消费互联网、工业互联网等平台，正在发挥愈来愈重要的作用。从国内看，除了百度、腾讯、淘宝、天猫、京东、苏宁等，网易严选、顺丰优选、京造京选、小米有品以及携程、途牛、驴妈妈、去哪儿等中高端消费互联网平台，同时也涌现了海尔COSMOPlat、航天云网INDICS、树根互联、徐工信息Xrea、富士康BEACON、华为FusionPlant、浪潮等一批知名工业互联网平台。据统计浙江已建立1000个左右工业App，有阿里云ET工业大脑、中之杰网络协同制造Tengnat、淘工厂、传化网、横店东磁、绍兴印染大脑等工业互联网平台，在推动高质量发展方面发挥着积极作用。

一是有助于解决供需错位。在对接供需方面，互联网平台采用全链条模式，通过自身平台直接链接消费需求，以消费需求为导向的研发设计、生产制造模式，解决了制造企业生产账期、责权利不匹配问题，有助于解决实体困难，提升产业链水平。同时，平台经济促进了产品和服务流动性增强，契合中央经济工作会议"巩固、增强、提升、畅通"八字方针，契合经济高质量发展要求，有助于提高资源要素市场化配置能力，增强微观主体活力，畅通国民经济循环。正如部分互联网平台企业所阐述的那样，平台通过有效对接供需两端主体，切实帮助传统企业跨越转型升级的"火山"，越过融资的"高山"，打破市场的"冰山"，一举三得。

二是有助于应对贸易摩擦。当前，中美贸易摩擦对我国电气设备、机械、钢铁、有色金属、塑料橡胶、化工等行业，以及家电、纺织、服装、家具、鞋类、皮革制品、建材等行业持续产生较大影响。自2019年以来，美方致力于脱钩断链、遏制打压我国发展，中美贸易额尤其是对美国出口额持续下降，浙江对美国出口同样出现下降，对经济平稳增长和外贸型企业造成一定的冲击。平台经济新电商模式，通过赋能市场，积极推动外贸企业从OEM转型为ODM/OBM模式，推动外贸企业优质产品出口转内销，成为应对中美贸易摩擦长期影响的一剂良方，并能促进品牌培育和国货销售，有利于促进形成强大国内市场。

三是有助于加快消费升级。我国中等收入群体规模已快速增长至4亿人，超过美国总人口规模，未来可达6亿人左右，蕴含着巨大的需求机遇。根据麦肯锡全球研究院在2019年7月发布的《中国与世界：理解变化中的经济联系》研究报告，指出世界经济越来越依赖中国广泛的内需和消费升级，在被考察的20个行业中有17个行业中国的消费份额在全球总消费占比超过20%；2030年中国消费新增可能高达6万亿美元，相当于美国和西欧总和。部分消费互联网平台企业以互联网为主导，突出商品质价比的制造服务模式，适应新经济革命和供给侧结构性改革方向，能为消费者提供好的产品，优化消费环境、消费信用，更好地满足消费者需求，有利于消费升级，促进形成强大国内市场。

四是有助于推动产业升级。当前中美贸易摩擦最大的长期威胁是打压中国制造升级。互联网平台带动的消费升级对产业升级产生很强的拉动效应，消费数字化带动了产业数字化、设计数字化，消费互联网促进了工业互联网，解决制造中小企业创牌难、电商难、升级难等问题，能够促进现代服务业与先进制造业深度对接融合，推动制造业柔性升级，长期可应对中美贸易摩擦升级。与此同时，消费互联时代，人人互联、人机互动产生大量数据，倒逼出了云计算、大数据技术，也促进了人工智能、区块链等新技术发展，培育形成网络协同制造、个性化定制、服务型制造等互联网+制造或互联网+生产、互联网+创业创新模式。

三　发展平台经济促进内外经济循环的建议

围绕新业态新模式、消费升级、发展环境等重点领域和关键环节，积极应用新技术大力发展平台经济，促进供给升级和消费升级，畅通国内国际双循环。

——推广一批平台新业态新模式。支持推广一批平台经济新业态新模式，强化互联网+服务、互联网+生产、互联网+创业创新，优先列入现代服务业发展等试点。加强工业化信息化两化深度融合发展，支持工业互联网平台建设，建设一批具有全国影响力的工业互联网平台，加快推动数字产业化、产业数字化。积极开展现代服务业和先进制造业两业融合试点，支持服务互联网平台建设，大规模推动服务制造化、制造服务化。围绕居民吃穿住行和消费升级的方向，培育一批通过 ODM（原始设计制造商）、SPA（自有品牌专业零售商）等方式形成的细分领域行业自有品牌，培育扩大新消费市场，打响"浙江制造""浙江服务""浙江市场"品牌。深化杭州、宁波、义乌等跨境电商综合试验区建设，加快跨境电商供应链布局，打造若干具有国际影响力的电商供应链和专精特供应链，培育网络交易额百亿千亿级消费大平台。

——建设行业消费大数据中心。数据已经成为新时代越来越重要的资产。部分平台经济企业利用自身平台消费大数据，帮助制造端精准感知市场需求，锁定升级方向，通过大数据准确地定位消费者需求，缓解制造企业长期存在的库存积压问题，但也存在着数据不开放不协同、利用效率低等问题。加快推动消费大数据中心建设，探索建立消费领域大数据收集和开放分享机制，充分发挥互联网收集海量信息、聚集优化各类要素资源的比较优势，允许电商平台接入，集聚分散在全国各地的线上、线下消费数据，科学研判消费趋势。探索设立工业大数据中心，构建1个具有国际水准的 supET 平台、若干国内领先的行业级平台的"1+N"工业互联网平台体系，推动大数据、物联网、人工智能和制造业深度融合，支持生产领域和销售渠道通过网络形成融合创新，鼓励制造企业推行新电商模式、数字化智能化改造等。

——优化平台经济发展环境。落实和完善国家包容审慎监管要求，优化完善市场准入条件，创新监管理念和方式，积极推进监管与企业平台联通的"互联网+监管"，加快破除制约平台经济发展的体制机制障碍，优化环境鼓励发展平台经济新业态。加强政务治理平台建设，打破信息孤岛，推动政府部门与平台数据共享，建立覆盖全省、联动长三角、全国一体的在线政务服务平台、投资项目在线审批平台、公共资源交易平台，推广"浙政钉""浙里办"，加快建成"掌上办事""掌上办公"之省。加强"信用浙江"公共信用平台建设，加大信用信息共享开放力度，加强消费领域等重点信用平台建设和权益保护，完善新业态新模式信用体系。深化"最多跑一次"改革①，推进"一网通办""一照多址"，进一步优化新业态新模式行政审批流程，对符合一定条件的新平台申请执照适用简易程序，并在促进公平竞争、人才引进、人员设备经费，减轻企业税费负担等方面提供一定的支持。

---

① 2016年底，浙江省委、省政府首次提出"最多跑一次"改革。"最多跑一次"改革是通过"一窗受理、集成服务、一次办结"的政务服务模式创新，让企业和群众到政府部门办事实现"最多跑一次"或线上跑。

建设支撑现代化发展的大通道

现代化大通道建设，不仅是打造更具竞争力的发展环境需要，也是经济发展到一定阶段之后，区域经济体率先构建现代化智慧交通物流体系的迫切需要。

一 现代化大通道建设的重要意义

近年来，浙江大港口、大枢纽、大流通网络化格局初步形成，开放互通优势日益显著，港航物流国际影响力不断增强，综合交通运输体系初步建立。但适应创新强省开放强省贸易强省、与国家战略无缝对接的大通道布局建设滞后，存在大的骨干流通通道、港口枢纽国际化功能短板，对外辐射功能有待进一步增强；都市区之间缺乏统筹协调、主体功能区生态优势有待进一步彰显；多式联运物流体系不健全，海港、陆港、航空港等港口融合有待进一步深化。

大通道犹如大动脉、引领大格局、促进大发展，因此大通道建设具有十分重要的现实意义。大通道建设，可以有效支撑浙江"两个高水平""四个强省"和"六个浙江"建设，打通绿水青山转化为金山银山的畅途，促进城乡联动发展，促进东西陆海双向大开放。大通道建设，顺应数字化时代的发展趋势，推广应用云计算、大数据、人工智能等新技术，可以充分实现大湾区区域之间的快速便捷、大花园旅游区域之间的通达通畅、大都市区的"快进"节奏与大花园的"慢游"生活有机结合[1]，促进陆海统筹、城乡统筹、区域统筹、生产力布局优化，促进物流、商流、

---

[1] 2017年浙江省第十四次党代会，作出建设大湾区、大花园、大通道、大都市区"四大建设"重大战略部署，并分别制订了建设行动计划，笔者有幸参与其中。

信息流、资金流等各类资源要素充分流动，推动质量变革、效率变革、动力变革。

二 大通道是现代化浙江的发展轴线

大通道是现代化浙江的发展轴线。2018年，浙江省政府工作报告提出"大通道是现代化浙江的发展轴线"。大通道，首先是物理空间上的一个有形概念，指由一系列大能力、高速度的综合交通运输线路和功能、规模、形态各异的站场枢纽组合形成，譬如高铁动车、高速公路、城际轨道、陆港、海港、航空港等，是推动全域整体规划建设布局的重要抓手和载体。通过若干条大通道规划建设，优化布局、补齐短板，将完整构建浙江现代综合交通网络体系的主骨架，也将形成一个高效的现代物流供应链体系，从而为高水平建成现代化浙江奠定坚实基础。大通道犹如一条条主血脉，对内连接浙江各大都市区、城市群和增长极核，对外无缝连接长三角、辐射全国、联通全球。

大通道是大湾区大花园大都市区建设的重要支撑。经济发展、城市发展，交通先行。大通道建设不仅包括围绕"一带一路"建设开放强省的义甬舟开放大通道，也包括支撑大湾区创新发展的湾区大通道、引领大花园建设的美丽大通道；不仅包括沪嘉甬、杭绍台、杭温、衢丽铁路等大型的线性工程，也包括杭州都市区、宁波都市区、温州都市区、金华—义乌都市区等综合交通枢纽建设；不仅包括金甬舟、杭甬等铁路公路，也包括京杭大运河、通用航空等水运航空建设；不仅包括宁波舟山海港、义乌国际陆港、萧山国际机场等海陆空港口建设，也包括"互联网+"信息港、"数字丝绸之路"通道建设。因此，大通道是四大建设的重要基础支撑。

大通道有力推动浙江"四个强省"工作。大通道不仅是物理形态上的有形通道，更重要的是各类要素在通道内流动形成一条经济产业通道，互联互通发展形成创新、开放、生态等战略大通道，优化资源要素配置，叠加共享政策红利，推动"一带一路"为统领的开放强省和创新强省等的建设，助力"两个高水平"目标加快实现。以义甬舟开放大通道为例。通道沿线进出口贸易占全省比重高达55%，舟山、宁波、绍兴、金华的开放性平台在全省是最密集的。沿线有宁波舟山国际枢纽港、中国浙江（舟山）自由贸易试验区、宁波"一带一路"综合试验区、中国—中东欧

"16+1"经贸合作示范区、义乌国际陆港、义新欧国际班列、海关特殊监管区和保税区，还有近百个开发区园区和高新技术区，数十个省级市级特色小镇以及在筹建的义乌捷克小镇、金华中非国际文化合作交流示范区等。通过金甬舟铁路、宁波舟山港主通道、宁波机场扩建等项目建设，无缝衔接各大主体，构建形成一条服务全国、联通世界的国际开放型经济大通道。

三 布局建设高效便捷的"1小时交通圈"

大通道需要基本建成省域、市域和城区三个"1小时交通圈"，构建海陆空多元立体、无缝对接、安全便捷、绿色智能的现代综合交通运输网络，率先基本实现交通运输现代化。"省域1小时交通圈"是指重点通过高铁建设实现省会杭州到各设区市的1小时交通；"市域1小时交通圈"是指主要通过高速公路、城际铁路建设实现设区市中心城市到所辖各县域的1小时交通；"城区1小时交通圈"是指通过地铁、轨道交通等建设，深入实施城市交通拥堵治理工程，实现城市点对点之间1小时内达到。建设三个"1小时交通圈"，需要突出"精、高、强"三个关键字。

"精"。针对浙江交通短板，精准发力，新增高速铁路1400千米、高速公路1000千米，高等级内河航道超过1700千米、省际接口42个，通道网络加密拓展，实现市市通高铁、县县通高速，消除省际断头路、瓶颈路。譬如，浙江还有县市没有高铁甚至没有高速公路，存在不少的省际断头路、瓶颈路，这与我们交通运输现代化目标有差距。未来，要在这些方面精准发力，布局高铁、高速公路、航空港等基础设施建设，全面消除省际断头路现象，一体化畅通长三角。同时通过征求各部门各地以及各级领导的意见建议，精益求精，选择了沪嘉甬铁路、金甬舟铁路、杭衢铁路、龙丽温高速公路、杭州萧山机场枢纽等十大标志性项目重点推进。

"高"。对标世界先进，建设高速铁路、智慧公路，枢纽衔接一体高效，物流体系降本增效，构建高效的物流供应链体系。着力新增都市区轨道交通运营里程，四大都市区轨道交通网络基本形成、各种运输方式衔接更加紧密，四大都市区综合交通枢纽功能较为完善，杭州、宁波、温州三大国际机场综合交通中心建成；保持宁波舟山港吞吐量世界第一大港水平地位，港口货物吞吐量达15亿吨、集装箱吞吐量达3400万标准箱；物流信息化水平超过80%，全社会物流总费用占地区生产总值比例逐年下降。力争90%以上县（市）通高铁有机场，交通智能技术广泛应用，绿色安全水平全面提升，物流成本大幅下降，建成更绿色、更智能、更可持续和更具竞争力的现代综合交通运输体系。

"强"。一是建设计划体现低碳环保绿色，运输更安全更可靠，减少公路运输量，增加铁路运输，减少交通污染改善环境。全面推广应用人工智能、无人驾驶等新一代信息技术，转变交通运输方式，发展智能化交通物流，创新应用PPP等交通投融资新模式。二是建设计划涵盖了铁路、港口、公路、航运等交通各领域，突出民生公共服务，突出交通强省建设，体现浙江从"富起来"向"强起来"思路转变。百万人口城区公交站点500米衔接覆盖率达100%，村客运车辆通达率达100%，"互联网+"便捷交通广泛应用。同时，建设计划项目投资充分考虑到浙江省市县各级财政综合承受能力，运用丰富的社会资本、民间资本，政府少花钱办大事。

四 聚力打造"三通道四枢纽、四港融合"

着力实施以义甬舟开放大通道为主轴的开放通道建设，以沪嘉甬铁路为代表的湾区通道建设，以杭衢铁路为代表的美丽通道建设，杭甬温、金义四大都市区枢纽建设，以及海港、陆港、航空港、信息港四港融合建设工程。

（一）三大通道

行动计划确定的三条大通道建设各有功能特色，都有自身的空间特征，且非常具有针对性，针对存在短板实施项目建设，优化生产力布局，着力提高资源配置效率。譬如，由于交通物流和通关体制机制原因，作为中国最大小商品集散地的义乌，90%以上的货物是通过宁波舟山港走出去，还有一些是通过上海港走出去。但从金华义乌到宁波，目前主要是公路和一条绕着走的铁路，时间成本、物流成本一直下不来；宁波舟山港和义乌港之间的主要交通干道，以及港口海铁、江海联运"最后一公里"中转接驳短板明显。义甬舟开放大通道建设恰恰可以解决这一难题。

——开放大通道。义甬舟开放大通道是浙江开放强省的主轴。通道布局呈"H"形骨干交通网，左边一头金华义乌西联"丝绸之路经济带"和长江经济带，右边一头宁波舟山港东接"21世纪海上丝绸之路"，中间一轴就是金甬舟铁路、宁波舟山港主通道等连接起"一带"与"一路"，连接环杭州湾大湾区和浙西南大花园核心区，形成以货运为主的"一轴两辐射"综合交通运输网络，打通浙江开放强省建设的堵点痛点。重点强化省际间高水平互联互通，对内辐射拓展广大内陆腹地，连通安徽、江西、福建等，实施杭临绩铁路段、千黄高速、衢宁铁路、金华至松阳龙泉铁路、横店至缙云城际铁路等项目；对外辐射"一带一路"共建国家和地区，突出完善国际运输网络，重点实施杭州、宁波、温州三大国际机场改扩建及码头建设等项目。

——湾区大通道。湾区大通道可以说是浙江创新强省的主轴。通道布局呈"D"字形骨干交通网，构建形成"一环一带"客货运并重综合交通网络，一环是环杭州湾铁路、杭甬智慧高速公路项目组成，一带是沪嘉甬高铁等项目构成，打通浙江杭嘉沪创新通道、杭甬一体化通道和沿海海洋经济通道的堵点痛点。重点实施沪嘉城际轨道交通一体化、沪乍杭铁路、沪苏湖铁路、通苏嘉铁路、杭绍甬智慧高速公路等项目，谋划推进杭甬城际铁路建设，提升环杭州湾现代综合交通功能，推进湾区轨道交通一体化，创建绿色智能交通示范区，积极接轨上海大都市区，吸引集聚各类创新要素，为打造浙江世界级现代化大湾区夯实基础。

——美丽大通道。美丽大通道则是浙江绿色发展的主轴。通道布局呈"A"字形骨干交通网，杭州都市区综合交通枢纽是A字形的塔尖，西线是杭衢铁路、杭金衢高速公路扩容为主建设，东线是杭温铁路、龙丽温高速公路项目，中线一横是衢丽铁路、温武吉铁路项目，打通浙江浙西南生态旅游通道的堵点痛点。强化杭温都市区与上游重点生态功能区快速有机联系，打通"绿水青山就是金山银山"的转换通道，支撑浙西南生态旅游带发展，充分体现了"八八战略"提出的发挥生态优势、发挥山海协作优势，打造绿色浙江、推动欠发达地区跨越式发展的思想。同时提出新建一批山区通用机场，加快"通用航空+旅游"发展，推进建设京杭大运河美丽航道，创建万里美丽经济交通走廊，为打造绿色美丽和谐幸福的现代化大花园打下坚实基础。

(二) 四大枢纽

行动计划提出按照"零距离换乘、无缝化衔接"的要求，着重打造杭州、宁波、温州、金华—义乌四大枢纽。四大枢纽有效辐射覆盖全省域、功能各有侧重，其中杭州、宁波枢纽两个目标是国际性综合交通枢纽，温州、金华—义乌枢纽两个是全国性综合交通枢纽。

——杭州国际枢纽。重点新建铁路杭州西、萧山机场站，完善杭州萧山机场集疏运体系，新建连接铁路杭州西站与杭州萧山机场的轨道交通快线，引入杭黄、杭绍台等高铁线路，打造国际门户枢纽机场、全国航空快件中心和长三角世界级机场群核心机场，推动杭州成为面向国际、辐射长三角、贯通中西部的重要国际门户。

——宁波国际枢纽。重点新建沪嘉甬铁路、甬舟铁路，谋划新建宁波铁路西站、宁波栎社机场为一体的综合交通枢纽，推进宁波地铁、城际（市域）铁路和疏港铁路建设。加快建设舟山江海联运服务中心，拓展江海、海铁、海河等多式联运示范通道，提升宁波舟山港国际枢纽港的辐射力和影响力，将宁波—舟山打造成为面向亚太地区的重要国际港口物流中心和多式联运国际枢纽。

——温州国家级枢纽。重点推进温州龙湾机场改扩建和都市区轨道交通发展，加快建设市域铁路，完善温州火车南站综合客运枢纽和机场综合交通枢纽，新建和改扩建铁路温州东、温州北站综合枢纽，加快温州绕城高速北线二期和西南线建设，推动温州港转型升级，将温州打造成为长江经济带东南门户枢纽城市。

——金华—义乌国家级枢纽。重点谋划推进金华（义乌）至衢州、金华至台州等城际铁路，加快金义东等市域铁路建设，谋划实施金武永东线等轨道交通项目，强化义乌国际陆港枢纽功能，开展浙中国际干线机场和横店通用机场升级为运输机场研究，将金华—义乌建设成为连接我国东南沿海与内陆地区的长三角南翼重要枢纽节点。

（三）四港融合

四港融合建设自成一体，关键是通过信息港为纽带联动推进海港、陆港、航空港融合发展。重点深入实施"互联网+"便捷交通示范、交通物流融合发展"八大行动"，推动大数据、云计算、物联网等先进技术与交通物流活动深度融合，促进物流数字化建设，加快公铁、海铁和海空公多式联运发展，加快建设高效便捷的运输服务体系。深化港口一体化发展，打造宁波舟山港为龙头的世界级港口集群和国际一流港航物流枢纽。深化航空港一体化发展，整合省内机场资源，打造以杭州萧山国际机场为龙头的世界一流机场集团。深化陆港一体化建设，打造义乌国际陆港为龙头的连接"一带一路"的陆上桥头堡。深化推进"数字丝绸之路"建设，争取设立中国义乌跨境电商综合试验区，推进跨境电子商务综合试验区改革创新，推动电子商务模式和服务标准国际化，建设电子世界贸易平台（eWTP）试验区。

加快县域经济新旧动能转换

制造强则县强，服务兴则县兴。当前，县域产业发展谋划应尽快适应新一轮科技革命和产业变革，主动适应经济新常态化，进一步打开转型升级通道。

嘉善县地处沪苏浙两省一市交界，浙江接轨上海的"桥头堡"。全县面积约507平方千米，县域地形地貌呈平原"田"字型格局，"八分半田一分半水"，一马平川、江南丰饶之地。基于嘉善县域比较优势和国家、省市重点产业发展战略，适应新经济模式和产业融合发展趋势，坚持目标导向和问题导向，应突出培育六大百亿级产业，着力打造具有较强核心竞争力的现代产业集群，克服虹吸效应，增强集聚效应，提高经济发展活力，奠定高质量发展的坚实基础。

一 传统产业"天花板"与新兴经济崛起

产业转型是嘉善县域经济转型升级的核心问题。从20世纪90年代不足十亿产值到21世纪初的百亿产值，再发展壮大至目前千亿级的产业规模，嘉善产业集聚发展能力不断增强，结构加快调整优化，成绩斐然。但在经济增速换挡从高速增长转为中速增长的新常态大背景下，嘉善县域产业经济发展遇到了四个方面的突出问题。

一是新常态下传统产业发展已较难突破。"十二五"以来，我国经济逐步进入新常态，增长转为中高速，要素驱动逐步要求转向创新驱动，提质增效渐成主流。食品、医药、化纤、建材、有色金属、仪器仪表、其他制造等七个行业负增长，饮料、纺织、皮革、木材加工、印刷、通用设备六个传统行业产值年均增长低于5%，以量扩张为主的传统产业粗放式发展几近停滞。短短三年内，食品等七个行业占比下降4.0个百分点至

7.6%，纺织等六个传统行业占比下降3.8个百分点至24.0%。这一方面是劳动力成本不断上升和人口外流等因素，传统产业比较优势逐步丧失，另一方面是转型升级规律使然。即在人均GDP达到1万美元之后，一个经济体的劳动密集型传统产业会出现梯度转移或更新换代，以承接发展具有更高技术含量和劳动生产率的资本或技术密集型产业，从而不断推动产业转型升级。

二是新常态下资源要素利用效率亟须提高。尤其是行业投入产出、劳动生产率、企业占地亩均税收等偏低。嘉善工业规模大致居全省39个工业大县第15位左右，综合评价得分与排第一的杭州滨江区相差较大，主要原因是综合评价体系的质量效益、绿色发展两方面得分较低，科技贡献率偏低。全县规模以上工业劳动生产率、工业增加值率，与全省平均水平有相当大差距。占地3亩以上的1772家工业企业亩均税收不到10万元，县域工业用地亩均产出、亩均增加值，低于全省全市平均水平；规模以上企业单位能耗增加值、单位电耗产出偏高。全县包括镇（街道）工业功能区在内的工业平台，土地供而未用、用而不尽、低效利用等现象普遍。

三是产业组织形态理念亟待提升。产业组织方面，优质中小企业数量少，产业集群中小配套企业少，产业链不完整和产业集群规模小并存，产业缺乏核心竞争力。全县产值上亿元尤其是规模效应、研发能力较强的2亿元左右中型工业企业偏少。传统的产业领域和保守的企业文化经营理念，形成发展"路径依赖"，借力资本市场发展的企业数量很少，每百家规模以上工业企业仅上市0.8家，资本化证券化水平低。虽临近上海这个国际大都市，但基于应用ERP、PLC等现代管理系统企业较少见，"老板多企业家少""守业多创业少"，职业经理人、委托—代理等其他地方较为普遍的现代企业制度理念，并没有深入人心。另外，由于第一代传统企业家掣肘于文化素质、视野、小农意识等，"小富即安"心态较为普遍，而第二代或新生代由于人生观价值观等观念不同，创业创新热情也不高，整体上缺乏经济学上通常所说的"企业家精神""创造性破坏"。

四是产业转型滞后于新经济要求。当前，以互联网为主的新经济模式，以及新一代信息技术与制造业深度融合引发的第三次产业革命正在席卷全球，我国智能化制造、服务型制造正在成为主流发展方向，杭州宁波等地新生产制造方式、新产业新技术、新经济形态、新商业模式精彩纷呈，新增长点层出不穷。移动互联网、云计算、大数据、新材料等新领域、智能装备、智能工厂、智能制造等新体系，网络众包、电子商务、个性定制、协同设计等新模式，可穿戴设备、无人驾驶汽车、智能家电等新产品，不断涌现和取得新突破。相比之下，嘉善新业态、新产品、新技术应用相对滞后，物流、金融、信息、服务型制造、智能化制造等生产性服务业和二三产业融合发展相对不足，新常态新经济框架下的产业导向与规划不明确，产业特色不明显，产业营商环境不佳，未来产业重构任务繁重且必要。

二 突出六个对接，科学谋划培育重点产业

逆水行舟，不进则退。全球产业经济发展，已经到了深度融合、智能化的第三次产业革命阶段。互联网信息技术的深度应用，使三次产业界限越来越模糊，行业发展不再是单一的生产制造集群，而是呈经济服务化、制造服务化、产业融合化发展趋势，制造业向服务型制造、集约型制造、绿色化制造等创新融合、集约发展趋势，服务与制造你中有我、我中有你。产业融合，打破产业边界，拉长产业链，也产生了更大的复合效应。新常态下，浙江三次产业融合、两化三化融合发展趋势明显，新增长点不断涌现，新产业、新技术、新模式、新业态等"四新"经济发展迅猛。

对于嘉善而言，在传统产业碰到"天花板"和新兴经济崛起的大背景，以及县域经济发展严峻形势的逼迫下，如何顺势而为、突出重点，推进产业重构、转型突围，打开经济发展和转型通道，越发关键。合理培育重大产业和重点平台，在坚持政府引导、发挥市场配置资源决定性作用的基础上，既要考虑对接国家重大战略争取项目，也要对接省市战略争取重点投资项目；既要适应新常态抢占某个制高点，也要进一步发挥县域传统比较优势；既要突出重点实现集聚集群发展，也要兼顾全面推进产业创新融合发展。重点产业谋划，除了区位商、比较优势，突出"六个对接"考虑。

一是突出与中国制造战略实施对接。国务院发布的"中国制造2025"方案提出以加快新一代信息技术与制造业深度融合为主线，以推进智能制造为主攻方向，契合嘉善工业强县转型发展思路；提出的瞄准新一代信息技术产业等十大重点领域，有部分与嘉善产业转型升级重合。因此，嘉善重大产业和重点平台培育，应紧紧抓住机遇，提前作好产业规划铺垫，在精密机械、信息电子等产业争取国家和省级重大项目投资，以及智能装备

制造等先进制造平台布局，谋划在高端装备等领域推进一批项目、打造一批产业平台等，加快改造我们的传统产业，提升发展我们的智能制造业。

二是突出与省八大万亿级产业规划对接。浙江"十三五"规划提出要着力培育发展八大万亿级产业，抓住了产业转型升级的核心问题，抓住了经济转型升级的主要矛盾，也是浙江经济未来规划投资的重点领域。全省八大产业包括信息经济、节能环保、健康、旅游、时尚、金融、高端装备、历史经典产业，县域应按照动态比较优势原则，有所为有所不为，应突出高端装备、信息、旅游、健康等产业培育发展。而相比其他县市，节能环保、时尚、金融等领域，嘉善全局并无多大优势，因此不作为重点发展对象。时尚产业，省里重点布局在杭甬温三大时尚名城，以及柯桥面料、海宁皮革、义乌饰品、嵊州领带等县级时尚产业基地。

三是突出与省市特色小镇规划建设对接。加快规划建设一批特色小镇，是浙江从推动全省经济转型升级和城乡统筹发展大局出发作出的一项重要决策。特色小镇建设，有利于谋划项目扩大有效投资，有利于集聚人才、技术、资本等高端要素，一个小镇其实就是一个主导产业和产业平台。选择培育重大产业和重点平台，就是要依托建设一批聚焦七大产业的特色小镇，譬如谋划建设罗星归谷智造小镇、大云巧克力甜蜜小镇、姚庄精密机械装备小镇等一批特色小镇，以新理念、新机制、新载体推动产业转型升级，利用好有限的土地资源、财政资源，集聚集约发展。

四是突出与创新驱动发展战略对接。推进"大众创业万众创新"，是嘉善培育新增长点、形成下一轮经济发展的重要引擎，创新驱动在省市未来规划中均列首位战略。"十三五"嘉善将创新驱动发展战略摆在五大战略之首，提出打造成为创业创新的现代化临沪新城。因此，重点产业尤其是重点平台谋划，以及具体的产业发展方向、目标定位，应考虑突出依托科创中心、归谷科技园、高铁新城三大创业创新主平台，突出产业创新融合和新产业、新技术等"四新"经济发展，有利于深入推进科技创新、产业创新、企业创新、市场创新、产品创新、业态创新、管理创新。

五是突出与上海大都市发展战略对接。积极接轨上海融入上海，强化在经济社会、体制机制、基础设施等方面对接，坚持规划共绘、产业共兴、交通共联、社会共享，一直是嘉善近年经济社会发展规划的主要战略。重点产业和重点平台谋划，突出考虑有利于与上海国际航运中心等"五个中心"对接，有利于在招商、产业、贸易、金融、财政、改革、管理等领域开展合作，积极复制自贸区相关政策经验，联动打造跨区域产业平台联合体，设立上海人才创业园，积极引进上海的人才、资金和技术，推动上海科技成果在嘉善转化，承接上海高端装备制造业、健康产业，以及旅游、物流、工业设计、服务外包等现代服务业外溢发展。

六是突出与总部经济发展战略对接。正所谓"一幢楼宇强过一个工业功能区""一幢楼宇就是一个总部""一群楼宇就是一个空中经济开发区"。总部经济、楼宇经济是推进城镇化和县域经济向都市经济转型的重要抓手，也是当前地方税收和经济新增长点，是体现集约高效发展的一种未来经济发展形态。嘉善拥有财富广场、国贸中心、万联城、汇金大厦等24幢重点楼宇，年营业收入达数十亿元。重点产业和平台培育，要结合用足用好现有楼宇资源，开发和利用大量新楼盘、闲置用房，以商务楼、写字楼、科研楼、标准厂房、城市综合体、SOHO等为载体，鼓励信息电子、健康服务、文化创意、工业设计、服务外包等集聚发展，培育创业创新基地。

因此，建议下一步应加快优化县域工业传统发展格局和发展思维理念，按照战略导向、比较优势、市场潜力、创新融合等原则遴选，迎合第三次产业变革和"四新"经济发展趋势，综合考虑，突出精密机械装备、信息电子、品牌木业家具、大旅游、大物流、大健康六个百亿级产业培育发展，其中两个主导产业、两个传统支柱产业、两个新兴产业，依托开发区（园区）、产业集聚区、特色小镇等重大发展平台，着力打造具有核心竞争力的现代产业集群。

三 创新融合，重点打造六大百亿产业集群

（一）精密机械装备

装备制造尤其是高端装备制造业是现代制造业的核心组成，是"中国制造2025"和浙江八大万亿级产业之一的高端装备制造业重点突破领域，包括高档数控机床和机器人、航空航天装备、海洋工程装备及高技术船舶、先进轨道交通装备、节能与新能源汽车、光伏与新能源装备、电力装备、农机装备、现代医疗设备与器械、关键基础件等，以及与之相关的生产性服务业。精密机械装备，不仅是高端装备制造业的重要组成，而且嘉善已有一定基础。

——发展方向。突出智能化制造、绿色制造思路，重点发展数控机床、精密仪器仪表、精密轴承、精密铸件、精密电动工具、汽车及零配件、模具制造、轨道交通设备及零部件、节能环保设备、医疗器械，光伏新能源装备、机器人及智能设备制造等，以及工业设计、装备自动化信息化研发等生产性服务业。

——目标定位。契合国家制造强国战略，紧紧抓住全省培育发展万亿级高端装备制造产业机遇，做大做强浙江精密机械产业示范基地，培育精密机械产业集群，培育一批行业龙头企业或行业技术领先企业，打造成为长三角精密机械装备先进制造基地，中长期力争打造成为全国知名的精密机械装备制造基地。

——重点平台。主要依托姚庄经济开发区、嘉善经济技术开发区两大主平台，以及魏塘、陶庄、干窑等若干工业功能区块，科创中心、归谷科技园和重点企业研发中心等科技研发平台。鼓励晋亿、田中精机、新华昌等企业，以企引企，以民引民，以外引外，强化行业内大型企业招商引资。

（二）信息电子

发展信息电子产业，更体现了"互联网+"的现代经济发展特点，更能体现产业融合趋势，更加突出现代产业集群、产业链发展理念，也更有利于培育嘉善产业集群优势。信息电子产业，与"中国制造2025"培育新一代信息技术产业的战略契合，也与浙江重点打造的八大万亿级产业之一的信息经济相吻合，包括电子、信息两大类，具体包括电子商务、物联网、云计算、大数据、通信电子、电气机械等行业。

——发展方向。突出两化融合、"互联网+X"发展思路理念，重点发展信息通信设备、汽车电子、工控电子、高端芯片、集成电路设备、电声器材、数码成像、光通信产业，以及农业物联网、农村电子商务、跨境电子商务、智慧制造服务、制造物联与服务、区域大数据应用处理，甚至是移动互联网、新型通信服务、互联网金融、动漫游戏等新行业新业态。积极创建类似创业小镇、物联网+智造小镇、智慧通信小镇、两创中心、创客中心、创新工场、众筹平台等新形态发展平台，着力推进嘉善信息电子产业做大做强。

——目标定位。抓住信息经济万亿级产业和我国新一代信息技术产业发展契机，加强与上海、深圳、苏南、杭州等地合作，积极创建创业创新孵化平台、创新合作平台，大力发展"四新"经济，促进信息技术向更广领域、更深层次融合渗透，促进全产业链式发展，建设浙江信息经济发展示范点和智慧城市，打造长三角信息电子新兴产业基地。

——重点平台。主要依托高铁新城（长三角嘉善科技商务服务区）、嘉善电子信息产业园、经济技术开发区东区，以及归谷智造小镇、镇街创业创新平台。积极支持富鼎、富通、和硕等大型企业发展，以及各类优质电子电声企业、规模以上服务业企业，鼓励以企引企，以外引外，以商引商，加强产业链招商，继续强化行业内实力型企业项目引资。

（三）品牌木业家具

传统优势不能放弃，关键是转型升级、创新融合，提高传统产业的智能化、绿色化、创意设计制造水平，形成品牌集群。木业、家具是嘉善传统支柱产业，发展历史悠久。与木业家具相关的国际木雕城营业收入约20亿元，以及木业家具文化创意产业、木材物流仓储收入约数十亿元。

——发展方向。突出品牌化、网络化、智能化转型升级发展思路，积极运用"互联网+"思维，大力发展基于互联网的个性化定制、众包设计、云制造等新型制造模式，加快发展功能性板材、品牌家具、智能家具等新型产品，逐步向产业链中上游和微笑曲线两端移动。鼓励企业建立现代企业制度，加快推进"机器换人""腾笼换鸟""空间换地"和"三名"工程，加快应用电子商务、ERP、智能办公、网络营销等新模式，发展"互联网+建材家居"，做优"银善木业"品牌。延伸产业链，大力发展木业家具工业设计、木雕艺术文化创意，以及木材及产品物流仓储、展示交易等生产性服务业。

——目标定位。积极推动木业家具工艺、产品、功能和产业链升级，做大做强品牌智能家具制造、时尚家居、木文化创意等，集聚吸引一批相关网络、创意、设计等大量中小企业配套，培育形成一批基于新型制造模式的国内品牌企业、行业标准制定企业、高新技术企业，打造成为长三角木业文化创意产业基地、全国知名的基于互联网制造的智能木业家具品牌基地、国际木业家具工业4.0基地。

——重点平台。主要依托经济技术开发区西区、魏塘工业功能区等。鼓励TATA木门、裕华木业、索菲亚家居、台升实业、大王椰木业等一批企业做精做优，加快建设行业研究中心、企业技术中心。依托国际木雕城、木制品物流中心，集聚集约、融合发展，建设木业家具总部基地。

（四）大旅游业

旅游业是嘉善传统优势产业。旅游产业涉及交通运输、邮电通信、社会服务、餐饮、住宿、娱乐、金融，旅游工艺品、旅游设备、旅游设施等生产制造，以及建筑、设计等。作为万亿级培育产业之一，浙江旅游产业发展规划明确鼓励促进旅游业与第一产业融合发展、促进旅游业与第二产业融合发展、促进旅游业与相关服务业融合发展。根据估算，嘉善旅游产业增加值占GDP比重在7%—10%之间，远高于全省6.5%和全国4.2%的平均水平。旅游业作为嘉善服务业的龙头产业和国民经济战略性支柱产业地位已经确立。

——发展方向。水乡是嘉善最大特色，"水韵嘉善·烟雨西塘"关键是水系贯通，抓住"五水共治"机遇，大兴水利，死水变活水，彻底改变水环境。大力实施"旅游投资百亿工程"，按照"全域智慧化、全域景区化"，建设大项目、搭建大平台、打造大块头、培育大企业，推动旅游业规模化、集群化发展。大力发展"+旅游"新业态，包括工业+旅游、农业+旅游、养生+旅游、文化+旅游、互联网+旅游等，促进旅游与一二三次产业深度融合。大力丰富旅游新产品，包括抗日旅游、水乡旅游、养老旅游、时尚旅游、运动旅游、湿地旅游等。大力培育电商旅游新模式，积极发展智慧旅游。

——目标定位。抓住旅游产业高速发展机遇，依托旅游度假区、高等级旅游景区和旅游服务业集聚区以及特色小镇建设，创建5A景区和若干4A景区、3A景区，智慧旅游、旅游品质得到较大提升，"诗画江南""古镇江南""江南水乡""精致水乡"特色进一步彰显，建成浙江省旅游产业发展示范县（市），打造长三角乃至全国重要的休闲旅游目的地。

——重点平台。主要依托西塘旅游休闲度假区、大云省级旅游度假区、汾湖休闲旅游区等平台，以及康辉国际休闲度假、嘉善国际木雕文化园、浙北桃花岛、恒天文化艺术产业园等旅游综合体项目和巧克力甜蜜小镇、归谷智造小镇等一批特色小镇。强化与阿里旅行等平台合作。

（五）现代物流

现代物流是融合运输、仓储、货代、信息等产业的复合型服务业，是支撑国民经济发展的基础性产业。主要涉及铁路运输、道路运输、水运、装卸搬运和其他运输服务、仓储、批发、零售等行业。根据海关统计，嘉善集装箱进出口量平均 2 万个标准箱/月，主要进出口产品以木制品和五金机械为主，以制造产品保税仓储、流通加工为主的保税物流需求不断增长。但是正如嘉善现代物流产业规划所指出的，嘉善存在着物流空间布局缺乏规划、行业转型升级滞后等问题，以及产业层次低的物流由嘉善企业承揽，产业层次高的物流严重外流状况，至少 50% 的物流由外地企业提供服务等。

——发展方向。契合"十三五"经济社会发展需要、长江经济带和省市物流规划布局，加快规划建设"无水港"，错位竞争、大力发展集装箱物流等，将其作为上海港（或嘉兴港）港口延伸、作为上海自贸区的功能延伸。积极推动物流配送标准化和规范化发展，鼓励企业制造与物流主辅分离，鼓励物流快递企业通过物流公共信息平台，与电商、制造、商贸等数据共享和业务协同，大力发展第三方物流。积极运用"互联网+"新一代信息技术改造提升传统物流，加强物流信息化顶层设计，加快推进公路港、铁路、货运站场等交通枢纽和仓储基础设施智能化，构建铁水联运、公铁联运、海铁联运等多式联运体系。加强城乡"最后一公里"和城区"最后一百米"快递配送提升，积极发展快递物流。

——目标定位。立足自身区位交通优势和承担区域物流功能，加快发展业态升级，集聚做大产业规模，优化物流业空间布局，开创物流业发展新局面。建立布局合理、技术先进、便捷高效、绿色环保、安全有序的现代物流服务体系，物流社会化、专业化水平进一步提升，信息化和供应链管理水平明显提升，快递物流、集装箱物流、保税物流、仓储运输等现代物流相关营业收入规模超百亿元，积极打造服务上海、辐射长三角的消费品中转分拨物流枢纽、服务长三角地区的现代化生鲜冷链物流中心。

——重点平台。主要依托规划中的开发区物流园区、嘉兴综合保税区 B 区，320 国道沿线和疏港公路发展带、陶庄再生金属城等，建设分拨物流中心、公共物流服务平台，构建"一园（港）两带多点"发展格局。鼓励特易购、晋亿物流、博洋物流、凯鸿物流等重点企业发展，鼓励本地物流企业资源整合、业务创新、做大做强。

（六）大健康产业

健康产业方兴未艾。"健康中国"目标全面提升健康医疗水平。对于嘉兴乃至全省而言,"大健康"就是大民生、大财富、大产业、大机遇。健康产业也是全省未来重点培育和鼓励发展的万亿级产业,主要包括健康农业、医疗服务、健康养老、体育健身、智慧健康服务、生物药品和健康食品、医疗装备和器械等,涉及12个行业门类。事实上,健康产业在嘉善已经有较好的发展基础,主要是在中药材种植、医疗服务、健康养生、医疗器械、健康食品、体育健身等领域,包括各类医疗服务收入,以及健康管理、健康信息、健康产品销售等行业收入。

——发展方向。借力融入上海战略,以"医、养、健、智"为主攻方向,将健康产业培育成为经济转型升级新引擎。"医",积极对接引进上海、杭州优质的医疗服务资源,发展特色化、规模化的非公医疗机构,鼓励社会资本办医,大力发展医疗服务业,发展多样化健康管理服务,足不出善就能在上海杭州看病,让上海人等在嘉善也能同样享受上海医疗服务。"养",大力发展健康养老地产、健康养老服务、养生休闲、养生食品等特色养老养生产业。"健",大力发展水上运动、户外健身等健体康体产业。"智",积极应用大数据、云计算等技术,进一步提升健康服务的智慧化、定制化水平,积极发展医疗服务、健康管理、健康信息等平台。

——目标定位。抓住健康产业发展大机遇,更好发挥政府引导作用,通过大项目大平台建设带动、建成一批健康产业信息服务平台和引进一批健康产业人才,建成功能完善、投入多元、覆盖城乡的医疗服务体系和养老服务体系,相关健康产业政策支持体系逐步健全,基本形成覆盖全生命周期、布局合理的健康产业发展格局,打造形成长三角健康服务和养生养老为特色的健康产业基地。

——重点平台。依托大云温泉及中药材基地、西塘健康养老、汾湖运动休闲等特色区块,以及中心城区医疗服务圈、归谷智造、开发区科技园,合理构建产业格局,培育各类健康产业基地。积极推进汾湖水上运动中心、保利西塘、云澜湾温泉养生等一批健康类产业重大项目建设,以及开发区精迪敏等一批医疗服务、医疗器械、健身器材骨干企业。

四 加强规划保障,健全产业发展推进机制

做好与五年规划、省市重大战略平台等的衔接,结合工业强县、接轨

上海、八大万亿产业规划和"中国制造2025"等战略思路，编制完善"1+X"规划，建立健全推进机制。

（一）重点考虑谋划"1+6"产业规划

"1"是指嘉善制造业转型升级规划，贯彻落实"中国制造2025"方案，以信息技术与制造技术深度融合的智能化制造为主线，积极推行数字化网络化智能化制造，促进产业创新融合发展，培育新能源汽车零配件、高性能医疗器械仪器、智能装备及关键基础件、云计算大数据、物联网等战略性新兴产业，加快实现由单纯的生产型制造向服务型智能化制造升级转变。"6"是指六个产业专项规划，包括精密机械装备发展规划、信息电子产业规划、品牌木业家具规划、旅游业发展规划、现代物流发展规划、健康产业发展规划等。

（二）加强产业发展创业创新要素保障

人才方面，重点加强创业创新人才激励，积极推进嘉善转化中心建设，按照自主创新示范区政策尝试给予个人所得税优惠，减免低收入群体创业的地方税费部分，鼓励创业。土地方面，重大项目优先保障，争取成为省重大产业项目，土地指标向主平台主产业倾斜，鼓励"腾笼换鸟""退低进高"。资金方面，培育PE/VC项目直接融资模式，借鉴基金小镇等经验做法，引入知名股权投资管理机构，大力发展股权投资基金，鼓励创业创新、鼓励企业直接融资；设立六大产业发展引导基金，加强产业扶持。

（三）建立健全"六个一"产业培育推进机制

为合力打造这六大百亿级产业，建议可以建立"六个一"工作推进机制。即一个产业、一个规划（计划）、一个主管部门、一个引导基金、一批龙头企业、一张统计报表，可以考虑落实县经信局、商务局、市场监管局、旅游局、交通局、服务业局等部门，分别作为六大产业培育发展的牵头部门，摸清家底，编制发展规划和发展目录，确定重点培育企业和分年度重点项目。统计局等加强统计监测，加强部门合作交流，建立健全统计考核评价机制。

县域高质量发展的生动实践

县域经济发展各有千秋、各具特色。如果说"义乌经验"是县域现代化共享发展"高富特强"的典范，那么"嘉善经验"是践行新发展理念推进高质量发展和实现共同富裕"特富美安"的典型，是改革开放四十年中国特色社会主义优越性在一个县域的集中体现。与"义乌经验""温州模式"等一起，"嘉善经验"成为"浙江经验""浙江模式"的重要组成部分。

一 嘉善走出了一条"特富美安"地方特色发展路子

2017年，浙江省委关于学习推广嘉善经验增创县域发展新优势的意见提到，嘉善立足本地资源禀赋、特色优势，通过县域科学发展示范点建设，确立特色鲜明的县域发展定位、打造富民强县的县域经济升级版、建设景美人善的美丽县域、筑牢长治久安的县域根基，形成了"特富美安"的县域发展经验[①]。尤其是近年来嘉善紧紧围绕"县域善治"，积极发挥党委政府谋划引导作用，推动产业结构、投资结构、治理结构升级，走出了一条不同寻常路。全县主导产业从20世纪90年代农业、木业家具、五金机械、纺织服装等传统产业，全面升级为信息电子、精密机械、旅游等主导的现代特色产业体系，高新技术产业增加值约占全部工业的75%。

嘉善是全国"双示范"县。2013年获批成为全国唯一的县域科学发展示范点；2019年获批成为长三角生态绿色一体化发展示范区；2022年获批成为全国县域高质量发展示范点。得益于"双示范"建设，嘉善县

[①] 《中共浙江省委关于学习推广嘉善经验深入践行新发展理念 增创县域发展新优势的指导意见》，《今日浙江》2017年第15期，2017年8月1日印发。

域经济社会快速发展。2017年县域生产总值首次突破500亿元大关，常住人均GDP为1.3万美元，首次达到世行界定的高收入经济体水平；规模以上工业企业产值超过1000亿元，工业强县综合评价保持在全省前1/3行列；城镇居民、农村居民人均可支配收入约为全省的1.1倍和1.3倍、全国的1.5倍和2.4倍，城乡居民恩格尔系数均低于30%。2022年县域生产总值突破800亿元，常住人均GDP超过1.9万美元，城乡居民人均可支配收入与经济增长基本同步，远高于全国水平。可以说，嘉善县已经率先实现富起来，成为浙江乃至全国全面小康社会标杆县。

二　嘉善发展是我国新发展理念在县域的落地生根

嘉善发展是五大新发展理念在县域经济的生动实践。县域发展定位从"三区一园"（即产业转型升级引领区、城乡统筹先行区、开放合作先导区、民生幸福新家园），全面升级"四区一园"（增加"生态文明样板区"），成为践行创新、协调、绿色、开放、共享的新发展理念的排头兵。

一是猛药去疴推动供给侧结构性改革，促进创新驱动发展和转型升级。2015年前后县域亩均产出、亩均增加值、亩均税收、工业增加值率等资源产出效率纷纷进入上升通道，粗放增长成为过去时。以县域"三去一降一补"供给侧结构性改革为主线，坚持"亩均、科技、人才"论英雄，精准发力、优化存量、引导增量，壮士断腕决心淘汰"低小散""僵尸企业"，降成本、补短板，培育增强新经济新动能，提高全要素生产率和资源配置效率，全县近五年工业亩均税收、全员劳动生产率分别提高约80%和50%。近年来，嘉善接连入选首批国家科技成果转移转化创建示范县、国家知识产权强县工程试点县、"浙江制造"品牌认证试点县，通信电子产业园获批省级高新技术产业园区，高铁新城上海人才创业园、省级归谷智造小镇等特色平台全面发力，推动嘉善逐步成为上海全球科技创新中心的一个协同创新基地。

二是坚持全域规划一张蓝图绘到底，促进城乡一体化协调发展。嘉善可以说是全国城乡一体化发展的典型。按照城乡要素平等交换和公共资源均衡配置原则，全县重点推进城乡空间布局一体化、城乡基础设施一体化、城乡经济发展一体化、城乡基本公共服务一体化、城乡社会治理一体化、城乡生态环境保护一体化等的一体化，全方位打破城乡二元结构，率先形成城乡融合发展格局。深入推进城乡体制改革，规划先行，打破镇街行政界限、城乡界限实行全域规划建设一体化，不留规划盲区、模糊区域，基本实现了城乡资源共享、优势互补、均衡发展。以养老服务为例：嘉善县老龄化程度在全省90个县市区排第三、嘉兴第一，为适应人口老龄化，全县建成城乡居家养老服务照料中心151家（嘉善辖6镇3街，共104个农村社区、47个城市社区）实现100%覆盖，优化养老服务供给，率先构建功能较完善、规模适度、多元专业的县域养老服务体系，有效破解老龄化难题。

三是创新平原地区践行"两山"理念，促进绿色发展和美丽嘉善建设。绿水青山就是金山银山。生态环境始终是老百姓最关心的事。结合全省"两美"浙江建设，嘉善坚持美丽县城、美丽城镇、美丽乡村、美丽通道"四美联动"建设"美丽嘉善"，大力推进"三改一拆""五水共治""五气共治"和生猪养殖清零治理农业面源污染，深入实施"清三河""河长制"，贯通县域"田"字形水系，全面剿灭劣五类水河道，走出了一条平原地区践行"两山"理论的路子。通过财政大投入、干部严问责，生态环境由原来的短板渐变成长板，嘉善县相继入选全省首批生态文明建设示范县、"两美浙江特色体验地""绿水青山就是金山银山"浙江样本，建成国家级5A景区1个、4A景区3个、3A景区若干，镇镇是景区、村村皆风景。如果说浙江横店镇有一幅镇域"清明上河图"，那么现在的嘉善是全域景区化的一幅江南水乡"清明上河图"。

四是充分发挥毗邻上海大都市区优势，促进开放合作先导区建设和联动发展。大树底下好乘凉。嘉善县历来非常注重接轨上海大都市，借船出海、借海扬帆，在接轨上海、扩大开放、融入长三角的大路上越走越宽，形成了独特的沪善"13579"现象。即10%嘉善人工作学习在上海、30%工业制成品为上海配套、50%农产品销往上海、70%游客来源于上海大都市区、90%外资和县外内资或项目来自上海地区。共同编制上海枫泾—新浜—嘉善—平湖新埭城镇圈区域协同规划，与上海金山区共建浙沪毗邻地区一体化发展示范区，交通互联、教育共建、医疗协作、人才共享，"沪善同城"持续深化。近年来在"13579"现象的基础上又出现了嘉善人才引育"456"现象，即全县40%的国家高层次人才特殊支持计划专家、50%的"精英引领计划"领军人才项目、60%的海外高层次人才项目来自上海，"研发在上海、转化在嘉善"，嘉善县长期主动接轨上海的开放战略不断收获红利。

五是坚持以人为本富民惠民安民，促进民生幸福家园建设和共享发展。富民强县、共同富裕，是嘉善或者说"嘉善模式"最典型的特征。通过推进富民增收、打造精致水乡、大力弘扬"善文化"等行动，深化"三权三抵押"农村产权制度改革，激活农村各类沉睡资产，深化国家养老服务业标准化试点，全面构建社会大救助体系，全面消除人均年收入4600元以下贫困户，建成"20分钟养老服务圈""20分钟医疗服务圈""20分钟文化服务圈"，群众幸福感、社会美誉度不断提升。全县每年实施十大民生实事，健全新居民居住证制度，改造集聚农房，提高低收入群体收入，财政支出保持75%以上用于民生，着力解决群众最关心、最直接、最现实的利益问题，解决群众美好生活需要和不平衡不充分的发展的矛盾。城乡居民人均可支配收入不仅高于全省，且城乡收入差距远低于全国，是全省城乡差距最小的县市。

三　抓住机遇进一步推动嘉善县域高质量发展

嘉善县已由高速增长全面转向高质量发展阶段。高质量发展就要摒弃"唯GDP论英雄""捡到篮里都是菜"的固有理念，摆脱资源消耗型竞争模式，亩均论英雄、科技论英雄、人才论英雄、环境论英雄，打造具有核心竞争力的现代产业集聚高地，增创县域"两个高水平"发展新优势。

一是抓住全国县域高质量发展示范点建设机遇，聚力开启高质量发展的沪善创新引擎。突出产业跨界融合、业态模式创新，推动互联网、物联网、云计算、大数据、人工智能、区块链技术与实体经济深度融合，鼓励应用网络协同制造、离散型智能制造、大规模个性化定制等新制造模式，发展新零售、新制造。积极发展农村六次产业，建设田园综合体，培育农业新业态新动能。腾笼换鸟、机器换人，着力沪善协同创新体系构建，大力发展信息电子、精密机械等高端制造业以及物流与供应链、旅游与健康产业，培育具有嘉善特色的"独角兽"企业和特色小镇，推动块状经济向精致经济、楼宇经济、特色经济、都市经济发展。

二是抓住长三角一体化国家战略历史机遇，聚力建设高质量发展的现代临沪新城。抓住长三角生态绿色一体化发展示范区机遇，建设水乡客厅、祥符荡科创绿谷，打造长三角设施互通、创新协同、产业协同发展等县域示范点。谋划对接上海松江轨道交通，争取无缝衔接上海城市轨道交通网，打通一批与上海、苏州吴江连接的省际断头路，推动沪善跨省异地医保、养老、公交等一卡通，实现与上海苏州同城化发展。积极引进上海优质资源，紧盯上海招大引强，推动与上海和苏南教育医疗机构合作办学办医，引进上海、苏南人才和公共服务资源，打造产业新城，建设"上海之窗·枫南小镇"，积极发展智慧医疗、智慧制造等智慧经济。

三是抓住浙江共同富裕示范区建设机遇，聚力打造高质量发展的湾区大平台。对浙江高质量发展建设共同富裕示范区重大改革举措，开展先行先试、系统集成、扩中提低，缩小三大差距，提升公共服务水平，推动逐步实现物质富裕和精神富有。抓住沪嘉杭G60科技创新走廊建设机遇，聚焦协同创新、集聚集约，高质量建设中新嘉善现代产业园、嘉善科技新城、嘉善省级通信电子高新技术产业园等环杭州湾高能级战略平台。坚持"绿水青山就是金山银山"，创建国家全域旅游示范区，高质量建设全域大花园，继续打造美丽嘉善。强化与湾区沪嘉甬、义甬舟开放大通道和杭甬大都市区接轨，构筑智能高效绿色的现代综合交通和物流供应链体系。

四是抓住全面深化改革开放机遇，聚力塑造高质量发展的改革"金名片"。深化全域土地综合整治改革，深化"亩均论英雄"改革，推行项目"标准地"制度，推动"市场有效、政府有为、企业有利"的资源要素市场化配置改革，率先建立支撑高质量发展的资源要素配置机制。深化城乡一体化发展，深化农村产权制度改革，建立健全城乡产权要素流转交易平台。深化县城基础设施投融资体制改革国家试点，创新政府和社会资本合作模式，激发民间投资活力，打通新城开发、基础设施和社会事业民间投融资通道。深入打好地方政府债务风险防控攻坚战，建立完善政府债务风险化解防范机制。

五是抓住数字化社会建设机遇，聚力推动高质量发展的"县域善治"治理体系。以更高质量发展实现共同富裕为牵引，推进县域经济社会体制机制改革。大力弘扬"红船精神"，秉持"浙江精神"，发扬"红旗塘精神"，坚决打赢美丽嘉善攻坚战、违建清零剿灭战、环境整治阵地战。深化"互联网+政务服务"，打通信息孤岛，推进政府数字化转型。探索建设"城市大脑"，优化城市公共服务、公共安全治理。加强县域善治制度建设和经验总结，突出以政府善治带动县域善治，积极创新数字化社会治理方式，强化德治、法治、自治、善治，不断提高县域治理能力和治理体系现代化水平。

浙粤省域发展比较优势分析

省域承上启下,是我国全面建设社会主义现代化国家的支柱。国家治理体系和治理能力现代化需通过省域治理体系和治理能力现代化实现,省域高质量发展、区域竞争力决定着国家综合竞争力和高质量发展水平,乃至国际地位。

一 浙粤两省资源禀赋异同与战略契合

浙、粤两省,一个是人均收入最高的省区,城乡居民收入连续二三十年居各省份之首,城乡区域差距小,数字经济、民营经济特色鲜明;一个是经济体量最大的省份,连续32年占据国内GDP总量第一位置,地区生产总值超过俄罗斯、巴西等可排在全球第11位,开放经济更具特色。两省资源禀赋相似、约束类同,人口与生产力分布具有相似性,空间战略布局高度契合,分析比较两地可以为省域现代化路径及其他省区发展探路,因而具有一定的现实意义。(见表1)

表1　　　　　　浙、粤两省区域人口与生产力分布

区域生产力布局		常住人口占比(%)		GDP占比(%)	
广东	浙江	广东	浙江	广东	浙江
珠三角核心区	环杭州湾	61.9	56.6	80.8	69.1
东翼地区	温台地区	13.0	25.1	6.4	18.7
西翼地区	浙中地区	12.5	10.9	7.0	7.3
北部生态区	浙西南地区	12.6	7.4	5.8	4.9

资料来源:根据两省第七次人口普查公报、统计年鉴、统计公报计算。

两省地形地貌类似,"七山一水两分田"山地丘陵占70%,森林覆盖

率均为60%上下，人多地少、山多耕地少是浙粤两省共同制约。两地沿海海岸线长、岛屿多，海洋资源居全国前两位，各自拥有多个深水良港，港航物流服务业发达，海陆联动，承东启西，文明开化领风气之先。改革开放以来，浙江发挥敢为人先的浙江人精神，广东发挥敢为天下先的岭南文化精神，坚持有效市场与有为政府的有机统一，坚持改革创新关键一招，坚持一张蓝图绘到底，争做改革"试验田""排头兵"，兼容并包，久久为功，善作善成，让发展成果更多更公平惠及全体。两省人均收入均达世界银行划定的高收入经济体标准线（1.27万美元），区域创新能力均居于第一方阵，数字经济领跑全国，新型城镇化、新型工业化、市场化、信息化等发展水平相对较高。

新世纪新时代，两省加快从外源性经济向内生性增长转型、要素驱动向创新驱动转型，率先探索构建新发展格局，争创社会主义现代化先行省。广东提出重点构建广州、深圳、珠江口西岸、汕潮揭、湛茂"五大都市圈"，推动广州、深圳两大城市"双城联动、比翼双飞"，打造珠三角世界级城市群；浙江围绕大湾区大花园大通道大都市区重点构建杭州、宁波、温州、金义"四大都市圈"，唱好杭州、宁波"双城记"，打造长三角世界级城市群金南翼。当前，两省均被中央寄予厚望并赋予重大使命，即支持浙江高质量发展建设共同富裕示范区，努力建设新时代全面展示中国特色社会主义制度优越性的重要窗口；支持广东建设粤港澳大湾区和深圳中国特色社会主义先行示范区，进一步丰富"一国两制"实践内涵。

已然，两省多年来形成了具有自身特色的发展路径，及各自独特的发展相对优势。譬如典型的阶段性发展模式，广东代表性有"三来一补"与香港、澳门形成前店后厂的"珠江模式"，以及基于潮汕文化的"粤东模式"，浙江代表性有我国民营经济发祥地之称的"温州模式"和"买全球卖全球"世界小商品之都的"义乌模式"。大致看，在创新、协调、绿色、开放、共享五个领域，浙江的经济发展质量、基础设施、区域均衡发展水平要更好一些，广东则在科技创新能力、开放发展程度方面更具优势。

二 广东拥有总量规模能级发展相对优势

相比浙江，广东除总量优势外，还拥有科创能级、开放能级、中心城市能级、人口红利等五大发展优势。

一是科创能级相对优势。区域创新能力居全国第一，有效发明专利量、PCT国际专利申请量保持全国首位，拥有粤港澳大湾区国际科技创新中心、综合性国家科学中心，5所"双一流"高校和18个"双一流"学科，30所国家重点实验室和396所省级实验室，远远超过浙江，是南方的教育科研中心。近年来，广东重点建设深港科技创新合作区深圳园区、横琴粤澳深度合作区等科创合作区，以及穗深港、广珠澳科技创新走廊等科创走廊，构建"两点""两廊"创新发展格局，创新体系相对完备，建成了一批国家和省级技术创新中心、产业创新中心、制造业创新中心以及工程研究中心和企业技术中心等创新平台。创新激励机制活力，构建形成以市场为主导、企业为主体的产业技术创新体系，譬如深圳建立了"基础研究+技术攻关+成果产业化+科技金融+人才支撑"全过程创新生态链，创新能力、创业密度在全国各大城市数一数二。

二是开放能级相对优势。广东与港澳毗邻，开放往往先人一步。港口方面，广东基本建成通江达海、干支衔接的航道网络，沿海主要港口航线通往全球100多个国家和地区，2020年港口年吞吐量达20.2亿吨，集装箱吞吐量达6729万标准箱，分别为浙江的1.1倍和2.3倍。机场方面，广东8个民用机场民航机场旅客吞吐能力已经突破1.5亿人次，广州白云、深圳宝安两大机场客运吞吐量分别突破7400万人次和5300万人次，而浙江7个民用机场旅客吞吐量将突破0.7亿人次，杭州萧山、宁波栎社两大机场客运吞吐量为4010万人次和1250万人次。高铁方面，2020年广东高铁运营里程达2065千米，高于浙江的1518千米，2025年计划达3600千米。新基建方面，广东2020年年底5G基站数居全国第一，累计超过12万座，2025年计划实现5G网络城乡全覆盖，5G基站数达25万座。

三是城市能级相对优势。广东是全国唯一拥有两个一线城市或超大城市（城区常住人口超千万）的省份，"双核"辐射带动能力相当强，穗深两市人口、GDP累计占全省30%和48%。省会广州被全球权威机构"GaWC"评为世界一线城市，一年一度的"广交会"声名远扬，2020年广州市地区生产总值突破2.5万亿元，GDP、常住人口、地铁运营里程数、地铁日最高客运量分别是浙江省会杭州的1.55倍、1.56倍、1.74倍和3.68倍；广州市营商环境居全国城市前列，其中获得电力、跨境贸易等4项指标入选全国最佳实践,政务服务排名全国首位。当前,深圳经济总量位居亚洲第五位,规模以上工业总产值列全国城市首位,在重点城市营商环境评价中位居全国第二位,高质量发展走在全国城市前列;与同为国家计划单列市的宁波相比,深圳常住人口、GDP、研发投入、实际利用外资、地铁营运里程、地铁日最高客运量,分别是宁波的1.87倍、2.23倍、3.80倍、3.22倍、2.66倍和7.60倍。(见表2)

表2　　　　　　　浙、粤两省"双中心"城市能级比较

相关指标	广州	深圳	杭州	宁波
GDP(亿元)	25019	27670	16106	12409
市设区面积(平方千米)	3718	1997	8289	3730
常住人口(万人)	1868	1756	1194	940
人均GDP(万元)	13.4	15.8	13.5	13.2
城镇化率(%)	86.2	100.0	83.3	78.0
R&D投入(亿元)	751	1364	564	354
R&D占比(%)	3.00	4.93	3.50	2.85
五年实际利用外资(亿美元)	328	383	347	119
地铁运营里程(千米)	531	411	306	154
地铁日最高客运量(万人次)	1157	772	314	101

资料来源:《广东统计年鉴》《浙江统计年鉴》。

四是产业能级相对优势。近年来,广东围绕全球先进制造业基地和产业创新高地,积极推动产业高端化发展,深度融入全球产业链供应链,推动制造业高质量发展,制造业在全省乃至全国的地位得到巩固,产业能级不断提升。广东工业产出占全国近15%,规模以上工业产值、规模以上工业增加值、利税总额分别是浙江的1.98倍、1.94倍和1.75倍;产业集中度相对较高,前六位制造领先行业占60.6%,高于浙江12.2个百分点,基本形成了电子信息、绿色石化、智能家电、先进材料等七个万亿级制造业集群,数量多于浙江的新一代信息技术、汽车、石化、纺织服装等四个万亿级集群。相比浙江,广东拥有产业基础、产业链优势,当前在电子信息、绿色石化、汽车、家电等十大战略性支柱产业集群基础上,又前瞻性布局半导体与集成电路、高端装备、智能机器人、区块链与量子信息、前沿新材料、新能源、激光与增材制造、数字创意、安全环保产业等十大战略性新兴产业集群。

五是市场能级相对优势。2020年广东社会消费品零售总额达4万亿元，是浙江的1.5倍，社零售、网络零售、跨境电商进出口等均排全国第一。跨境电商综试区13个，总数居全国首位。近五年内广东省世界500强企业从7家增加到14家，已与韩国持平，同期浙江仅从3家增加到5家。2020年广东拥有各类市场主体1385万户，是浙江的1.72倍；各类企业616.8万户、个体工商户763万户，约为浙江2.4倍和1.4倍；规模以上工业企业超过5.5万家、高新技术企业5.3万家，两项指标均超浙江万家以上。而且广东坐拥深交所资本市场得天独厚优势，吸引多家金融保险类企业的南方总部入驻。近年来，广东积极推进金融强省建设，在深交所的基础上引进了港交所、上交所南方中心，建设广州期货交易所、广东股权交易中心，深化城商行、农商行改革，做大做强地方金融机构，金融业增加值近万亿元，约为浙江的2倍。

六是人口红利相对优势。相比较，广东还拥有人口红利优势，尤其穗深等超大型城市更明显。根据第七次人口普查，2020年广东常住人口高达12601万人，十年内增加2171万人，浙江常住人口为6458万人，十年内增加1014万人，广东总人口接近浙江两倍而且人口结构更年轻。2020年广东60岁及以上人口占比为12.35%，仅比"六普"提高2.62个百分点，浙江为18.70%，比"六普"上升4.81个百分点。深圳更是号称全国"最青春"城市，60岁及以上人口仅占5.36%，广州为11.41%，浙江杭州、宁波分别为16.87%和18.10%，老龄化更严重；深圳每10万人口中拥有大学文化程度28849人，远高于宁波的17838人，拥有相对的人口素质优势。

三 浙江拥有高质量与均衡发展相对优势

相比较广东，浙江则有自身的发展优势。尤其在统筹协调、区域均衡发展、共享发展等方面，浙江更有潜力和优势，经济社会发展质量水平更高，城乡区域发展协调性更高，居民生活幸福感、获得感更高。"十三五"期间，浙江经济年均增长达6.5%，高于广东的6.0%。

一是经济社会发展质量相对高。在人均方面，浙江领先广东，2020年人均地区生产总值等绝对值均高于广东。尤其是近年来，浙江立足新发展阶段，深入贯彻落实五大新发展理念，打好高质量发展组合拳，实施富民强省十大行动计划，实施数字经济"一号工程"，促进传统制造改造提升,大力培育战略性新兴产业,积极推动"最多跑一次"改革和数字化全面改革,打造审批事项最少、管理效率最高、服务质量最好等营商环境最优省,推动经济社会高质量发展。2020年人均GDP、全员劳动生产率、人均地方财政收入等约为广东的1.1倍,城乡居民收入分别是广东的1.2倍和1.6倍。(见表3)

表3　　　　　　　　　2020年浙粤若干人均主要指标比较

指标	单位	浙江	广东	倍数
人均GDP	万元	10.1	8.8	1.1
全员劳动生产率	万元/人	16.6	15.5	1.1
人均地方财政收入	万元	1.12	1.03	1.1
城镇居民人均可支配收入	元	62699	50257	1.2
农村居民人均可支配收入	元	31930	20143	1.6
每千人拥有执业医师数	人	3.67	2.63	1.4
每百户拥有私家车	辆	58.4	51.6	1.1
人均存款	万元	9.5	7.1	1.3
人均预期寿命	岁	79.2	78.4	1.0
居民恩格尔系数	%	28.5	33.8	0.8

资料来源:《广东统计年鉴》《浙江统计年鉴》。

二是均衡协调发展能力相对强。浙江奋力打造"重要窗口",推动区域均衡协调发展,瞄准高质量发展建设共同富裕示范区,展现社会主义制度优越性。城乡差距方面,浙江城乡居民可支配收入比为1.96∶1,广东为2.50∶1属于全国差距较大的省份之一。区域差距方面,设区市地区人均GDP极差,环杭州湾是浙西南的1.8倍,珠三角核心区是北部生态区的2.8倍;杭州市是丽水市的2.2倍,深圳市是梅州市的5.1倍;县域人均GDP极差,广东深圳南山区是梅州五华县的27倍,杭州滨江区约为温州文成县的10倍。因此,广东区域发展不均衡不充分现象较突出,浙江区域发展协调性较好,广东城乡差距较大,浙江城乡统筹发展程度较高。(见表4)

表4　　　　　　2020年浙粤人均GDP和公共财政支出差异　　　　　单位:万元

广东	人均GDP	人均财政支出	浙江	人均GDP	人均财政支出
珠三角核心区	11.5	1.48	环杭州湾	12.2	1.64

续表

广东	人均GDP	人均财政支出	浙江	人均GDP	人均财政支出
东翼地区	4.3	0.79	温台地区	7.5	1.07
西翼地区	4.9	0.81	浙中地区	6.7	1.00
北部生态区	4.0	1.28	浙西南地区	6.6	2.06

资料来源：《广东统计年鉴》《浙江统计年鉴》。

三是混合所有制经济实力更突出。浙粤都是民营经济大省，显然浙江民营经济优势更为突出一些，更有市场活力。浙江民营经济有典型的"6789"现象，即民营经济创造65%以上的GDP（广东约54%），70%以上的税收，80%以上的就业和外贸出口，90%以上的新增就业和市场主体，每百人拥有市场主体12.4户，高于广东的11.0户。中国民营企业500强有96家浙企，连续22年居全国第一，形成了全国"金名片"。与此同时，浙江也有一定的混合经济优势，国资混合实力更强、布局更全，省属国有企业混改率达77%、资产证券化率达65%，省属国有企业营业收入达11400亿元、企业利润445亿元，分别高于广东的4500亿元和312亿元。

四是新业态新模式新经济更活跃。浙江拥有全球最大的中型企业电商平台、网络零售平台，新零售、移动支付、金融科技、跨境电商、网红经济、在线经济等新业态新模式活跃，跨境电商综试区实现设区市全覆盖，金融科技、区块链、云计算大数据等引领全国新型消费发展。2020年"三新"新经济占GDP达27.0%，高于广东的25.2%，数字经济增加值占GDP达45%左右，也高于广东。根据中国TOP10电商城市排行榜，杭州阿里巴巴、网易电商、云集、蘑菇街等15家企业GMV总量达6万亿元，远高于广州的1540亿元和深圳的483亿元，杭州网零售相当于社零售150%，位居全国城市第一。而且浙商遍布全球，拥有浙江人优势。

五是居民生活幸福感、获得感更强。浙江通过推动城乡基本公共服务均等化、城乡教育医疗共同体和低收入农户同步奔小康建设，实现"县县通高速"和建设"四好农村路"，持续推进五水共治、五气共治等美丽浙江建设，山更青、水更绿、天更蓝、地更净，群众安全感满意率稳定在96%以上。居民恩格尔系数、每千人医师数、人均存款、人均预期寿命等指标均高于广东，居民恩格尔系数低于广东，说明浙江相对富裕，食物支出占比更少。2020年，全省每百户拥有私家车58.4辆，多于广东的51.6辆；每千人拥有执业医师数、人均存款是广东的1.4倍和1.3倍，人均预期寿命79.2岁，高于广东的78.4岁，显然居民对预期寿命更为乐观。

他山之石，可以攻玉。作为全国发展排头兵，浙粤两省可以互相借鉴补短板，发挥相对优势拉长板，瞄准长远锻新板，为全国大局作出更多更大的贡献。于广东而言，进一步增强创新能力提高质量效益，提升均衡协调发展水平，加快推动质量变革、效率变革、动力变革。于浙江而言，进一步提升发展能级，尤其是在科技创新、中心城市、产业基础高级化与产业链现代化等方面，加快推动高质量发展建设共同富裕示范区，为全国提供浙江方案。

加快健全长三角一体化
发展体制机制

中央指出，长三角一体化发展是科技强国、民族复兴的大战略，与京津冀协同发展、粤港澳大湾区建设、"一带一路"建设等一道，形成党的十八大之后我国深化改革开放的空间大布局。"一体化""高质量"是长三角一体化发展的两个关键，体制机制和制度创新则是一体化发展的深度所在。

一 创造性形成一体化发展实践新模式

近年来，沪苏浙皖三省一市坚持创新体制机制和合作方式，搭建规划政策体系"四梁八柱"，牢固树立"一体化"意识"一盘棋"思想，规划引领、龙头带动、各扬所长，推动区域协调协同，创新一体化发展实践模式，共建生态绿色一体化示范区，引领长三角一体化发展新局面加速形成。

（一）示范区引领一体化发展新局面形成

各地紧紧围绕重点领域和重点区域进行突破，以点带面加快长三角一体化发展进程，一体化发展规划政策体系不断健全，长三角一体化在综合交通运输体系、区域能源安全供应和互保共济、区域协同创新产业体系和绿色生态一体化建设等方面成效明显，市场活力不断增强，基本建成现代化综合交通运输体系。譬如，最具代表性的是沪苏浙两省一市交界处的长三角生态绿色一体化发展示范区[1]。由上海青浦区、江苏吴江区、浙江嘉

---

[1] 包括上海市青浦区、江苏苏州市吴江区、浙江嘉兴市嘉善县全域，面积约2400平方千米，其中青浦区金泽镇、朱家角镇，吴江区黎里镇，嘉善县西塘镇、姚庄镇为先行启动区，面积约为660平方千米。

善县"两区一县"组成的一体化发展示范区，是实施长三角一体化发展国家战略的先手棋、试验田和突破口。示范区设立以来聚焦"不破行政隶属、打破行政边界"，创新搭建"理事会+执委会+发展公司"管理开发框架，紧紧围绕一体化制度创新，聚力生态环保、互联互通、科技创新和公共服务等共商共建共治，设立开发者联盟，推进江南水乡客厅等一批标志性重大项目建设，形成了多项具有开创性的制度成果，不少经验做法复制推广到全国其他地区，成为长三角区域一体化的重要展示窗口。

（二）突出重点深入推动高质量一体化发展

紧扣国家"一极三区一高地"战略定位[①]，三省一市聚焦产业、科创、生态、交通、民生等领域一体化，以重点领域突破带动整体推进，以重点区域突破带动面上全域，以重大工程突破强化互联互通，以重大改革突破畅通要素流动，以重大平台突破推动共建共创，拉长补短，全方位融入一体化发展。合力打造长三角科创共同体，建设G60科创走廊，"科创飞地""人才飞地"在长三角快速布局，逐步成为各地对外开放的窗口、项目孵化的摇篮、人才集聚的高地和成果转化的桥梁。培育和集聚龙头企业，共同谋划打造电子信息、集成电路、人工智能、生物医药、高端装备、纺织服装等世界级产业集群。规划共建长三角产业合作区等平台，省际毗邻区域一体化进程加快明显，毗邻区域经济活力持续增长，区域协作水平不断提高。轨道长三角建设跑出加速度，打通一批省际市际"断头路"，全面取消高速公路省界收费站，现代综合交通体系基本建成。区域港航协同发展深入推进，自贸区多项制度创新成果相互复制推广，初步形成优势互补、各具特色、共建共享的长三角协同开放发展格局[②]。

（三）创新形成一批一体化发展实践模式

在数字化改革浪潮的推动下，近年来三省一市通过先行先试，积极创新一体化合作发展机制，探索建立统一规范的制度体系，推动要素自由流

[①] 《长江三角洲区域一体化发展规划纲要（2019—2025年）》，打造全国发展强劲活跃增长极、全国高质量发展样板区、率先基本实现现代化引领区、区域一体化发展示范区、新时代改革开放高地。

[②] 《长三角地区一体化发展三年行动计划（2018—2020年）实施情况的评估报告》，长三角区域合作办公室，2020年12月。

动和市场统一开放，逐步形成一批特色鲜明的一体化发展先行实践模式和做法。一是规则统一类一体化先行实践，在规则、规范、执法、准入等方面，三省一市建立统一规范的制度体系，破除制约一体化发展的行政壁垒，形成"一体共治""标准统一"等实践模式。二是要素畅通类一体化先行实践，相互设立科创、人才、品牌等要素"飞地"平台，打破项目、技术、资金等阻隔，形成"科创飞地""人才飞地"等模式。三是平台共建类一体化先行实践，立足区域资源禀赋，破除体制机制障碍，打破行政边界，实现资源优势互补、互利共赢，形成"毗邻共建""跨域共建"等模式。四是制度突破类一体化先行实践，破解制度障碍，共同组建区域联合体和服务共同体，更好满足长三角人民群众升级需求，形成"创共体""教共体""医共体"等模式。

二　高质量推动一体化发展存在困难障碍

近年来，长三角一体化发展成效显著，战略实施成果显现，三级运作、统分结合等体制机制进一步做深做实，但笔者在各地调研中了解到，一体化发展仍存在不少梗阻，行政区划壁垒、条块分割加之层级不对等，区域发展不平衡不充分问题较为明显，长三角离高质量一体化尚有差距。

（一）对接合作存在体制壁垒

一是肠梗阻现象仍较普遍。三省一市省际大通道越来越畅通，但毛细血管堵塞明显，省际之间"断头路""瓶颈路"许多均涉及农保地（毗邻区域的山林农田一般会被划为永久农保地或禁止开发区）无法修通。据嘉兴反映，沪苏浙交界区域仍有多条这样的断头路。部分设区市与周边主要枢纽交通连接能力弱，县域之间"瓶颈路"现象普遍，亟待通过一体化实施打通。二是不对等形成诸多难题。区域对接合作往往讲究行政级别，协调工作实际由县市甚至具体的乡镇一级推动，级别与上海区县行政级别不对等，带来不少难题。由于长三角沿河沿江港口较多，相互间缺乏信息互联共享机制及数据标准规范，舟山自贸区长三角跨港区供油仍停留在沪浙两港。三是区域政策差异形成壁垒。在基本公共服务信息互联互通和资源开放共享方面，部分事项由于区域政策差异使得程序烦琐且难申请，在长三角开办迁移高新企业资质尚不能互认需要重新认证等。港口一体化由于海关、国家垂直管理的体制壁垒,船舶贸易需经多个关区、海事部门,港口联动监管不统一、港航证不统一、货源不统一等。

(二) 工作推进存在机制障碍

一是组织层级多推进难。长三角一体化推进机制涉及国家、省际和省内层面,并设若干个专题组及办公室设在发改系统的各级长三办。由于层级多、制度交易成本偏高,对事关高质量一体化发展的重大项目,需要与国家推动长三角一体化发展领导小组、省际之间三级运作甚至省市县乡镇街道层层协调,各地各部门形成共识后,方能推动重大项目落地。二是建设主体多协调难。以沪浙洋山港合作开发为例:洋山合作开发多年已取得一些合作成果,但洋山港共同开发涉及沪浙两地、省市县各级政府各级部门、相关企业和社会组织等多个利益主体,不同主体关注和期望值不完全一致,甚至有的地方会有较大差异,规划工程推进速度不尽如人意。三是板块平台多统一难。省际市际间的协同板块发展基础、合作需求各不相同,毗邻区域存在较大差异,较难协调形成一个可复制推广的统一开发模式。一体化涉及更多自身利益的一方或多方比较积极,利益更少方积极性不高,往往一头热一头冷,有效激励约束不足,多数时候存在利益博弈。

(三) 顶层设计仍然有待加强

一是对标发达国家和地区顶层设计有待加强。对标欧盟一体化典范,长三角在激活一体化所蕴含的经济活力,做大做强共同市场方面存在差距;在整合和对接不同政策体系,建立多元共治框架平台方面仍不足;在推动区域环保和优化资源要素配置方面不够;在促进公共服务均等化和缩小经济社会差距,以及缩小财政收支基尼系数、促进共同富裕方面还有长路要走。二是对标国内先进区域合作模式有待创新。三省一市在科创、产业、交通、教育等方面已经广泛开展合作,但真正突破的实招硬招不多见;在技术、资本、人才等方面有对接合作,但按照一体化配置资源要素的市场化体制机制尚不完善;在创新共同体、产业共同体、开放共同体、社会事业共同体、港口一体化、市场一体化等领域均已签有协议,但实效不够明显。三是一体化发展制度设计有待突破。一体化发展横向机制有突破但纵向体制束缚仍然比较严重,工作机制有突破但领导体制仍不顺畅,重点领域有突破但关键环节受阻碍。一体化发展主要矛盾在体制机制方面，而体制机制的主要矛盾在体制，即辩证法提到主要矛盾的主要方面。长期路径依赖和地方利益最大化格局一时难被打破，要素市场不协调、制度标准规范不统一，不利于建设统一开放、竞争有序的市场体系，不利于缩小区域差距。

三　深化高质量一体化发展体制机制若干建议

一体化深化发展的关键在体制机制创新。围绕长三角一体化发展新使命新要求，紧扣"一体化""高质量"两个关键，突出规则统一、要素畅通、平台共建、互利共享等重点领域和关键环节，探索以数字化改革撬动破除体制机制障碍，打破行政区域壁垒，自上而下、自下而上、横向协同、九九归一，加快推动长三角区域率先形成新发展格局，勇当我国科技和产业创新的开路先锋，加快打造改革开放新高地。

（一）自下而上发挥优势破解一体化机制障碍

一是充分发挥长三角居民群众首创精神。坚持加强党的领导和尊重群众首创精神相结合，发挥各级党委政府、社会各界积极性，着力推进群众最关心最直接最现实的利益问题等重点领域改革，不断提升长三角居民福祉。坚持试点先行与全面推进相结合，鼓励先行先试，复制推广一体化发展先行实践成功经验和模式，推动更高质量一体化发展。

二是充分发挥集中力量办大事制度优势。发挥长三角人才富集、科技水平高、制造业发达、产业链供应链相对完备和市场潜力大等优势，建立集中力量办大事合作机制，下好创新先手棋，推动产业转移承接，培育新动能，把扩大内需战略同深化供给侧结构性改革有机结合，探索国内大循环为主体、国内国际双循环相互促进新发展格局路径。

三是充分发挥各地特色优势比较优势。发挥上海的资本市场优势和国有经济优势，发挥江苏的外资经济和先进制造业优势，发挥安徽的资源优势和后发优势等，促进区域协调发展。就浙江而言，进一步发挥民营经济和数字经济优势，唱响杭甬"双城记"，建设完善杭绍甬一体化基础设施和物流通道，推动在长三角产业链创新链协同上继续发力；深化甬舟一体化合作，加强浙沪自贸联动创新，推动长三角江海河港航协同发展；支持嘉湖打造重大合作平台，推动示范区、洋山港、虹桥国际开放枢纽南带以及一体化合作先行区等板块建设；支持金衢丽"科创飞地""人才飞地"和协同创新等突破，推动山区26县深入融入一体化发展；推进义甬舟开放大通道建设，打开融入长三角东西双向开放大通道；支持温台深化与上海苏州等地合作，深化民营经济跨区域协同发展，参与推动空铁公水等基础设施建设。

（二）横向协同破除一体化推进机制壁垒

一是健全美美与共的发展机制。进一步破除区域分割和地方保护，推动建设统一开放、竞争有序的长三角大市场体系，率先形成新发展格局。因地制宜、分类指导，复制推广浙江"山海协作"工程经验，建立长三角中心区与苏北、皖北、浙西南等地区合作机制，增强长三角欠发达区域高质量发展动能，推动解决区域发展不平衡不充分的问题。重点突破区域一体开发限制，毗邻共建、跨域共建，深化江苏宁淮特别合作区、浙江滨富特别合作区等托管共建，加快探索建立可复制可推广的成本分担和利益共享机制。

二是完善部门层面统筹协调机制。健全长三角区域合作机制，聚焦重点领域，省级部门协同为主，统筹推动长三角健康卫生、科创、教育、信用、应急、食品安全等协调突破，推动各类电子证照跨区域互认与核验共享。破除政府采购等隐性壁垒，逐步推动实现长三角政府采购一体化。以共建"美丽长三角"为突破口，推广丽水生态产品价值实现机制试点经验、新安江流域生态补偿机制经验等，探索长三角全域建立推广生态产品价值实现机制，探索构建全域排污许可制，推进环境协同治理，加强生态环境共同保护。

三是创新省际毗邻区域协同机制。以制度创新推进省际毗邻区域协同发展，实施统一规划统一开发建设统一招商引资等政策，深入推进一批省际边界毗邻区域协同板块，以及都市圈都市跨市域协同板块建设。创新合作模式，加快长三角产业合作区、沪浙合作发展区、苏皖合作区等建设，打造一批具有示范意义的重大平台。深化长三角生态绿色一体化发展示范区制度创新，突破要素自由流动、规则统一、统筹管理等障碍，形成清单加快复制推广一体化制度经验。

（三）自上而下创新一体化发展体制机制

一是加强一体化发展立法协同和实施协同。加强国家部委的顶层设计和上位法上位规划的政策指导，深入推进一体化重点领域立法协同，创新重点区域一体化发展立法工作，以立法落实各方责任、保障各方利益。深入推进各类规划联合制定和协同实施，开展各类专项规划及省级实施方案的对接。完善工作机制，推进安全治理、社会信用、生态环境保护、基础设施建设、知识产权保护等重点领域立法协同。适时制定毗邻共建、跨域共建、跨省合作园区等建设指导意见，加强对跨省合作发展的宏观指导和统筹协调。

二是探索创新经济社会决策一体化制度。加强顶层设计，探索设立长三角经济决策协调机构，统一经济政策协同，统一信用体系建设，统一市场准入规则，完善跨区域利益协调机制。探索华东大区统一治理机构的可能性，更好地推进长三角经济治理、生态治理、社会治理等一体化。探索设立实体性质长三角联合创新基地，推动区域协同创新。探索设立长三角港务集团、交通集团、城投集团、空港集团、水务集团等的可能性，研究设立长三角一体化发展投资基金，支持推动一体化重点板块、重大工程、重大项目建设。

三是创新区域要素自由流动体制机制。率先在长三角全域建立"人地钱挂钩、以人定地、钱随人走"制度，各地新增建设用地指标、财政转移支付、基建投资安排等与农业转移人口规模挂钩，健全农业转移人口市民化长效机制，协同开展长三角建设用地、补充耕地等跨区域交易，推动长三角全要素流转。率先建设长三角产权共同交易市场，推进碳排放权、水权、用能权、知识产权、数据资产等公开交易，推动要素市场一体化。优先考虑推动长三角区域"双碳"试点，推动有条件的地区和行业率先实现"碳达峰"。支持率先建立长三角区域数据交易所，促进数据安全开放共享应用。

（四）九九归一深化推动高质量一体化发展

三省一市早在唐代江南道区划设置本是一家，改革开放初期国务院曾设立包括沪苏浙 10 市在内的上海经济区，之后经济区又扩大到沪苏浙皖赣四省一市，重在打破经济体制的僵化。坚持问题导向、目标导向、需求导向，瞄准长三角"规划一张图、交通一张网、创新一盘棋、能源一根管、环保一条线、办事一网通、治理一个章、交易一平台、民生一卡通"，数字化改革推动"多规合一""多港合一""多证合一""多审合一""多报合一""多测合一""多验合一""多评合一"等多合一，九九归一，健全长三角统筹协调的规划实施体系、标准统一的制度体系、协同高效的政策体系，共建开放透明、要素自由流动的市场体系，推动实现高质量一体化。

做深做实长三角区域"带、圈、廊"规划。联动实施长三角一体化畅通、一体化协调、一体化创新、一体化开放、一体化智治、一体化绿色等行动，完善城市网络空间布局，推动带、圈、廊同城化发展，打造长三角世界级城市群。推广杭州都市圈经验，先发带后发、先富带后富，支持都市圈扩容与兼并重组优化，共建都市1小时通勤圈、科研圈、教育圈、医疗圈等。创新推动长三角城市群率先实现户籍准入年限同城化累积互认、医学影像和医学检验结果长三角医院互认共享等，增强长三角居民获得感、幸福感、安全感。

长三角高质量一体化
发展新局面形成

近年来，长三角区域沪苏浙皖三省一市坚持创新体制机制和合作方式，广泛凝聚合力，长三角区域一体化发展"四梁八柱"全面建立，区域协同创新和产业协调发展体系加快形成，区域高质量一体化发展全面提速。

一 高质量一体化发展全面提速

（一）国家战略实施成果成效显现

2018年长三角一体化发展正式上升为国家战略，2019年5月中央政治局会议重点审议长三角区域一体化发展规划纲要，指出长三角一体化发展具有极大的区域带动和示范作用，要紧扣"高质量""一体化"两个关键词，带动整个长江经济带和华东地区发展，形成高质量发展的区域集群，打造全国发展强劲活跃增长极、高质量发展样板区、率先实现现代化引领区、区域一体化发展示范区、新时代改革开放新高地。2020年8月20日，习近平总书记在长三角一体化发展座谈会上指出，三省一市创新方式方法，围绕重点领域和重点区域进行突破，一体化发展取得成效，尤其在此次新冠疫情防控和恢复经济过程中，一体化机制和基础设施互联互通发挥了重要作用，并要求长三角一体化发展在率先形成新发展格局上取得明显成效，在勇当科技和产业创新开路先锋上取得突出成效，在打造改革开放新高地上取得新突破。近年来，三省一市民生共享和基础设施互联互通等步伐显著加快。根据长三角一体化发展统计监测办公室发布的数据，2015—2022年长三角区域发展总指数年均提高4.2个百分点，达到129.5%。其中，区域协调共进指数逐年提高达到128.6%，主要由于三省一市基础设施差异、城乡居民收入差异显著缩小。（见图1）

长三角区域协调共进指数

年	2015	2016	2017	2018	2019	2020	2021	2022
协调共进	100.0	101.1	101.6	104.8	112.2	118.3	125.4	128.6

图 1　一体化协调共进发展提速

资料来源：长三角一体化发展统计监测办公室。

（二）省际一体化互联互通明显加强

坚持问题导向、目标导向，率先探索区域一体化制度创新，探索高质量发展体制机制，树立"一体化"意识和"一盘棋"思想，全面推进一体化发展。2019年度长三角地区主要领导座谈会在安徽芜湖举办；2020年度主要领导座谈会在浙江湖州拉开帷幕；2021年度座谈会在江苏无锡举行，以"共同体"意识深入推进一体化发展。长三角地区政务服务"一网通办"开通运行，继首批政务服务事项覆盖长三角14个城市之后，目前已实现83个服务事项在41个城市跨省市通办。全面取消高速公路省界收费站，省际交通设施互联互通水平提高，第一批17条省际断头路中，4条建成通车，10条已开工建设，其余获批复。上海、杭州、宁波、温州、合肥、南京、苏州等城市轨道交通实现二维码手机扫码"一码通行"，长三角成为国内首个实现地铁刷码互联互通城市群。三省一市40余个城市实现医保"一卡通"，联网定点医疗机构实现全覆盖。浙沪联络线一期工程、浙苏天然气管道连通等重大能源基础项目建成运营，长三角区域能源互保共济能力明显提升。

（三）长三角一体化联动发展显著增强

三省一市各级各部门各类主体加快建立一体化工作推进机制，积极建立产业、区域、创新等联盟，签订战略框架协议，联合举办长三角各类论坛等。在上海签署长三角市场一体化建设合作备忘录，探索建设统一开放、竞争有序的市场体系，信用长三角建设取得积极进展，在环境、旅游等重点领域制定出台统一的严重失信行为认定标准和奖惩清单，共同打造国际一流营商环境。阿里巴巴"城市大脑"在长三角各大城市率先推广，上海集成电路企业中芯国际、格科微等在绍兴、无锡、嘉善等地统筹布局生产力，特斯拉国产Model3零部件长三角采购率达100%。笔者根据新闻梳理不完全统计，近年来三省一市新成立各类联盟至少百余个，数量远超以往，涉及产业共构、民生共享、社会共建等领域。

譬如，在产业共构方面，已成立长三角企业家联盟、长三角品牌建设联盟、长三角工业互联网产业联盟、长三角大数据产业联盟、长三角G60科创走廊产业联盟、长三角机器人产业联盟、长三角时尚产业联盟、长三角新零售产业联盟、长三角健康产业联盟、长三角体育产业联盟、长三角创意产业联盟、长三角新材料产业技术创新联盟、长三角新能源及网联汽车产业联盟、长三角人工智能产业联盟、长三角智能驾驶产业联盟、长三角文化产业投资联盟、长三角集成电路产业链联盟、长三角数字健康产业链联盟、长三角生物医药产业链联盟、长三角人工智能产业链联盟、长三角新能源汽车产业链联盟、长三角地理信息发展联盟、长三角数字出版创新发展联盟战略、长三角化工园区发展联盟等。

再譬如，在社会共建方面，成立长三角文旅消费一体化联盟、长三角城市会展联盟、长三角公共创业服务联盟、长三角医院协同发展战略联盟，成立长三角征信机构联盟、长三角改革发展联盟、长三角科技志愿服务联盟、长三角浙商联盟、长三角建筑学会联盟、长三角教育部重点基地联盟、长三角地区党校（行政学院）智库联盟、长三角产业创新智库联盟、长三角高校智库联盟、长三角高校合作联盟、长三角外资协会联盟、长三角高校技术转移联盟、长三角研究型大学联盟、长三角应用型本科高校联盟、长三角一体化四地教育联盟、长三角高校文创联盟等。

二 一体化"四梁八柱"初步构建

近年来，三省一市着力围绕重点领域和重点区域进行突破，以点带面加快长三角一体化进程，在综合交通运输体系、区域能源安全供应和互保共济、区域协同创新产业体系和一体化绿色生态示范建设等方面成效明显，一体化发展规划政策体系"四梁八柱"构建形成。

一是构建完善规划体系。三省一市牢牢抓住规划"牛鼻子"，充分发挥规划引领作用。由国家发展改革委牵头建立规划协同机制，共同编制长三角区域一体化发展规划、城市群发展规划、国土空间规划、长三角G60科创走廊建设方案、交通运输更高质量一体化发展规划等"1+N"规划政策体系。各地按照国家规划要求，纷纷制订推进长三角区域一体化发展行动方案或行动计划。上海制订了以"七个重点领域""三个重点区域"为主的行动方案，大力推动一体化发展示范区、虹桥商务区、自贸区临港新片区等建设；江苏编制形成以"六个一体化"为重点的行动方案，共建重点领域世界级产业链；安徽制订"一圈五区""六张网"行动计划，加快构建长三角科技创新共同体；浙江编制"九高九共同"为重点的行动方案，推动四大建设，唱好杭州、宁波"双城记"。江西上饶等地也喊出"对接长三角、开放再提升"口号，与浙江共建衢饶示范区推进省际区域一体化。三省一市在编制"十四五"规划纲要时，注重衔接并建立了"十四五"规划编制协同征求意见机制。

二是建立完善运作机制。多年来，长三角区域合作体制机制不断创新和优化完善，在国家领导小组统一领导下，三省一市分别成立推动长三角一体化发展工作小组，办公室设在发展改革委。国家层面建立常务副总理牵头的长三角区域一体化发展领导小组，领导小组办公室设在国家发展改革委。三省一市之间建立了长三角一体化"三级运作、统分结合"的区域合作机制，即长三角三省一市主要领导座谈会为决策层，负责审议、决定和决策关系长三角区域发展的重大事项；常务副省（市）长牵头的长三角区域合作与发展联席会议为协调层，负责协调推进主要领导座谈会部署的区域合作重点难点事项；联席会议办公室、长三角合作办和各种专题合作组为执行层，包括交通、产业、创新、民生等重点专题组，负责各省市、各专题领域战略决策研究谋划，制订年度工作计划并推进落实、统筹协调和督促检查。

三是建立完善省域运行体系。以浙江为例，全省建立了"1+11+N"规划计划机制，结合大湾区、大花园、大通道、大都市区建设等重大战略部署，编制行动方案以及若干重大领域专项行动计划和11个设区市行动计划。根据方案，建立"1+5+5"重点区域协同发展机制，即1个长三角生态绿色一体化发展示范区片区（嘉善片区）、5个省际毗邻区域协同重点板块、5个都市区跨市域协同重点板块；建立由部门和设区市组成的"1+N"专题组工作机制，建立"一平台二机制三资金"机制，保障长三角一体化发展重点工作落实；建立都市区都市圈为载体的一体化发展机制等。譬如，杭州牵头编制包括黄山、衢州等城市在内的杭州都市圈新一轮发展规划，杭嘉湖绍联合编制杭州都市区行动计划，以数字化改革为驱动，携手推进数字新基建、科创产业、交通网络等建设，联合都市圈城市发布新基建、新消费、新制造、新电商、新健康、新治理发展"六新""十大示范场景"。

三 一体化示范区建设取得突破

长三角生态绿色一体化发展示范区，是实施长三角一体化发展国家战略的先手棋、试验田和突破口，设立以来江浙沪的青嘉吴三地聚焦"不破行政隶属、打破行政边界"，已经取得若干重大进展，成为高质量一体化的展示窗口。

一是制定完善规划体系。先后制定实施《长三角生态绿色一体化发展示范区总体方案》《长三角生态绿色一体化发展示范区国土空间总体规划》《长三角生态绿色一体化发展示范区综合交通专项规划》等"1+1+6"规划体系，以及青嘉吴分片区各子规划和实施方案，着力打造全国生态优势转化新标杆、国际一流的绿色创新发展新高地、长三角一体化制度创新试验田、世界级滨水人居文明典范。

二是建立完善推进机制。创新搭建"理事会+执委会+发展平台公司"管理框架，理事会由两省一市政府常务副省（市）长轮值，执委会作为理事会执行机构，主要负责示范区发展规划、制度创新、重大项目建设和政策研究制定[1]。譬如积极打通三地一批省际断头路，规划建设高铁、地铁和城际铁路"2221"轨铁网，基本实现"半小时交通圈"；切实推进大气共治和水污染治理，实现生态联保共治；着力共襄共建共享，打造具有东方意蕴的"江南庭院、水乡客厅"。

三是形成可复制推广经验。率先探索将生态优势转化为经济社会发展

---

[1] 国家发改委关于印发长三角生态绿色一体化发展示范区总体方案的通知，发改地区〔2019〕1686号。

优势，从项目协同到一体化制度创新，从统一规划到统一运作，统一规划管理、联合生态保护、创新财税分享机制等，形成一批可复制推广的制度创新经验①。譬如在生态保护方面，实施生态环境标准、环境监测监控体系、环境监管执法"三统一"制度、联合河湖长制；在项目管理方面，统一企业投资项目核准目录、统一产业发展指导目录、统一产业准入标准。在要素自由流动方面，建立外国人工作许可证（A类）跨区域互认制度、海外人才居住证制度一体化机制、专业技术人才资格和继续教育学时互认制度，统一企业登记标准，实行企业经营许可、资质互认制度；在公共服务方面，建立旅游公共服务一体化机制、跨省公交联运机制、医疗保障同城化机制、卫生监督三地联动执法机制，统一公共信用数据归集和报告标准。

---

① 推动长三角一体化发展领导小组办公室：《关于复制推广长三角生态绿色一体化发展示范区第一批制度创新经验的通知》，2020年11月11日。

第三编

迈向共同富裕社会

生产力决定着生产关系,生产关系反作用于生产力。共同富裕,富裕(生产力)是前提,共同(生产关系)是基础。

第三编

迈向共同富裕社会

"三"论推动共同富裕

共同富裕（Common Prosperity），是中国特色社会主义的本质要求，是中国式现代化的重要特征。自中央支持浙江率先开展高质量发展建设共同富裕示范区以来，浙江着力谋划以数字化改革全面支撑共同富裕示范区建设，高质量发展推动共同富裕的体制机制和政策框架基本建立，共同富裕示范区建设"四梁八柱"基本建构，一批重大改革项目深入实施，一批标志性成果获得认可，常住人口人均 GDP 逐步接近 2 万美元。从实践看，走高质量发展实现共同富裕道路，需踏踏实实念好"三"字经。正所谓道生一，一生二，二生三，三生万物，"三"是共同富裕之道的一个关键字。

一 避免三重陷阱

即避免"低水平均衡陷阱""中等收入陷阱""高福利陷阱"。推动共同富裕，需要避免落入这三重陷阱，关键是牢牢坚持发展是第一要务，坚持将高质量发展作为首要任务，同时坚决防止过度福利倾向。

一是"低水平均衡陷阱"（Low-level equilibrium trap）。美国经济学家 R. Nelson 提出，人口增长与人均资本持久均衡导致人均收入增长缓慢的低水平均衡陷阱，已成为发展中国家和地区难以逾越的一道屏障。譬如非洲和中亚一些国家和地区，由于缺乏资本积累激励和技术进步机制，或地区动荡不安，教育科技水平落后，或初始发展阶段即追求平均分配与平均富裕的平均主义，使得人均收入和经济难以增长。生产力决定生产关系，富裕（生产力）是前提，共同（生产关系）是基础。没有富裕则共同无从谈起，有了共同才能夯实富裕基础。因此需要始终牢牢坚持发展是第一要务，大力发展工业制造业，强化科技教育，加强基础设施建设，加强资本积累；要从根本上防止整齐划一的平均主义和均贫富思想，大力倡导勤劳创新致富，持续鼓励创业创新，避免"躺平""内卷"①，保护各类产权，鼓励部分人先富起来。

二是"中等收入陷阱"（Middle-income trap）。世行《东亚经济发展报告（2006）》研究发现，当今世界鲜有中等收入经济体成功跻身高收入经济体，大多数国家或地区由于各种原因陷入长期的经济增长停滞陷阱。譬如拉美的墨西哥、巴西和阿根廷，由于法治崩溃、腐败和利益垄断尤其是两极分化，贫富差距过大，社会撕裂、政治极化、中产塌陷、发展进程中断，近半个多世纪以来一直停留在中等收入阶段而无法进入高收入经济体行列。因此进入中高收入阶段之后，仍要牢牢坚持高质量发展这个首要任务，坚持科技是第一生产力、人才是第一资源、创新是第一动力，力争人均 GDP 达到 2 万美元以上。着力提升人力资本，提升资源配置效率，推动产业持续升级，努力实现质量变革、效率变革、动力变革，推动高质量发展。鼓励先富带后富，缩小贫富差距，防止两极分化，避免"富者累巨万而贫者食糟糠"②。

三是"高福利陷阱"（High welfare trap）。高福利陷阱是指某个国家或地区提供的一系列社会福利保障，包括养老、医疗、教育、住房等，持续超过政府财力而陷入寅吃卯粮无法自拔的恶性循环，并导致债务危机频发。譬如，欧洲一些国家长期违背财政"量入为出"基本法则，意大利、希腊、西班牙等高福利依靠高负债支撑，北欧高福利依靠高财政赤字支撑，全球动荡不安导致新一轮"欧债危机"可能重新上演。当前我国不少地方社保基金可持续运行面临较大压力，且随着未富先老、职退比下降和医疗费用攀升面临更大挑战。因此，一定不能做过头事，量力而行，把保障和改善民生建立在经济发展和财力可持续的基础上，健全兜底普惠、安全可持续的大社保体系，不能好高骛远、吊高胃口，不提过高目标、过头保障，坚决防止落入"福利主义"养懒汉陷阱③。

---

① 习近平：《扎实推动共同富裕》，《求是》2021 年第 10 期。
② 习近平：《在党的十八届五中全会第二次全体会议上的讲话（节选）》，《求是》2016 年第 1 期。
③ 习近平：《扎实推动共同富裕》，《求是》2021 年第 10 期。

二　缩小三大差距

即缩小地区差距、城乡差距、收入差距。这是推动共同富裕的主攻方向，重点需要把握好节奏次序、不同阶段不同发展水平应有侧重，循序渐进，久久为功，不可能一蹴而就，是一个长期的过程。

一是缩小地区差距。对于全国而言，北京人均 GDP 接近甘肃人均 GDP 的 5 倍，缩小东西部区域发展差距是重点；对于省域而言，缩小市域之间差距、提高欠发达地区发展水平是重点，譬如广东的韶关、河源、梅州等北部生态区，江苏徐州、宿迁、盐城等苏北地区，浙江的浙西南山区 26 县是重中之重；对于市域而言，缩小县域之间发展差距是重点，促进区域协调发展，逐步实现共同富裕。因此，要深入实施区域重大战略、区域协调发展战略、区域协作和对口支援等，促进区域一体化发展，探索先富帮后富、带后富的合作帮扶机制，提高发展的平衡性、协调性、包容性。加强向重点生态功能区转移支付和项目援助，强化陆海统筹、山海协作，增强内生发展动力。坚持一切从实际出发，避免好大喜功、避免一哄而上，上接天线、下接地气，发展具有地方特色优势、比较优势的富民产业，做大做强生态经济、税源经济、文化创意经济，鼓励发展山区茶叶、手工业、新个体经济。

二是缩小城乡差距。与同等发展水平的国家或地区相比，我国城乡收入差距明显偏大。国际劳工组织数据显示，多数国家或地区城乡居民人均收入倍差小于 1.6。促进共同富裕，最艰巨最繁重的任务在农村[①]，全国农村居民人均可支配收入仅为城镇居民的 39.9%。按照"七普"数据，全国仍有 36% 的人口居住在农村，浙江约有 28% 的人口常住农村。要完善城乡统筹发展机制，深入推进城乡基本公共服务一体化、基础设施一体化，缩小城乡公共服务供给差距。全面推进乡村振兴，推动产业兴旺、生态宜居、乡风文明、治理有效、生活富裕。激活闲置宅基地和闲置农房资源，盘活农村沉睡资产，发展集体经济，增加农民经营性收入和财产性收入。积极推进农业转移人口市民化改革，推行人地钱挂钩、以人定地、钱随人走制度。发挥县城和小城市促进城乡融合发展的关键支撑作用，加快

[①] 习近平：《扎实推动共同富裕》，《求是》2021 年第 10 期。

推进县城为重要载体的城镇化建设。

三是缩小收入差距。收入差距是三大差距中最难解决但又是最需要解决的问题，包括行业间收入差距、居民收入差距等。统计显示，我国收入基尼系数自 2003 年公布以来一直大于 0.4（警戒线），2020 年为 0.468，并且明显高于国外中等收入以上国家和地区同期水平。收入差距过大已经成为一个社会普遍问题，制约了消费升级和内需扩大，不利于推动共同富裕。我国各行业工资收入差距扩大、不同所有制经济收入差距扩大，2021年全国城镇私营单位平均工资水平仅为非私营单位的 59%，且有拉大趋势；全国居民人均可支配收入五等份分组，最高组是最低组的 10.2 倍。要坚持多劳多得，鼓励勤劳致富，促进机会公平，提高低收入者收入，扩大中等收入群体。坚持"两个毫不动摇"，消除所有制歧视，破除隐性门槛，大力发展民营经济，让民营企业平等获得信贷、土地、技术、数据等各类要素。进一步优化营商环境，降低市场主体制度性交易成本，减轻经营负担。

三　优化三次分配

即初次分配、再分配、第三次分配。收入分配是推动共同富裕的重点，要处理好效率与公平的关系，构建协调配套的初次分配、再分配和第三次分配机制，打造有效市场、有为政府、有善社会。

一是优化初次分配格局。初次分配是收入分配制度的基础，其制度安排对整体分配结果具有决定性意义。初次分配根据劳动力、资本、土地、管理、数据等生产要素在生产中的贡献进行分配，市场调节起主导作用，更多体现效率但也要兼顾公平。强化就业优先，创造公平就业环境，提升劳动者技能素质，构建高质量就业创业体系，鼓励创业带动就业，推动实现更加充分更高质量就业。增强知识价值导向，充分发挥市场在生产要素配置及要素报酬分配中的决定性作用，完善知识、技术、数据等创新要素参与分配机制，增加城乡居民财产性收入。坚持多劳多得，保护劳动所得，建立完善最低工资、工资合理增长机制，努力实现劳动者收入增长和经济发展同步、劳动报酬增长和劳动生产率提高同步，提高劳动报酬在初次分配中的比重，力争劳动报酬占 GDP 保持在 50% 以上。鼓励劳动者通过诚实劳动、创新创业实现增收致富，促进机会公平，给更多人创造财富的机会①。

二是健全再分配调节机制。与初次分配不同，再分配领域强调政府调节，凭借"有形之手"参与一定范围和规模的社会财富分配，并且使得当任何社会成员基本生活发生困难时，都可以均等获得"兜底性"生存机会和发展权利，再分配注重公平但也要兼顾效率。要通过加大税收、社会保障、转移支付等调节力度，实现初次要素收入分配再调节，避免财富"马太效应"，力争居民部门可支配收入占全部经济比重保持在60%以上。深化税收制度改革，加大税收调节力度，提高直接税比重。以对个体工商户和小微企业让利为重点，减税降费，增强其稳定经营增收能力。积极推动社会保障面提质扩容，完善相关试点和制度设计，充分发挥社保再调节功能，特别是加强兜底保障型民生支出，完善充实社保金国有资本管理制度。加快推进共富型财税体制改革和制度创新，深化财政转移支付制度改革，完善省以下转移支付制度，加大省对市县转移支付等调节力度和精准性②；充分发挥政府间转移支付的功能，调节地区间财税收入差距。

三是充分发挥三次分配作用。第三次分配是企业、社会组织、家庭和个人等基于自愿原则和道德准则，主要通过募集、捐赠、资助等慈善公益方式对资源和财富进行分配。社会组织和社会力量是三次分配的中坚力量，社会调节占据主导地位。与初次分配、再分配相比，第三次分配在合理调节社会财富方面发挥着关键作用，通过反哺有效实现社会良性有序发展，有助于促进共同富裕更快取得实质性进展。我国各类捐赠约相当于GDP的0.1%，远低于美国的2%以上，人均慈善捐赠水平差距则更大（接近百倍），慈善事业严重缺乏信心，第三次分配制度顶层设计缺失明显。应加强慈善事业高质量发展顶层设计，加快构建新型慈善体系，建立高财富群体回报社会激励机制。探索新型捐赠方式，鼓励设立慈善信托，壮大第三次分配的主体力量。积极谋划立法保障，逐步推动遗产税、房地产税等直接税税种立法，不仅可应对土地财政重大拐点补充地方税源收入，也可以补齐制度短板完善三次分配激励机制。加大慈善宣传表彰力度，推进慈善理念培育和慈善文化传播。

---

① 习近平：《扎实推动共同富裕》，《求是》2021年第10期。

② 财政部：关于印发《支持浙江省探索创新打造财政推动共同富裕省域范例的实施方案》的通知，财预〔2021〕168号。

四 调节三类群体

即低收入群体、中等收入群体、高收入群体。判断一个共同富裕社会的重要标志,即是否构建形成以中等收入群体为主体的橄榄型社会结构,关键是精准识别重点群体,"提低、扩中、调高"并行优化。

一是提高低收入群体收入。低收入群体主要包括城镇困难群体、低收入农户、农村脱贫人口、进城务工人员等群体。困难群体包括最低生活保障对象、低保边缘户、特困供养人员,低收入农户以老年、残疾、生病等劳动能力受限人口为主,农村脱贫人口近1亿人,恩格尔系数大于50%。进城务工人员规模最为庞大,我国目前有近3亿人进城农民工,月均收入约4000元,大多家庭年可支配收入低于10万元,是提低扩中的主要对象。要畅通向上流动通道,加强教育脱贫,防止阶层固化和贫困代际传递。深化户籍制度改革,加强子女教育、保障性住房等公共产品提供,推动进城农民工安居乐业更多进入中等收入群体。多渠道增加低收入群体收入,发展产业增强相对落后地区内生发展能力,鼓励有劳动能力的低收入群体积极参与就业。围绕"人人享有更高质量的全生命周期社会保障",促进基本公共服务均等化,建设全民共享、城乡统筹、保障适度的共富型大社保体系,努力实现幼有所育、老有所养、病有所医、困有所助、住有所居。

二是扩大中等收入群体规模。中等收入群体主要包括机关事业单位人员、技术工人、科研人员、高校毕业生、小微企业主和个体工商户等群体或潜在群体。据统计,我国目前有超4亿人中等收入群体,三口之家家庭年可支配收入在10万—50万元,未来有望翻番从而构建形成橄榄型社会。谋划实施居民收入倍增和中等收入群体倍增行动计划,加大人力资本投入,激发2亿左右的灵活就业人员、2亿多的技能人才、2亿多的产业工人、2亿多的私营企业就业人员等重点群体增收潜力,推动更多普通劳动者通过努力进入中等收入群体。鼓励创业带动就业,完善高校毕业生、退役军人等群体就业支持体系,加强快递外卖小哥、网约车司机、网络主播等新就业形态从业人员劳动权益保障。适当提高公务员特别是基层一线公务员及国有企事业单位基层职工工资待遇。多措并举减轻中等收入家庭在教育、医疗、养老育幼等方面支出,防止其重新滑落低收入群体。

三是合理调节过高收入（财富）。高收入群体主要包括家庭年可支配收入超过50万元或60万元的群体，以及部分高金融资产、高房产净值家庭。一项社会调查显示，我国前10%家庭的财富占全部财富50%以上，而后50%家庭的财富占比不到10%。2020年我国成人人均财富基尼系数超过0.7，显示财富差距悬殊，加剧社会矛盾。要建立完善合理调节过高收入的政策法规，清理规范不合理收入，取缔非法收入，建立规范财富积累机制。遏制以垄断和不正当竞争行为获取收入，清理借改革之名增加高管收入的乱象。坚决遏制权钱交易，打击内幕交易、操纵股市、财务造假、偷税漏税等，遏制打击偷漏税行为[①]。正如党的二十大报告所指出的，要深化整治权力集中、资金密集、资源富集领域的腐败，坚决惩治群众身边的"蝇贪"，严肃查处利用影响力谋私贪腐问题，坚持受贿行贿一起查，惩治新型腐败和隐性腐败。

五　增强三种文明

即精神文明、生态文明、社会文明。除了物质文明基础，一个共同富裕和现代化社会，更多体现为精神文明、生态文明、社会文明。精神文明是灵魂，生态文明是前提，社会文明是目的，共同推动富裕。

一是丰富精神文明。共同富裕不仅"口袋富"，也要"脑袋富"，实现物质文明和精神文明共同富裕。坚持以社会主义核心价值观为引领，大力弘扬劳模精神、劳动精神、奋斗精神、奉献精神、创造精神、勤俭节约精神，厚植勤劳致富、共同富裕的文化氛围。着力推进文化自信自强，增强实现中华民族伟大复兴和共同富裕的精神力量。传承弘扬中华传统美德，加强家庭家教家风建设，提升道德水准和文明素养。加强高品质现代文化供给，深入创新实施文化惠民工程，丰富基层文化设施，建设城乡一体的公共文化服务体系，打造"15分钟品质文化生活圈""15分钟文明实践服务圈"。坚持以文塑旅、以旅彰文，推进文化和旅游深度融合发展。实施重大文化产业项目带动，健全现代文化产业体系和市场体系，加快文化事业和文化产业高质量发展。增强中华文明传播力影响力，提炼展示中华优秀传统文化，加快构建中国话语和中国叙事体系，讲好中国故

---

① 习近平：《扎实推动共同富裕》，《求是》2021年第10期。

事、传播好中国声音，在国际上讲好浙江高质量发展建设共同富裕示范区故事。

二是打造生态文明。共同富裕不仅"物质富"，也要"生态富"，绿水青山就是金山银山，提升良好生态环境普惠度，以生态富推动共同富。推动共同富裕不能以无止境向自然索取为代价实现，更不能以大量消耗资源能源、牺牲子孙后代赖以生存的环境为代价获取。要站在人与自然和谐共生的高度谋发展促共富，实现物质文明、生态文明协调发展，建设富强民主文明和谐美丽的命运共同体。牢固树立绿水青山就是金山银山的理念，统筹产业结构调整、污染治理、生态保护和应对气候变化，形成节约资源和保护环境的空间格局、产业结构、生产生活方式。拓宽两山转化通道，积极探索生态系统价值（GEP）实现机制。坚持山水林田湖草沙系统治理，完善生态保护补偿机制，打好蓝天、碧水、净土保卫战。协同推进降碳、减污、扩绿、增长，推进生态优先、节约集约、绿色低碳发展。深入推进能源革命，建立"双碳"工作激励约束机制，健全资源要素市场化配置体系，鼓励节能降碳先进技术研发和推广应用，统筹推进碳达峰碳中和的发展。

三是提升社会文明。共同富裕不仅"经济富"，也要"社会富"，不断提升社会文明程度。社会文明包括社会关系、社会制度、社会观念、社会治理等，物质文明与社会文明相互影响、相互支撑。要坚持和加强党的全面领导，坚持和完善中国特色社会主义法治体系，全面推进科学立法、严格执法、公正司法、全民守法，加快实现区域治理体系和治理能力现代化，实现国家治理体系和治理能力现代化。按照党的二十大报告深入发展全过程人民民主的要求，全面发展协商民主，积极发展基层民主，有事好商量、众人事情众人商量，有效激发基层治理效能。坚持和完善共建共治共享的社会治理制度，推动社会治理和服务重心下移基层，更好提供精准化服务[1]。坚持和发展新时代"枫桥经验"，健全"四治融合"的城乡基层治理体系，建设人人有责、人人尽责、人人享有的社会治理共同体[2]。健全覆盖城乡的公共法律服务体系，加强社会治安防控体系建设，健全防

---

[1] 《中共中央 国务院关于加强基层治理体系和治理能力现代化建设的意见》，国务院公报2021年第21号。

[2] 中共浙江省委 浙江省人民政府：《浙江高质量发展建设共同富裕示范区实施方案（2021—2025年）》。

范化解重大风险挑战体制机制，守住不发生系统性风险的底线，生产安全事故死亡率、万人犯罪率和万人成讼率逐年下降，网络空间更加清朗，建设活力和秩序有机统一的现代化社会。

六　厘清三对关系

推动共同富裕，要正确认识高质量发展与共同富裕、政府与市场、短期与长期的关系，共同富裕急不得也等不得，须不断改革创新，避免因循守旧，鼓励各地因地制宜探索有效路径，总结经验推而广之。

一是厘清高质量发展与共同富裕的关系。高质量发展是全面建设社会主义现代化国家的首要任务，是实现共同富裕的"桥"和"路"，共同富裕必须建立在高质量发展基础上。高质量发展是前提，共同富裕是结果，要在高质量发展中扎实推动共同富裕，在高质量做大"蛋糕"的基础上分好"蛋糕"。要率先构建形成富有活力、创新力、竞争力的高质量发展模式，全面落实创新、协调、绿色、开放、共享的新发展理念，坚持社会主义市场经济改革方向，坚持高水平对外开放，把实施扩大内需战略同深化供给侧结构性改革有机结合起来，协同推进产业升级与消费升级，提高全要素生产率，着力构建市场机制有效、微观主体有活力、宏观调控有度的经济体制，加快构建以国内大循环为主体、国内国际双循环相互促进的新发展格局。抓住全球新一轮产业变革和科技革命机遇，强化教育、科技、人才的三位一体基础性战略性支撑，加快新能源新材料、生物医药、绿色低碳、人工智能、量子计算等前沿技术研发，推动科技自立自强，打造创新型省份、创新型国家。大力发展数字经济，推动数实融合，巩固壮大实体经济根基，做强战略性新兴产业和未来产业，推动产业基础高级化、产业链现代化，塑造产业竞争新优势。

二是厘清政府与市场的关系。有效市场和有为政府更好结合，无形之手与有形之手更好结合，处理好政府与市场的关系，不仅是全面深化改革的核心问题，也是推动共同富裕的关键所在。一方面，充分发挥市场在资源配置中的决定性作用，破除阻碍要素自由流动的体制机制障碍，避免政府过多干预，推动资源配置依据市场竞争实现效益最大化和效率最优化；避免"运动式""一刀切"的监管层层加码，切实完善产权保护制度，依法切实保护民营企业产权和企业家权益，提振民营经济发展信心，让一切生产要素活力竞相迸发，让一切创造社会财富的源泉充分涌流。另一方面，更好发挥政府作用，坚持以人民为中心，瞄准群众所忧所急所盼，健全公共服务优质共享机制，缩小城乡区域发展差距，在更高水平上实现美好社会建设，让发展成果更多更公平惠及人民群众。坚定不移推进改革创新，推动高质量发展推动共同富裕的保障措施和评价考核体系，建立推动共同富裕的体制机制和政策框架，建立完善促进共同富裕的财政税收、社会保障、转移支付、金融、土地等制度，强化有利于调动全社会积极性的重大改革开放举措，弥补市场失灵。（见图1）

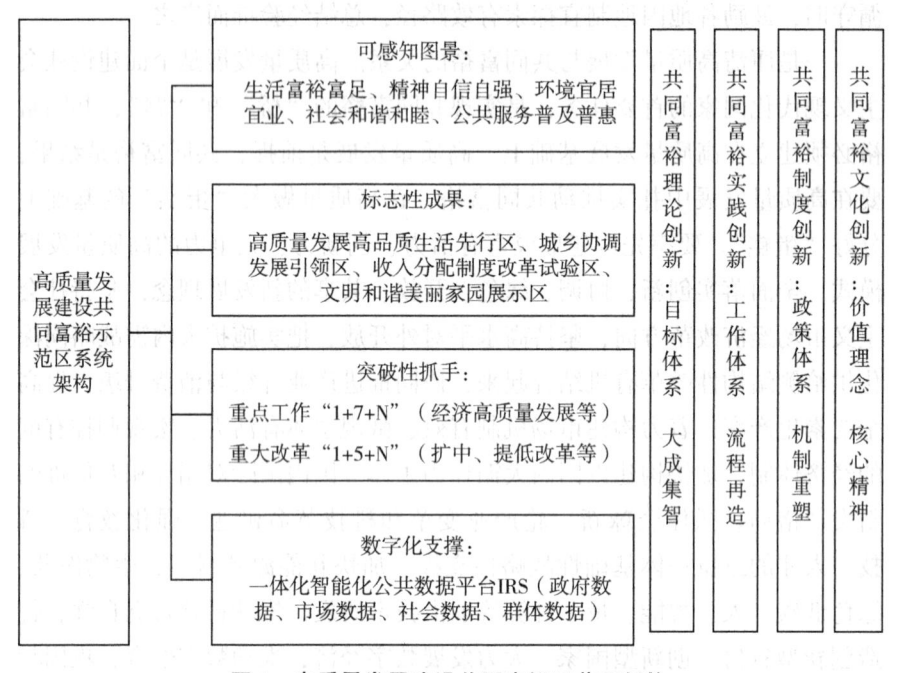

图1　高质量发展建设共同富裕示范区架构

资料来源：浙江省委社建委、浙江省发展改革委. 浙江省高质量发展建设共同富裕示范区系统架构设计施工图1.0，明确以一体化智能化公共数据平台为支撑，着力推进"1+7+N"重点工作、"1+5+N"重大改革，加快形成一批标志性成果、可感知图景。

三是厘清短期与长期的关系。共同富裕必然是一个长期的、渐进的、艰苦卓绝的过程和长远目标，共同富裕不是同等富裕、同时富裕、同步富裕，必然是有差别的富裕、有先后的富裕，要在现代化水平的基础上才能实现，力争中短期在东部地区率先基本实现，长期在全国范围内普遍实现。党的十九大和党的二十大均明确提出，到2035年全体人民共同富裕取得更为明显的实质性进展，到 21 世纪中叶全体人民共同富裕基本实现，建成富强民主文明和谐美丽的社会主义现代化强国。从现实基础看，最有条件的我国沿海地区，到 2035 年有可能率先基本实现共同富裕、普遍富裕。中央支持浙江高质量发展建设共同富裕示范区的意见明确，2025 年推动高质量发展建设共同富裕示范区取得明显实质性进展，2035 年高质量发展取得更大成就，基本实现共同富裕。正如习近平总书记在中央财经委会议上的讲话指出，实现 14 亿人共同富裕，必须脚踏实地、久久为功，不是所有人都同时富裕，也不是所有地区同时达到一个富裕水准，不同人群不仅实现富裕的程度有高有低，时间上也会有先有后，不同地区富裕程度还会存在一定差异①。

---

① 习近平：《扎实推动共同富裕》，《求是》2021 年第 10 期。

共同富裕在国际传播中的
话语比较

新闻话语通过民众传播现实，民众主要依托新闻话语了解现实。受众对某一对象的心理图像的认知、态度、评价以及情感的建构在很大程度上受到媒体报道的影响，媒体建构对于所报道对象传播效果的好坏有很大影响。党的二十大明确指出要增强中华文明传播力影响力，坚守中华文化立场，讲好中国故事、传播好中国声音。在国际上讲好中国共同富裕故事尤为重要。

一 基于LexisNexis新闻数据构建"共同富裕语料库"

党中央历来重视共同富裕发展，坚持以人民为中心的发展思想，避免两极分化，促进全体人民共同富裕。以2021年中央宣布支持浙江高质量发展建设共同富裕示范区为标志，共同富裕命题被摆在了更重要的位置。党的二十大进一步明确中国式现代化是全体人民共同富裕的现代化，共同富裕是中国特色社会主义的本质要求，也是一个长期的历史过程，要坚决防止两极分化。学术界对共同富裕的研究主要集中在政治经济学领域，在已发表的论文或著述中尚未见对新闻媒体阐释的实证分析，而国内外媒体对此关注渐盛，在LexisNexis新闻数据库[①]中查找最近5年关于共同富裕（common prosperity）的报道，发现自2021年6月后报道量陡增。

我们通过LexisNexis收集中西方媒体一年时间内对共同富裕（common prosperity）的报道，通过语料库分析手段对比中西方媒体阐释的主题内容差异，同时比较中西方媒体传播共同富裕的微观叙事方式，进而探析如何

[①] LexisNexis新闻数据库。世界著名的数据库，该数据库联结至40亿个文件、11439个数据库，主要收集法律、新闻与商业及公共信息等方面资讯，资料每日更新。

在国际话语社区内更好传播共同富裕的真实内涵，提升对外话语构建能力和国际影响力。

利用大数据技术，采用语料库与话语分析相结合的手段，可以分析中西方媒体对共同富裕的不同理解和报道。首先以"common prosperity"（检索中发现中西方媒体英文报道中均主要使用此措辞指称共同富裕）及 China 为检索词，在 LexisNexis 新闻数据库收集了自 2021 年 6 月至 2022 年 7 月中西方媒体关于"共同富裕"的报道，建成"共同富裕语料库"（The Common Prosperity Corpus，CPC），通过人工检查去除无关报道后共获取 295 篇报道，根据报道来源分成了 2 个子库：分别为中国媒体报道（Chinese Media Coverage，CMC）及美国及西欧媒体报道（Western Media Coverage，WMC），语料库的统计数据如表 1 所示。

表 1　　　　　　　　　　CPC 语料库统计数据

语料库名称	子库名称	内容	篇数	库容
CPC	CMC	中国媒体对共同富裕的新闻报道（2021 年 6 月至 2022 年 7 月初）	135	171218
	WMC	西方媒体对共同富裕的新闻报道（2021 年 6 月至 2022 年 7 月初）	160	

二　"共同富裕"在中西方媒体报道中的主题内容对比

1. 关键词及其搭配对比分析。语料库语言学中的关键词（keywords）指那些具有特殊词频的词，它的统计区别于简单的词频统计，是通过比较目标语料库与参考语料库的词频而获得的，关键词在比较两项事物时特别有效，可用来比较政治辩论中一个论点的两个（或多个）方面。这些词反映了说话主体关注的工作或问题，涉及说话主体的所思所想，对于揭示人们对事物的认识有着重大意义[1]。使用 Wordsmith 比较两

---

[1] 钱毓芳、田海龙：《话语与中国社会变迁：以政府工作报告为例》，《外语与外语教学》2011 年第 3 期。

个文本时，可同时生成两个相应的正负主题词表，即比较的两个文本较对方而言出现频率更高的词语。当使用 WMC 作为参照语料，CMC 作为观察语料进行比较时，得出的前 3 位正负关键词分别为 development, rural, Zhejiang 以及 campaign, corruption, president。分别从语料库中提取这些主题词的索引行，发现与 development 搭配频率最高的是 high-quality。

再观察包含 high-quality 的索引行，可见 high-quality development（高质量发展）是与 common prosperity（共同富裕）并重的概念，两者间甚至有因果的关系。换言之，高质量发展在中方媒体的报道中是共同富裕的核心内容。rural 的索引行则显示 rural 多与 vitalization 搭配，前 20 条索引行中，rural vitalization 共出现 9 次，可见 rural vitalization（乡村振兴）是共同富裕致力的重要目标。关键词 Zhejiang（浙江）则因 2021 年 6 月中央支持浙江建设"共同富裕示范区"而成为新闻报道的焦点，并多与 demonstration zone（示范区）并论。

关键词 campaign, corruption, president 是 WMC 较 CMC 更高频提及的词汇，突出体现了西方媒体对共同富裕的最核心看法。campaign（运动）一词从索引行和搭配检索结果来看多是西方媒体用来描述或指称 common prosperity 的措辞。从语义韵的角度来看，campaign 多与政治相关，如在 Brown 语料库中，campaign 一词多与 election 搭配，因此使用 campaign 一词在西方媒体的报道中令 common prosperity 带上了浓重的政治色彩，此外还暗示了长期性、艰难的意味，由此让读者产生较难实现的联想。president 一词从搭配来看，绝大部分指的是习近平总书记，可看出与 president 搭配率最高的实词还有 common prosperity，因此西方媒体从话语搭配上有意让读者感觉 common prosperity 是个人意志或命令，尤其在使用所有格形式 Jinping's 时更加明显表达了此概念的所有格意味。

Corruption（腐败）一词在索引行及搭配词中不像上述两个关键词，可直接看出与 common prosperity 的联系，但从上下文中也不难看出西方媒体认为反腐是中国共同富裕的措施之一，并暗示得出中国的共同富裕是所谓"劫富济贫"的结论，类似的报道比比皆是。从以上中西方媒体对共同富裕报道的焦点的对比分析来看，西方媒体对共同富裕的最核心表征带有浓厚的政治色彩，兼具暗示共同富裕是统治者意志的结果，仅仅是个空洞的政治号召，无实质性的内容只能通过"劫富济贫"来实现。这与中方媒体所传达的共同富裕的本质是高质量发展，尤其要通过高质量发展来振兴中国乡村地区、促进全体人民共同富裕的焦点内容大相径庭。

2. 高频词的语义集对比分析。除了排在前三位的关键词，两个子语料库还出现了其他一些高频词，对这些高频词进行分析后发现它们并非孤立存在，而是存在某种语义关联并可划分为若干语义集。如果关键词体现的是说话主体关注的焦点，那么形成语义集的高频词就是对这些焦点的晕染，即这些核心焦点更具体化内容的语言表征，这些内容通过具有语义关联性的词语形成网络，让受众产生对报道对象的整体印象。

比较发现，虽然 CMC 与 WMC 的语义集类别大致类似，但在同一语义集下的组成成分却完全不同，CMC 各语义集的构成词汇丰富，而 WMC 各语义集的构成词汇则较单一。人称语义集下 CMC 的构成词语 people, residents, villagers, ethnic 等体现了中国政府在寻求共同富裕的道路上以人民为中心，尤其对生活水平暂时落后的乡村居民或少数民族的重视；经济语义集下包含多种产业的措辞如 tourism, agriculture, olive, tea, rice, bamboo, railway 以及 income, poverty, welfare 等则说明在实现共同富裕，提升人民福利的道路上中国政府的具体的方法和路径，旨在通过高质量发展来缩小人们收入差距、城乡区域差距，而非如西方媒体报道中所评价的是空洞的政治措辞；区域语义集下的 village, urban, coastal 等说明共同富裕是要缩小城乡，沿海和内陆区域之间的发展差异，而非所谓"劫富济贫"；政治语义集中 committee, measures, guideline, democracy 等则体现了共同富裕的民主性。反观 WMC 在各语义集上的单一措辞如 celebrities, CEO, trade, market, invest/investment, private, banking/banks, Taiwan, Asian, policy, Party's 等，体现了西方媒体报道围绕的内容是少数个体的利益，在意的是拥有股票的富人是否会因为中国的共同富裕政策受损，以及关注的是与己方利益相关的区域，再次印证了西方媒体为少数特定群体的利益服务的本质，而非对共同富裕的客观报道。

综上所述，中西方媒体在共同富裕的主题意义表征上呈现出完全不同的焦点和具体内容呈现。西方媒体不改其为少数精英及富人阶层控制的本性，不仅一如既往地以专政为理由扭曲，抨击并看空共同富裕，而且报道中展现的对少数阶层的利益关注体现出其自私自利的个人主义，完全脱离共同富裕的实际内容。中方媒体的报道内容则呈现出坚持以人民为中心，通过高质量发展来实现缩小三大差距（地区差距、城乡差距、收入差距），不断增强人民群众的获得感、幸福感、安全感和认同感的丰富的思想内涵。

三 "共同富裕"中西方媒体报道的情态动词使用对比

在意识形态分析中，情态是需优先分析的语言结构之一，包括各种情态结构，如情态助动词、情态和句子副词、评价性的形容词和副词，表示知识、预测、评价的动词和概述句[①]。情态动词用来表达与可能性和必要性相关的情态意义，是说话人表达观点或态度的一个重要手段。语篇本质上是对话性的，所有的语篇都反映了一个特定的社会现实或意识形态立场，并因此进入与一系列受社会语境决定的社会立场的不同程度的结盟。在语篇人际意义的实现过程中情态动词扮演了重要的角色，通过情态动词的选择甚至可使媒体的观点客观化，从而无形中影响或操控读者，对其进行分析可反映媒体对主题所持的态度或发现他们如何增加意识形态的接受度。

在系统功能语法中，情态被分为两类：情态化（modalisation）和意态化（modulation）。前者是对一个命题的真实性表达不同程度的判断，后者则是对他人义务和提供意愿的判断。Halliday 将情态强度分为高、中、低三个基本量值，并列出各量值的典型表达。笔者搜索 CPC 语料库中主要的情态动词，依据它们在文中表达的情态（modalisation）和意态（modulation）类型添加标注，然后使用 WordSmith8 分别检索情态和意态在标注过的两个子库 CMC 及 WMC 中的出现次数。从每千词频次统计可看出中方媒体报道（CMC）较西方媒体而言更频繁使用表意态情态动词，即通过义务及意愿性情态来表达对共同富裕的态度立场，而西方媒体（WMC）则相对更多使用表情态的情态动词，即对共同富裕的真实性或可能性作出判断。继续统计情态动词在两个子库中的频次对比，发现 CMC 较 WMC 较多使用的 should、will 属于中高情态量值，且 should 更常用于表达意态，这也是在意态的总体频次上 CMC 高于 WMC 的主要原因。WMC 比 CMC 较多使用的 could、may、might 属于低情态量值，即便在传

[①] 严世清、赵霞：《政治语篇中的情态表达及其批评性话语分析》，《苏州大学学报》（哲学社会科学版）2009 年第 2 期。

达中情态量值时，WMC 也较 CMC 更多使用比 will 更委婉的 would。

情态动词是一种语法化且高度隐喻的语言形式，作为人际意义态度编码的一种重要形式构成了信息发出者与信息接收者间的意义交流，当读者阅读新闻语篇时同样形成了信息发出与接收双方的意义交流。西方媒体报道中使用低值的情态动词 could, may, might 能避免给人以武断或强加于人的印象，显得委婉和间接，能促进语篇与读者的人际意义交流，甚至能形成读者与媒体间在立场上的结盟。通过高频次的对表情态的情态动词的选用，西方媒体把对共同富裕的有失客观的报道传达为一种真实性或可能性的判断，有效地操纵读者，且增加意识形态的接受度。这些失之偏颇的判断通过与读者的人际意义协商，被"客观化"为一个共识，误导了读者，加深了西方民众对中国的误解。中方媒体在报道中更高频次地使用表意态的情态动词体现出强烈的义务感，但是从人际意义的角度考虑，显得凌驾于读者之上，给读者一种居高临下的感觉，读者在语篇中的地位被削弱，从而限制了新闻语篇与读者在人际层面上的磋商和意义交流。在表情态时，中方媒体报道更多选用情态动词 will，其在语篇中表示一种对未来的推测，同时也表达了说话人对所发生事情较肯定的声称，较更委婉的 would 及情态量值更低的 could, may, might 更直接，但欠缺向读者提供意义磋商的空间，相较西方媒体的报道更难建立与读者间的立场联盟，从而确立并传播共同富裕的丰富真实的内涵。这种由于情态动词的使用与目的语的规范契合的问题，从而影响所传播的内容在受众中的接受度的现象在其他研究中也有类似发现：中国政府记者招待会汉英口译中过多使用高值和中高值情态动词，且研究者认为增加 would, could, might 等委婉情态动词的使用能使中国官员的观点和态度更易为听众接受[1]。

四　结语及若干建议

共同富裕在浙江乃至全国已经路人皆知，但在国外境外知之甚少、误解甚多。上述研究分析发现，当前西方媒体"先入为主"的现象严重且出于意识形态传播及维护己方利益的需要，经常误认为或故意解读共同富

---

[1] 李鑫、胡开宝：《基于语料库的记者招待会汉英口译中情态动词的应用研究》，《外语电化教学》2013 年第 5 期。

裕为一种政治口号、政治宣传，这是戴着有色眼镜看事物，违背共同富裕的实际内容，并进行选择性报道和选择性记忆失忆，曲解了共同富裕的真实内涵。由于其采用的如情态动词这种隐蔽的语篇人际手段，较易与读者建立立场联盟，这种曲解却又极易为西方民众接受，报道的"事实性"在西方语境内获得认定和确立。置于境外特有"滤镜"下，各类歪曲、误读往往能获得更多关注，以正视听、针锋相对的舆论斗争同样必不可少。

相较于国内已形成的宣传强势，目前境外涉共同富裕传播声量及网民感知度仍有提升空间。这也在某种程度上说明，在国际上正确传播我国共同富裕思想的艰巨性和迫切性，提升对外话语构建能力和国际影响力，任重而道远。中方媒体的报道彰显了共同富裕的丰富真实内涵，但在语篇人际手段上限制了语篇与读者在态度层面上的磋商和意义交流，不利于西方民众接受报道内容。为了澄清谬误，对冲歪曲解读，传播共同富裕真实内涵，传播主体需要转换话语传播的方式，顺应西方民众习惯的话语模式，减少因表达差异导致的西方民众对传播内容的不适感，打通中国话语与外国话语、官方话语与民间话语之间无形的阻隔，从而让西方民众接受共同富裕（common prosperity）的实质内容和本质思想。

与此同时，扎实推动共同富裕在国际传播内容和路径方法上，至少应注意以下三点。

一是倡导共性特征。大道至简，真理粗朴。事实上，正如中国式现代化一样，既有各国现代化的共同特征，也有基于自己国情的中国特色，我国共同富裕既有自己的国情，也具有普世特征，在国际传播过程中要适当突出这些共性的特征，提升产生共鸣话语。譬如，我国构建社保体系完善社会福利制度刚开始主要借鉴西方经验，遵循"每个人的福利都依靠着一个社会合作体系，没有它任何人都不可能有一个满意的生活"等原则，坚持公平性、共享性、持续性，建立多层次的社会保障体系，实现社会统筹和个人账户相结合，引导提升社会保障支出占公共财政支出的比重等，以及正在谋划或已经施行的教育培训创造再就业机会、弹性退休制度、多支柱养老社会保障模式等。习近平总书记在2021年8月召开的中央财经委员会第十次会议上，提出共同富裕思路是最终形成中间大、两头小的橄榄型分配结构，促进社会公平正义，促进人的全面发展，使全体人民朝着共同富裕目标扎实迈进。这与世界银行等倡导的包容、平衡和可持续发展理念，以及发达国家构建中等收入群体为主体的橄榄型社会结构不谋而合。

二是突出个性特色。以英美为代表的西方新闻媒体主导了世界信息的话语秩序，凭借的不仅有传播技术上的优势，而且还有对意义生成和拉拢受众的策略化处理，除本文论及的情态动词在实现语篇人际意义的作用外，语篇人际功能的实现语言形式多元，渠道丰富。习近平总书记在二十届中共中央政治局常委同中外记者见面时讲话指出，欢迎记者朋友们多到中国各地走一走、看一看，客观真实向世界讲好中国故事，讲好中国共产党故事，讲好我们正在经历的新时代故事。要在国际话语社区内传播替代性视角和异于西方意识形态的新闻话语，迫切需要传播主体持续对比中西方媒体主题意义及多种手段对主题意义传播影响上的差异，寻求能够超越西方主流新闻话语的语篇人际手段，发掘对外话语传播更多的视角及渠道，深化研究有利于共同富裕及更多中国理念及故事国际传播的话语方式，在境外强化主流媒体、专家学者、普通网民等不同信源间的相互佐证与支撑，通过交互传播放大正向声音的覆盖范围，从而提升对外话语权。

三是优化传播路径。中央关于推进国家治理体系和治理能力现代化若干重大问题的决定指出，构建网上网下一体、内宣外宣联动的主流舆论格局，建立以内容建设为根本、先进技术为支撑、创新管理为保障的全媒体传播体系。要加强顶层设计和布局，通过广播、电视、网络、报刊、通讯社等全媒体，线上线下一体联动，讲好中国式现代化故事，讲好中国共同富裕故事，倡导和维护全人类共同价值，推动构建人类命运共同体。充分运用大数据、人工智能、区块链、物联网、AR/VR 等新一代信息技术，统筹布局新一代移动通信网、数字广播电视网、卫星通信等设施建设，加强国际传播能力建设，支撑内容建设和理念输出。注重从区域传播到国家传播、全球传播，扩大全球朋友圈，推动文明交流互鉴，增强国际话语权。注重通过世界媒体峰会等重大会议活动宣传，通过教育文化交流、人员交流、学术交流等潜移默化，同时积极发挥民间国际传播力量，优化叙事方式转型，汇聚民间智慧的话语表达能够减缓国际舆论场上官方话语表达呈现的强势冲击，有利于朝着多元性、亲善性、接近性的方向发展[1]。

---

[1] 杨奇光、常江：《搭建中国国际话语平台的民间力量及其实践路径》，《对外传播》2017年第5期。

省域收入基尼系数变动
探讨及若干建议

党的二十大指出,"着力促进全体人民共同富裕,坚决防止两极分化。"缩小收入差距乃至缩小贫富差距是促进共同富裕的题中之义,事关中国式现代化建设全局。浙江省作为全国高质量发展建设共同富裕示范区,近年来城乡区域差距趋于缩小,但收入分配差距仍较大,需加大示范区建设力度,落实各项改革举措,深化收入分配制度改革,努力缩小收入分配差距,打造全国收入分配制度改革试验区。

一 我国居民收入基尼系数显著偏高

基尼系数(Gini Coefficient),可以较为直观地反映一个国家或地区的收入分配差距和平等程度。基尼系数是意大利经济学家基尼于1922年提出,主要用于定量测定社会收入分配差异程度,在国际组织和各国收入分配关系政策研究中广为应用,是制定收入分配政策、调整收入分配关系的主要依据。基尼系数其值在0和1之间,系数越接近0就表明收入分配越是平等,反之收入分配趋向于不平等。0.4以上的基尼系数表示收入差距扩大,在0.5以上则表示收入差距非常大,两极分化。总而言之,基尼系数是一项衡量居民间收入等差距的综合指标,长期能预警社会两极分化趋势。除了收入基尼系数,还有财富基尼系数、城乡基尼系数等,本文如无特别说明一般指收入基尼系数。

基尼系数可根据收入分布曲线即洛伦兹曲线计算,主要方法有几何方法、基尼平均差方法、斜方差方法和矩阵方法[①]。洛伦兹曲线通常将一个

[①] 徐宽:《基层系数的研究文献在过去八十年是如何拓展的》,《经济学(季刊)》2003年第2卷第4期。

地区社会总人口按收入由低到高平均分成 10 个等级组，每个等级组均占 10% 的人口，再计算每个组收入占总收入的比重。然后以人口累计百分比为横轴，以收入累计百分比为纵轴，形成一条反映居民收入差距状况的曲线，通过计算曲线上下部分面积比例，便可以得到基尼系数。过去由于城乡二元结构，我国基尼系数通常分为农村居民基尼系数、城镇居民基尼系数，并采用分组加权法计算得出全体居民收入基尼系数。根据洛伦兹曲线图中的两部分面积比值计算，公式如下：

$$G = 1 - \frac{1}{PW}\sum_{i=1}^{n}(W_i + W_{i-1})P_i$$

式中，P 为总人口，W 为总收入，为累积到第 i 组的收入。然后将数据看作城镇基尼系数一组，农村基尼系数一组，利用 Sundrum（1990）提出的分组加权法计算得出全体居民的收入基尼系数：

$$G = P_c^2 \frac{u_c}{u} G_c + P_r^2 \frac{u_r}{u} G_r + P_c P_r \frac{u_c - u_r}{u}$$

式中，G_c、G_r 分别表示城镇居民收入差别的基尼系数和农村居民收入差别的基尼系数，P_c、P_r 分别表示城镇、农村人口比重，u_c、u_r 分别代表城镇、农村人均收入，u 代表全省（市、区）的人均收入。

国内关于基尼系数和收入差距的研究比较多见，对基尼系数估计及理论分析做了很多探索，对基尼系数进行具体测算。陈昌兵（2007）是我国较早测算省域基尼系数的学者，利用非等分组基尼系数的计算公式，计算了我国 21 个地区 1995—2004 年城乡居民收入基尼系数和城乡加权基尼系数；段景辉、陈建宝（2010）通过抽样调查推算 2004 年 23 个地区的基尼系数；向书坚（2002）运用分组加权法测算全国 1981—1995 年的收入分配基尼系数；胡祖光（2004）证实在收入五等分情况下，简易计算得出基尼系数即是收入最高组所占收入比重和最低组所占收入比重之差。田为民（2012）以居民收入分组数据为基础，计算 1980—2010 年城镇、农村和全国居民收入基尼系数，发现 1980 年以来我国居民收入差距在不断扩大。庄健（2007）指出我国居民整体的基尼系数超过城市和农村居民分开计算的基尼系数，次数比其他国家和地区多，说明城乡差距较大。从各位学者测算结果看，2000 年以来我国居民收入基尼系数高于 0.4 的国际警戒线，个别年份甚至超过 0.5，收入不平等状况显著。

根据各国统计机构公布的统计调查数据，与发达国家和地区相比，无论是过去还是现在，我国基尼系数显著偏高。从全球来看，大多数中高收入国家基尼系数在0.3—0.4之间，而我国基尼系数处在0.4—0.5区间，2022年人均国内生产总值达到85700元，接近世界银行的高收入经济体标准。国家统计局公布数据显示，近二十年我国居民收入基尼系数（平均0.4750）远高于英国、德国、意大利等国家（0.30上下）；也显著高于地缘文化相近的东亚，韩国基本保持在0.31上下，日本则在0.27左右。唯一与我国收入基尼系数比较相似的发达国家是美国（平均0.4751），但美国一直以来是一个创新水平非常高的国家，也是受金融资本控制经济命脉影响和国内社会矛盾问题较多的国家，收入差距较大，政治极化、枪支暴力、种族歧视等，给社会带来严重消极影响。

二　省域居民收入基尼系数偏高且波动较大

由于统计公布仅有全国范围的基尼系数，有学者尝试对省市更小区域范围的基尼系数进行测算。吕金娜（2015）分别计算了黑龙江省的农村基尼系数和城镇基尼系数，并分别使用分组加权法、加权平均法和城乡混合收入计算黑龙江基尼系数；曹子坚、何红梅、魏巍（2008）受统计数据不完整的影响，采用简单估算和逻辑推导方法对甘肃城镇基尼系数和农村基尼系数进行了测算，同时也采用分组加权法对总体基尼系数进行测算。对于浙江居民收入基尼系数的测算研究，胡祖光（2005）利用其自身所提出的公式对浙江农村和城镇基尼系数进行了系统测算。

整理各位专家的研究结果发现，从全国各地看，基尼系数呈明显的聚集性、区域性、阶段性等特点，基尼系数偏高且波动较大。不同时期不同省份收入基尼系数变化较大，先发地区率先出现收入差距拉大情况，城镇居民收入较高，资本所得比重较高，技术密集型行业工资收入相对较高，因此基尼系数相应较高。2000年浙江收入基尼系数一度超过0.5，远高于新疆、西藏、宁夏等西部省份。2000年之后，我国中西部地区逐步迎头赶上，经济发展加快但也导致内部群体收入出现分化，中西部基尼系数提升较快，譬如2002—2012年基尼系数呈现由沿海向内地、由东向西升高的态势。2012年之后，东部地区通过大规模机器换人、大力发展新经济和提升劳动生产率，收入分配差距扩大超过中西部地区，根据测算2020年基尼系数较高的十个省份东部地区占一半，分别是山东、江苏、广东、辽宁和浙江。

我们采用田为民老师的城乡加权法，按照城乡居民人均可支配收入高低分成20%户的五等分组，分别计算城乡居民收入基尼系数，并加权求得浙江省居民收入基尼系数。根据测算，2006—2020年浙江收入基尼系数在0.35—0.50区间波动，并且系数呈现逐步扩大态势。2015年以来收入基尼系数始终保持在0.4以上，超越警戒线。虽然近年来浙江城乡收入倍差、区域极差趋于缩小，但居民收入差距仍在拉大。近二十年浙江收入基尼系数波动较大，分别在2006年和2014年到低谷，2017年和2020年达到峰值，2020年为0.4834（高于全国平均），"十三五"时期近五年平均值为0.4523，高于"十二五"时期的0.3952、"十一五"时期的0.4025。

三　居民收入基尼系数偏高及波动原因

近二十多年来，与全国收入分配格局态势基本一致，浙江省域收入基尼系数偏高且波动较大，居民收入分配差距较大，分析原因可能有以下主要因素。

一是区域差异因素影响。受增长极化趋势驱动，杭嘉湖、甬绍等集聚了全省大部分人才和创新要素，浙东北平原地区发展水平和收入显著高于浙西南山区，相应的居民收入水平较高，从而在一定程度上拉高了省域收入基尼系数。虽然近年来经过努力浙江各地区域发展相对差距有所缩小，居民收入差距个别年份出现下降，但随着浙东北战略性新兴产业发展加速，导致的区域收入差距可能有重新拉大趋势。

二是所有制差异因素影响。私营与非私营、国有与非国有等市场主体，在获得信贷、土地等资源要素方面差异较大，会间接导致不同所有制行业收入差距扩大。根据浙江省单位就业人员年平均工资统计公报的统计数据显示，近十年全省19个行业非私营单位与私营单位从业人员的平均工资差距仍在扩大，2022年私营单位平均工资（同比增长1.7%）仅为非私营单位工资（同比增长3.1%）的55.8%。

三是城乡差距因素影响。城乡差距仍是形成居民收入差距的重要原因。一方面，浙江城乡居民家庭人均可支配收入差距从2006年最高点的2.49倍缩小至2022年的1.90倍，但绝对差距在扩大，由1.1万元逐年扩大到3.4万元。另一方面，收入差距会随着城镇化推进而扩大，但到城镇化进入成熟阶段收入差距反而会缩小。譬如，2020年浙江居民收入基尼系数分别是城镇化水平较高的北京（87.5%）的1.4倍、上海（89.3%）的1.3倍，京沪收入差距更小。

四是行业差异因素影响。当前新一轮科技革命和产业变革有力推动了互联网经济、平台经济、直播经济等新模式新业态新经济高速发展，一方面，由于相应的监管不及时或制度建设跟不上，一些财税监管制度漏洞被针对被利用，新经济增长产生的红利收入容易向少数人和垄断行业集中；另一方面，高技术行业收入增长快，2022年软件与信息技术服务业平均工资水平，接近居民服务行业的四倍。

五是疫情等突发因素影响。三年多时间的新冠疫情暴发大面积封冻了经济，使得无法充分就业的群体大量增加，小微企业和个体工商户普遍困难，甚至有不少新退休的人员滑出中等收入阶层，中低收入群体不减反增，导致收入基尼系数出现大幅波动增长。与2019年相比，2022年浙江城乡居民人均可支配收入绝对差距扩大了11%。

六是财富积累叠加效应影响。据浙江省统计局的一项研究显示，浙江以家庭为单位的居民收入基尼系数超过0.5，高于0.4的警戒线，而且金融资产、房产价值等财富差距更是显著大于居民收入差距[①]。调节税、慈善等第三次分配机制缺失，随着经济增长拥有金融和房产等高净值人群其资产价值水涨船高，某种程度上更容易产生收入分配"马太效应"，多的越多、少的越少，甚至导致社会阶层固化、代际锁定，使得贫富差距的问题相对收入差距更为严重。因此，未来不仅要关注收入基尼系数，也需要关注财富基尼系数。

四　若干对策建议

缩小收入分配差距，显然是一个长期渐进的过程。无论是从国际比较看还是从历史趋势来看，包括浙江在内的省域基尼系数均存在较大优化空间。收入分配差距较大，不利于高质量发展促进共同富裕。下一步浙江应

[①] 浙江省统计局统计专报，2022年5月第48期，《浙江居民家庭收入基尼系数或高于0.5 财富差距更显著大于收入差距》。

坚持深化收入分配制度改革，坚持按劳分配为主体、多种分配方式并存，完善要素参与分配政策制度，积累缩小收入分配差距经验，并率先在优化收入分配格局上取得进展。

一是加大重点改革举措力度。着力建立完善推动共同富裕的体制机制和政策框架，重点在创新驱动高质量发展、收入分配结构优化等方面加大改革力度，健全体现社会公平的收入和财富分配、公共服务优质共享、省域一体化发展等体制机制，先富带后富。争取国家各部委支持政策和改革授权，推动共富型财税体制机制、投融资模式机制、就业和收入分配制度、农村集体收益分配等改革创新，进一步完善省以下转移支付制度，加快经济发展和山区跨越式高质量发展。深化统计体系改革，创新完善统计调查方式，着力构建"精准画像+全面覆盖"基础数据库，为精准施策提供支撑。

二是加快推进"扩中""提低"改革。着力实施居民收入和中等收入群体"双倍增"计划，多渠道增加城乡居民收入，争取在跨过城乡收入倍差、区域极差拐点之后，尽早跨越基尼系数的"库兹涅茨拐点"，并在此基础上缩小财富差距尽早跨越财富基尼系数拐点。聚焦产业工人、技术工人、科研人员、中小企业主和个体工商户、高校毕业生、进城农民工等重点群体，构建高质量就业创业体系、共富型大社保体系和现代化财税体系，构建普惠型公共服务优质共享机制，加快构建以中等收入群体为主体的橄榄型分配结构。

三是推动县城为重要载体的新型城镇化。着力实施县城承载能力提升和深化"千村示范、万村整治"工程，充分发挥县城作为城乡融合发展的关键支撑作用，加快推动县城为重要载体的城镇化建设，促进县城产业配套设施提质增效、市政公用设施提档升级、公共服务设施提标扩面、环境基础设施提级扩能，增强县城承载和带动乡村振兴的能力。率先建立符合实际的农业转移人口市民化的财政土地政策，加速推进农业转移人口本地化市民化集成改革，推动经常居住地户口登记。稳健发展房地产市场，支持刚性和改善性住房需求，加大保障性租赁住房供给，探索长租房市场建设。

四是大力推进公共服务均衡优享。着力实施全省公共服务"七优享"工程，推进城乡公共服务均衡可及和优质共享。以全面建成"15分钟公共服务圈"为契机，建立覆盖全省域的省市县三级基本公共服务标准体系，切实提升人民群众获得感、幸福感、安全感和认同感。突出打造"社区共同体"这一理念，积极建设城乡社区便利生活圈、便民政务服务圈、数字生活圈（线上线下）三个15分钟圈，"五位一体"推进购物餐饮、文化休闲、家政服务、医疗卫生、养老育幼设施布局，努力实现公共服务"七优享"即幼有善育、学有优教、劳有所得、住有宜居、病有良医、老有康养、弱有众扶。

　　五是探索规范财富积累机制。研究制定支持浙江深化收入分配制度改革的实施意见，构建初次分配、再分配、三次分配协调配套的基础性制度安排，规范收入分配秩序。探索合理调节过高收入的政策，清理规范不正当竞争形成的不合理收入，坚决取缔权钱交易、内幕交易、财务造假、偷税漏税等非法收入，进一步研究制定合理的初次和再次收入分配政策，规范财富积累增长。率先探索对房产、奢侈品等高价值商品持有征税或增税试点，推动完善赠予税、慈善捐赠税收减免政策。健全第三次分配机制，鼓励公益慈善，积极打造"市场有效、政府有为、社会有善"的全国收入分配制度改革试验区，促进社会公平正义。

深化推进央地财政收入分配改革

自1994年分税制改革以来，财政分配实现了由"弱干强枝"到"强干弱枝"的大跨度转变，中央财政实力日见增强。但这种中央与地方财政分配制度安排，与地方强烈的投资需求等，成为地方土地财政形成的主要推手，并引发了地方政府债务问题。加快推进财税制度改革，重新调整中央与地方收入分配关系，增加地方尤其是落后地区的税收返还和转移支付比重，建立地方政府资产负债总表，建设透明公共财政，对于优化中央与地方关系乃至优化整个国民收入分配关系，促进地方经济可持续发展，显得比较关键[①]。

一 财政改革及中央与浙江财政分配演变

改革是六十年财政的主线。自新中国成立以来，财政体制历经多次改革调整，财政由高度集中向分级分权转变，财政管理不断科学化、规范化。财政体制一次重大改革是1994年分税制改革，以此为界可以分之前之后两个阶段。改革之前主要实行包干制，如分灶吃饭、大包干和小包干等，这导致了中央财力弱化和中央财政收入占全国财政比重不断降低，至1993年年底中央财政占全国比重仅为22.0%。分税制改革之后，重新调整了中央和地方分配关系，中央财政实力逐渐增强，2009年占全国财政收入比重达到52.6%，相比改革前增加了30.6个百分点。中央财政再通过一般性转移支付、专项转移支付和税收返还等方式支援地方尤其是落后

[①] 本文曾发表在《宏观经济管理》（2010年第9期），以浙江1994—2009年时间段为例进行分析，说明深化央地财政制度改革的迫切性。有删节。

地区建设，平衡区域经济社会发展差异和维护国家长治久安等。

自1994年分税制改革以来，财政总收入占国民收入比重逐步提高，上缴中央财政占浙江GDP比重逐渐提高，浙江地方和中央的财政分配比例基本保持在50%上下。（见图1）

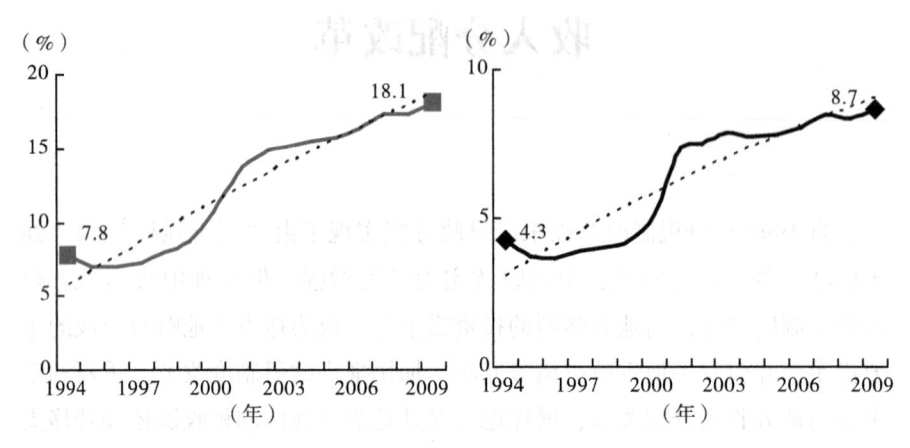

图1 地方财政总收入占浙江GDP比重（左）上缴中央财政占浙江GDP比重（右）
资料来源：《浙江统计年鉴》和《统计公报》。

1994—2009年，首先是财政总收入占浙江地区生产总值比重越来越高，上升了10.3个百分点，劳动者报酬占国民收入比重逐步下降。1994—2008年，浙江劳动者报酬占GDP比重足足下降了约8个百分点，全国大抵也是如此。

其次，在财政占经济比重逐步走高的大背景下，上缴中央财政部分占浙江GDP比重越来越高，从1994年的4.3%至2009年的8.7%，翻了一番。一般而言，上缴中央部分通过中央和地方共享税即税收返还、一般转移支付和专项财政转移支付的形式，形成地方政府年度内一般预算支出的资金来源。但中央历年对浙江地方的税收返还等，15年内占浙江GDP比重平均仅为1.7%，从分税制改革之初占浙江财政总支出的约34.7%下降到近年平均为13.6%（由于浙江省相对富裕，中央财政返还以税收返还形式为主，对于贫困省份则以一般转移支付为主），足足下降了21个百分点。

上缴中央财政占浙江GDP部分越来越高，中央对浙江地方返还占总支出的比例却越来越小。这一发展态势的直接结果，在现有的制度激励约束框架内，导致了浙江各地方政府开始越来越依赖预算外、制度外收入，来推动地方投资建设、维持地方经济高速运转和各项民生资金支出。1994—2009年，虽然浙江地方财政占地方GDP比重上升了约6个百分点，但仍旧满足不了巨大的建设配套资金缺口和相关公共服务支出，需要通过财政外渠道比如土地出让收入、地方国企税收贡献等解决。

二 地方政府收入支出两种结构及其风险

当前，能够反映地方政府实际收入支出情况，一是公开的地方政府财政一般预算收支表；二是实际运行过程中产生的地方政府总收支表。

（一）浙江省财政总收入支出结构

2009年，浙江省财政实现地方一般预算总收入4122亿元，其中地方本级收入2142.4亿元占52%，上缴中央财政1979.6亿元约占48%。2009年，浙江省财政一般预算支出2653.8亿元，其中最大支出项——教育支出520亿元占20%左右，一般公共服务等其他12项支出约占80%。地方财政支出超出地方本级收入约511亿元，按照目前分税制和国家有关财政政策规定，通过中央税收净返还和中央各项补助，以及地方政府债券收入和上年结余款项弥补（主要是中央税收返还，包括部分地方债券收入），收入与支出相当，实现全年财政收支平衡，得以保持良好的财政纪律。2009年，中央税收返还和专项补助等来自中央返还资金，占浙江全省年度地方财政总支出约为16%，但是其占浙江地方政府总支出比重却要小得多。（见表1）

表1　　　　浙江地方财政预算总收入支出平衡表（2009年）

地方财政总收入（亿元）	4122	地方财政总支出（亿元）	2653.8
地方本级收入	2142.4	其中：教育	520.0
税收收入	1983.7	农林水事务	236.7
非税收入	158.7	医疗卫生	177.1
税收返还和转移支付	511.6	社会保障和就业	153.0
中央返还等	429.6	科学技术	101.3
地方政府债券	82.0	文化体育与传媒	64.1

资料来源：浙江省财政预算执行报告和笔者估算。

（二）浙江省总收支结构及土地出让收支

如果将某个地方政府看作一个整体，一个地方政府总收入来源，大致可以有四类，即地方本级收入+中央返还收入+预算外专项收入+制度外收入（主要是土地出让收入）。2009年，根据相关资料粗略估算，浙江全省各级地方政府总收入高达5590亿元，其中地方本级收入仅占40%左右，土地出让收入约为35%，预算外收入约占17%，中央税收返还和转移支付等约占浙江地方政府总收入8%左右，远远低于浙江上缴中央财政比重和其占浙江财政总支出比重。根据相关资料测算，2009年浙江省各级地方政府的总支出大约达到5400亿元，其中与土地收入相关的征地拆迁补偿、城市建设支出，教育支出、一般公共服务支出，以及预算外专项支出等，是最大的几项支出。

土地出让收入已经成为地方政府总收入也即总支出的第二大资金来源。在应对金融危机刺激投资消费和推动经济增长，以及解决经济发展支出无限与政府收入有限矛盾的过程中，土地出让收入越来越成为地方政府重要的收入（从而也是支出）来源。"土地财政"在浙江已经名副其实。

虽然不同地方土地收入占政府总收入比重差异较大，但无一例外地表明，土地出让收入已经成为各级地方政府最重要的收入来源，有的市县则远远超过了其财政收入。选取浙江发达、中等、欠发达三个市县分析，2009年土地出让收入占各自地方政府总收入比重，发达地区高达50%以上（第一大收入来源），中等发达县占35%左右，欠发达县约为40%（根据浙江省国土资源厅相关数据整理）。

（三）土地出让收入支出结构和对财政预算的影响

据统计，全国各地国有土地所得收益除了用于补偿拆迁的个人或单位外（约占1/3），主要用于城市基础设施建设和土地开发（占42.5%），其余相当一部分用于国有企业职工安置支出（占15.3%），廉租房支出比重非常可怜。（见表2）

表2　　　2008年、2009年全国各地土地出让收入的支出结构　　　单位：亿元

项目名称	2009年	2008年
征地、拆迁补偿以及补助征地农民支出	4986	3780

续表

项目名称	2009年	2008年
土地开发支出	1322	1290
廉租住房支出	187	140
农村基础设施建设、基本农田建设和保护支出	>430	370
城市建设支出	3341	3040
用于国有企业职工安置等支出	>1378	1560
总计	>12327	10180

资料来源：国家财政部网站。

尽管中央和相关法规要求各地土地出让收入的2%或净收益的10%用于提供廉租房和其他保障性住房，但实际各地支出均比较有限，廉租房支出仅占当年全国土地收入的1.4%。2009年，浙江全省市、县两级政府廉租房实际支出仅为4亿元，占土地出让收入入库总数1960亿元的0.2%，在整体支出中的比重相当小，有的地市则分文未计提用于廉租房建设支出，这对民生保障而言无疑是一个巨大打击。

不可否认，土地出让收入作为一种预算外或制度外收入，并不会给地方财政带来直接的显性风险。土地出让收入与财政一般预算分开，收入下降或上升并不会影响一般预算的各类支出项目，包括政府公共服务、民生支出和机关事业单位人员薪酬等。土地出让收入波动直接影响主要体现在与之相关联的其他方面上，尤其是房地产开发商、地方政府、企业和银行等在房地产行业上的利益相互纠缠复杂不清的关系，极其强烈地人为干预扭曲市场动机保持高资产价格等，或将是最大的风险。

（四）土地财政及其波动带来的风险影响

一是地方经济泡沫化风险。由于市县地方政府拥有的正规公共资源相对较少，建立地方融资平台进行负债经营后，通过土地抵押等方式经营城市，强化了地方依赖土地财政和对高房价高地价的偏好。并且，提高土地出让收入增加城市建设资金投入——提升城市价值、推动经济发展——推高地价房价——更多的土地出让收入——进一步增加投入改善基础设施和地方融资——提升房价地价的不断循环中，土地、房地产俨然成为地方推动城市化进程和经济社会发展的主要依托。房地产甚至成为地方政府支柱产业，大量吸引了制造业等诸多实体经济资金加入，反过来支撑地方建设发展，使得地方政府过多地依赖商业房地产等吹大泡沫推动虚拟经济发展，而对于增加廉租房建设改善民生则基本无兴趣，甚至产生强烈的风险厌恶心理。

二是地方工程投资断尾风险。由上述问题产生的更严重问题是，部分地方政府已经非常依赖土地收入来循序推进城市化建设和经济发展，一旦土地收入大幅减少将带来较大建设风险，前期过多上马的地方建设项目，由于资金收入来源突然大幅减少（受中央宏观调控遏制房价地价过快增长，收紧货币政策等影响），面临"断尾"工程危险。如此一来，在现行分配制度安排下，地方政府无论富裕或贫穷，非常有动力通过开发商和国有企业进行幕后协作，置中央令、相关法规和市场经济规律于不顾，人为干预市场、扭曲市场将贷款抵押品价值刻意保持在高位，防止竞标价格滑坡和鼓励"地王"出现。同时这也助长了市县地方政府短期行为、政绩工程和形象工程泛滥。

三是地方政府债务风险。土地出让收入波动也体现在与马上要面临的债务风险上。根据相关资料，从全国总量来看，土地出让收入达到1.4万亿元，地方融资平台负债总量达到9万亿元以上，按照6%银行年利率计算，全国各级地方政府2010年需要支付5000多亿元的利息，三分之一多的土地收入需要用于利息支付。浙江如果按照金融机构人民币贷款余额占全国十分之一的比例，粗略估算地方政府融资平台负债规模约为9000亿元，占当年GDP的40%左右，一年需支付利息500多亿元。一旦土地收入大幅减少或将爆发债务风险，尤其是中西部地区和浙江县市一级的欠发达地区地方融资平台，在国家对房地产进行宏观调控后更易受到冲击。

根据浙江银监会对浙江某地区的政府融资平台调研分析，2009年上半年该地区63家政府融资平台其中市级25家、县级38家，涉及市政建设、国有资产经营管理、土地储备、房地产开发投资、工业园区建设等性质，主要以城市建设与开发类为主。资金来源92%为银行贷款，国有银行贷款占78%。据笔者在"十二五"调研过程中了解到，浙江西南部一些欠发达县市融资平台，明年会出现偿债高峰期，一旦卖地收入减少可能会出现偿债风险，挤占其他用途财政资金和上级专项补助款等，并增加当地银行不良贷款。

三 分税制或是形成土地财政的主要推手

1994年实行的分税制改革是新中国成立以来规模最大、内容最多、范围最广的一次财政体制改革。这次改革"以明确划分中央政府和地方政府的利益边界，规范政府间的财政分配关系为宗旨，主要内容是'三分一返'，即在划分事权的基础上，划分中央和地方的财政支出范围；按税种划分收入，明确中央和地方的收支范围；分设中央和地方两套税务机构"（刘尚希等，2008）。实践表明，这种分税制改革有利于调动中央和地方两个积极性，使得中央财政有了更大的主动权，实现了从"弱干强枝"到"强干弱枝"的转变，也大大增强了国家宏观调控能力、平衡区域差距能力和保障国防安全能力等，支撑了中国经济持续高速增长。对此，前任总理曾评价道："分税制改革所取得的成就，无论怎么评价都不为过"（马国川，2010）。确实如此，1994—2009年，在中央政府强有力的宏观调控和正确领导下，我国克服重重困难，度过了一次又一次的危机。

但时至今日，1994年之前的分税制改革参照物已经发生质变，基本面有了很大变化。正如1993年之前中央财政不可持续后进行分税制改革一样，当前再一次进行财税体制重大调整改革、优化中央和地方分配关系乃至调整整个收入分配关系，增加地方收入比重和保障地方经济可持续发展，已经显得很有必要。

首先，起初制度设计出发点不同要求进一步改革。1994年进行的分税制改革仅仅理顺了中央财政和地方财政收入分配之间关系，对于省以下的财政管理体制和转移支付制度至今并没有充分考虑。省内各级地方政府间的财政分配关系，基本参照中央和省级财政转移支付体制，大体设计本省的财政转移支付制度模式，这一安排具有较大的随意性和不稳定性。我国现行税收返还制度未考虑各地区收入能力和支出需要的客观差异，地方政府间财政转移支付体系尚不完善，导致地区间财力差距扩大和不平等，严重影响了劳动力异地流动、权益保障乃至地区城市化进程。"在各个省省内，税收收入和转移支付的分配成为一种｛向下滴漏｝过程，即上级政府根据不规范、各地差异很大的标准决定分配多少给下级政府。这个过程对县、乡镇和村等基层政府机构弥补其支出职责与收入来源缺口是雪上加霜"（丁元竹，2010）。

其次，财权事权不匹配要求加快推进改革。中央财政比重不断上升，但中央财政支出比例却不断下降，形成非对称性财政分权格局。现行分税制的财政管理体制存在缺陷，财权向上集中、事权向下转移，中央支出比例下降。地方事权与财权不匹配，地方财政供养人口规模日渐庞大，地方财力特别是欠发达省份和县市财力不足，尤其是县一级地方政府面临无限事业支出和有限财力的矛盾。据专家估计，当前县市一级地方政府以40%的财力供养了近70%的人口。"强干（中央）弱枝（地方）"式的财政分配安排，与当前地方为主的经济社会建设责任制，发生了较大冲突。转移支付的不透明性与低效性，使得中央和地方财政分配关系逐渐恶化。地方经济尤其是县域经济财政债务风险，在金融危机后中央为遏制资产泡沫收紧货币政策后，进一步放大。

再次，制度安排的模糊性应加快推进改革。此种制度安排，产生了很多隐性收入、灰色地带（财政外收入一般不详细公开也不愿公开）和从上到下多种环节转移支付产生的低效浪费，也导致了如前所述的地方政府土地"第二财政"。地方收入建设资金不足，地方政府配套资金跟不上和投资发展冲动强烈，通过依赖更多的土地收入和房地产泡沫，积累资金弥补资金不足问题和搞地方建设发展（2009年，制度外土地收入已经占到全省各地政府总收入的1/3甚至1/2以上），自然成为地方政府一种最优的选择。通过卖地这一不稳定的收入，透支未来数十年的资源，实现短期内快速建设发展。

最后，实践形成的倒逼机制要求加快改革。从宏观运行效果来看，当前的财税制度安排对整个国民收入分配关系造成了重大影响，无论是全国还是在各省市之间。在政府、企业和居民三大部门的初次分配关系上，劳动者报酬占国民收入比重不断减少。尽管2009年浙江地方公开财政总收入占地区生产总值比重仅为18.1%，但实际的地方政府总收入占地区生产总值比重已经达到30.6%，大大超过了一般认为的25%临界线，与之呼应的是，浙江劳动者报酬占GDP比重大幅下降。这一制度安排，还导向了国家或地方依赖央企国企、垄断行业等的收入贡献，进一步强化了央企国企通过"近水楼台先得月"等各种方式，获取超额利润并获得政府大量补贴的可能性，也使得各种既得利益集团通过各种手段阻碍不利于其自身的改革、阻碍有利于长期增长的制度转型。

四 应加快推进财税体制机制改革

浙江的例子及各省的情况充分表明，加快推进财政体制改革已经较为紧迫。中央决策管理层应从实际出发，在中央和地方层面考虑自上而下推进改革，重建中央和地方及地方各级政府间的财政分配关系。

一是加快推进分税制重大改革。从预算收入角度出发，重新优化中央和地方财政分配关系，合理划分中央和地方间的税收分配，增加对地方的返还和转移支付，增强地方以自身财力来防范财政风险能力。进一步科学界定各级政府财权和事权，加强中央和地方、地方各级政府之间的转移支付政策法规制定，按照基本公共服务均等化原则，提高各个贫困地区和欠发达地区的财政支付能力。同时通过效仿其他国家尝试引入房产环节保有税（对基本住房以外的房产征收税）、物业税，增加地方税收来源，逐步帮助地方摆脱土地财政，实现地方财政收入或地方政府收入增长"软着陆"，为地方政府纾困。

二是加快公共财政建设步伐。虽然今年起各中央部委逐步公布财政预算是一大突破，但目前只有大类项目，透明度仍有待提高。应进一步明确各中央和地方各部委厅局、地方各级政府财政预算内外明细公布，实现透明公共财政和监督财政，提高资金运用效率和去向合理性。同时，从上到下督促各市县地方政府在公开各地土地出让收入用途明细的基础上，加大各地土地收入用于征地拆迁以及补助征地农民支出、农村基础设施建设比例，尤其是保障房建设支出比例，利用土地出让收入加大对"三农"和弱势群体，而非城市建设、城市居民的支持支出，缩小城乡差距、合理减少地方政府卖地建城冲动。

三是建立地方政府资产负债总表。在当前市场化政府崛起潮流之下，正视地方政府作为地方经济最大的代理人这一客观现实，积极对待各地政府融资平台偿债风险，由财政或相关金融监管部门牵头，逐步建立省市县三级地方政府资产负债总表。资产负债表将各个地方政府土地出让收入、投资建设活动纳入预算范围，将总收入和总支出等总量结构指标纳入资产负债框架之内，保持地方政府资产负债率、政府贷款处于可承受范围内或公认警戒线以下，消除各界恐慌心理。建立地方政府建设预算制度，根据地方政府可支配收入变动统一编制地方政府投资预算计划，包括来源与使用的统筹安排，加强地方政府总收入支出的透明度。

四是强化地方融资平台阳光操作。由于经济发展差异，各省市县政府未来偿还能力差异较大。根据笔者的调研，即使是浙江这样较为发达的地区，部分县市融资平台还贷风险2011年将逐步显现。应加快推进地方政府融资渠道透明化，建立地方政府债务规模限额管理和预警机制，以财政为主体规范地方融资平台机制，严格遵守公共财政纪律，控制和消除地方融资负债风险。引导发展地方政府债券市场，通过立法创新建立地方公债制度，规范政府举债行为、缓解和化解潜在债务风险，促进经济和财政持续健康发展。

警惕国民收入分配调整的三种效应

改革开放以来我国国民财富快速增长，在居民、企业和政府三大部门间的收入分配关系大致较为合理。但是，21世纪近10年来伴随着社会资本存量和出口快速增长，国民收入分配格局发生较大变化。这种变化反作用于经济社会发展的基本动力，使得经济发展依赖于投资和出口贸易推动，并导致资本深化速度较快、投资比重较高与居民消费比重相对较低、基尼系数上升和收入差距扩大等现象[①]。

一 改革开放以来国民收入分配格局演变

改革开放以来浙江国民收入在居民、企业和政府三者间的分配格局变化较大。尤其是自1990年以来，国民收入初次分配向企业倾斜、再分配向政府倾斜，劳动所得和居民收入占GDP比重长期趋于下降，这与发达经济体工业化时期的国民收入分配格局演变有较大不同。

（一）国民收入初次分配向企业倾斜

1978年以来，浙江国民收入初次分配给劳动者的部分（即劳动者报酬占GDP比重，或劳动所得，或居民初次分配收入）快速下降，分配给企业部分（即固定资产折旧和营业盈余占GDP比重或企业所得，或企业初次分配收入）较快上升，分配给政府的部分（即生产税净额占GDP比重或政府所得，或政府初次分配收入）自1994年分税制改革后趋于上升，

---

① 本文曾发表在《工业技术经济》（2009年第3期），以浙江1978—2006年的国民收入分配结构演变为例说明，并与同等发展水平时期的国家和地区作了比较分析。有删节。

国民收入初次分配呈现较快向企业倾斜趋势。

1978—2006年,企业所得占GDP比重不断上升,劳动所得占GDP比重近年来较快下降。企业所得比重上升17.2个百分点,劳动所得比重共计下降约10个百分点。尤其是在2003—2006年,企业所得较快上升并一举超过劳动所得占GDP比重,3年内企业所得占GDP比重上升了6.6个百分点,达到45.2%,劳动者报酬占GDP比重为40.3%。1994年分税制改革以来,政府初次分配所得占GDP比重呈上升趋势,1994—2006年共计上升3.0个百分点,达到14.5%,最高时2002年曾达15.3%。

(二) 国民收入再分配向政府快速倾斜

国民收入再分配格局同样发生了较大变化,城乡居民可支配收入比重下降,政府财政收入自分税制改革后较快上升,呈现收入再分配向政府倾斜趋势。改革开放初期,浙江省政府财政收入占地区生产总值比重相对较高。由于改革开放初期计划经济时代的政府需要集中财力搞建设,因此财政收入比重相对较高。随着市场经济改革逐步推开,财政收入占GDP比重趋于理性下降。1978—1994年,浙江财政收入占GDP比重共计下降15.2个百分点,其中居民和企业两大部门大约各分享了其中一半,政府让利于民和让利于企业、鼓励企业生产和推动经济发展的意图非常明确和效果较好。

但自分税制改革以来,政府财政收入占GDP比重呈快速上升趋势,财政收入持续多年超GDP增长至今。1994—2007年,以生产税和所得税为主的政府财政收入占GDP比重上升了9.6个百分点,达到17.4%(见图1),年均增加0.7个百分点。这一再分配格局的变化充分说明,国民收入在经过再分配调节后,向政府倾斜的趋势明显。进一步地,据专家估计,如果考虑部分财政预算外收入和制度外收入,则浙江省政府全部财政收入占GDP比重实际更高,预计将超过20.0%以上。以我们调研的浙东北地区某发达县级市为例,2007年包括预算外收入在内的市地方可用财力占GDP比重高达27.2%,远高于地方财政总收入占GDP的15.0%,足见经济较发达地方政府收入占地方生产总值的实际比重之高。

与此同时,城乡居民可支配收入占GDP比重有大幅下降,30年内平均每年下降约0.5个百分点。与1978年相比,2007年居民实际可支配收入占比下降了15.6个百分点,总体上呈快速下降趋势。尤其在2001年以

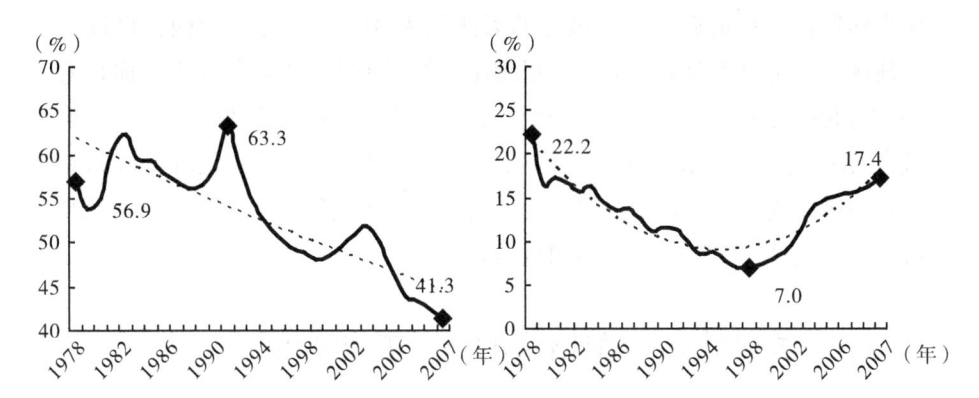

**图 1　1978—2007 年浙江居民可支配收入占 GDP 比重（左）
及浙江省政府财政总收入占 GDP 比重（右）**

说明：图中虚线表示对近 30 年数据的指数回归趋势分析。居民可支配收入比重，通过浙江城乡居民人均可支配收入占浙江人均 GDP 比重，计算而得。城乡居民人均可支配收入则可以通过浙江城乡居民人口权重与浙江城乡居民人均收入计算而得。

资料来源：历年浙江统计年鉴和中国人口统计资料。

来，资本等要素所得比重过快增长、资本对劳动的过度替代，以及 2003 年、2004 年出现的经济过热和通货膨胀的收入再分配效应，加剧了这一趋势，并导致初次分配中劳动者报酬比重低于企业盈余和折旧比重的逆向"拐点"出现。收入分配"拐点"的出现，实际也是对近年来居民消费比重较低、经济增长依靠投资和出口驱动等现象一个很好解释和佐证。

（三）经济发展中收入分配"去劳动者化"

与全国其他 30 个省份相比，当前浙江劳动者报酬占 GDP 比重相对较低。2006 年，浙江劳动者报酬占 GDP 比重为 40.3%，列全国第 23 位；而生产税净额即政府所得占 GDP 比重 14.5%，列第 11 位；固定资产折旧和营业盈余两项合并即企业所得部分占 GDP 共 45.2%，列第 11 位。相比其他省份，浙江国民收入分配给劳动者报酬的部分相对较低，而企业所得和政府所得比重相对较高，资本相对强势。

除了可能存在的统计误差等因素外，劳动初次分配所得比重偏低、企业初次分配所得比重偏高，地区经济发展水平与地区劳动报酬占收入分配比重负相关，呈现出经济发展与收入分配的"去劳动者化"现象。2006 年，经济最不发达的西藏自治区其劳动者报酬占 GDP 比重最高，达 52.8%。而经济较为发达地区如广东、上海、山东、天津等，劳动者报酬比重均较低，列最后几位，最低的天津仅为31.7%。综观全国，将近一半地区其国民收入分配中劳动者报酬比重低于企业资本所得比重，而且大部分为我国经济相对较为发达的地区，地区人均国民收入水平与劳动者报酬占GDP比重呈负相关关系。这也反映和解释了我国工业化现阶段相对发达地区的资本深化速度过快、对劳动资源过度使用、资本要素驱动型经济增长以及经济发展方式较为粗放的客观现实。

二　国民收入分配格局的一般趋势和经验

国民收入分配向劳动者倾斜，企业所得比重总体呈下降趋势并低于劳动所得比重，政府所得比重保持较平稳并相对较低，是发达国家地区工业化推进过程中的一般规律趋势。日本、韩国、美国等国家的发展实践均验证了这一点。

（一）国民收入分配向劳动者倾斜

日本战后工业化快速推进时期，国民收入分配不断向劳动者倾斜。1955—1985年，日本人均国民收入从约220美元提高到10950美元，其间日本劳动者报酬占其国内生产总值比重提高了13.6个百分点，达到54.3%，超过企业所得占GDP比重（见图2）。其中1970—1975年工业化中后期，是日本劳动者报酬比重提高最快的年份，共计提高了11.8个百分点，达到55.2%。

韩国在20世纪工业化推进时期，国民收入分配呈现向劳动者倾斜的趋势，企业所得比重逐步减小。1970—1995年，是韩国从工业化初期到完成工业化进程的阶段，其间劳动者报酬占GDP比重提高了11.3个百分点，达到46.7%。与日本类似，韩国工业化中后期也是劳动者报酬比重快速提升的阶段。1985—1990年，韩国人均GDP从2300多美元提高至6153美元，劳动者报酬占GDP比重快速上升了4.9个百分点，达到44.8%，并超过企业所得比重，之后较为稳定。

（二）企业所得比重总体呈下降趋势

在日韩等发达国家或地区工业化快速推进过程中，企业所得占GDP比重总体呈现出下降趋势，后期比重低于劳动者报酬比重并保持相对稳定。1955—2005 年，日本的企业所得占 GDP 比重下降了 10.9 个百分点，企业所得比重相对劳动者报酬比重较低。尤其是在工业化中后期发展阶段，企业所得比重快速下降，并低于劳动者报酬占 GDP 比重。1970—1975 年，企业所得比重下降了 10.9 个百分点至 39.7%，远远低于 1975 年劳动者报酬占 GDP 比重 55.2%。

韩国企业所得占 GDP 比重的变化大抵也如此。1970—2005 年，韩国企业所得占 GDP 比重共计下降了 13.9 个百分点。尤其是在 1975—1980 年工业化中期（与我国类似）和 1985—1990 年工业化中后期（浙江与此时期类似）两个发展阶段，企业所得占 GDP 比重分别快速下降了 8.7 个百分点和 4.5 个百分点。1990 年，韩国企业所得占 GDP 比重为 43.9%，首次低于劳动者报酬占 GDP 比重 44.8%，劳动所得比重高于企业资本等要素所得比重（见图 2）。

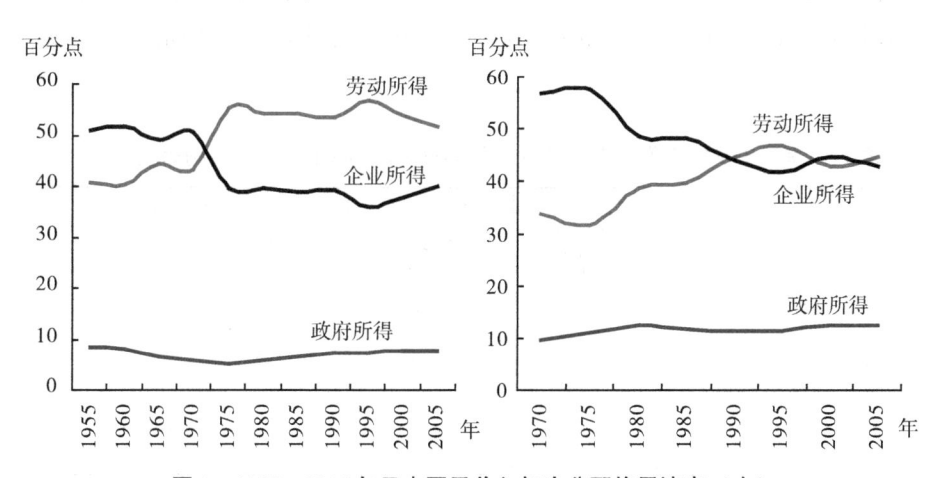

图 2　1955—2005 年日本国民收入初次分配格局演变（左）
1970—2005 年韩国国民收入初次分配格局演变（右）

资料来源：国际统计年鉴和世界银行数据库，World Bank database。

（三）政府所得比重保持平稳并相对较低

美国、日本等主要工业国在工业化快速推进过程中，政府所得（指生产税净额占 GDP 比重）基本保持稳定。

1970—2005 年，美国政府所得占 GDP 比重保持在 6.0%—9.0% 的区间内稳定波动。1980 年美国工业化后期与 1970 年处于工业化中期水平相比，政府所得占 GDP 比重下降了 0.6 个百分点至 7.4%；2005 年与 1970

年相比，政府所得占 GDP 比重进一步下降，下降了 1.8 个百分点至 7.0%。其中 1970 年政府所得占 GDP 比重为 8.8%，已经是美国 20 世纪 70 年代以来的较高值。同样地，1955—2005 年的日本政府所得和 1970—2005 年的韩国政府所得比重保持一个相对平稳的发展态势。

（四）合理的国民收入初次分配关系与经济发展成就密切相关

数据分析表明，经济发展成就与收入分配关系存在某种紧密的相关性。对 12 个不同国家和地区的工业化进程中国民收入分配状况的比较研究发现，经济发展水平高低与收入分配格局尤其是劳动者报酬占 GDP 比重大小呈较强的正相关性。处于工业化中后期阶段的国家地区，不论其地理区位、制度性质和种族肤色，其劳动者报酬占 GDP 比重越高，经济现代化程度越高、后期经济发展速度越快，反之则反是。根据人均国民收入水平高低和国民收入分配状况，将 12 个国家分成以下三种情况。（见表1）

表1　浙江省及中等收入阶段 12 个不同国家地区初次收入分配结构比较　　（%）

年份	地区	劳动所得 劳动者报酬占比重	政府所得 生产税净额占比重	企业所得 折旧占比重	营业盈余占比重
1970	美国	61.3	8.8	10.5	19.4
1970	加拿大	55.3	12.5	11.2	20.1
1970	澳大利亚	53.8	9.2	12.9	24.1
1974	日本	52.2	5.3	13.2	29.3
1980	西班牙	51.3	4.5	11.4	32.8
1980	以色列	48.3	9.5	14.7	26.7
1988	韩国	44.7	10.8	15.3	29.2
2000	捷克	41.9	8.5	49.5	
1980	委内瑞拉	41.3	3.1	6.7	48.8
2000	波兰	40.2	12.2	47.6	
2000	土耳其	29.2	13.4	57.4	
1990	墨西哥	25.0	9.6	9.7	55.7
2006	浙江省	40.3	14.5	13.9	31.3

资料来源：IMF, World Economic Outlook Database,《浙江统计年鉴》。

第一种情况，工业化中后期阶段劳动所得比重超过50.0%的国家地区。2006年人均国民收入水平已超过或接近30000美元，经济现代化程度最高，处于第一集团行列。如美国、加拿大、澳大利亚、日本和西班牙。

第二种情况，工业化中后期阶段劳动所得比重接近或超过42.0%但小于50.0%的国家地区。2006年人均国民收入水平在15000—20000美元，经济现代化程度较高，处于第二集团行列。如以色列、韩国、捷克等。

第三种情况，工业化中后期阶段劳动所得比重低于42.0%的国家地区。2006年人均国民收入水平在5000—8000美元，经济现代化程度相对较低，处于第三集团行列，经过多年发展目前仍处于工业化中后期阶段。如委内瑞拉、波兰、土耳其、墨西哥等。浙江省当前分配格局状况演变结果与之较为相似。

如进一步对上述12个不同国家或地区的国民收入分配的样本，以及西方主要工业国的国民收入分配格局进行分析，则可以发现一些共同特点：

——较为发达国家地区在工业化推进时期，国民收入分配一般向劳动者倾斜。人均GDP大致在1000—8000美元发展阶段，劳动所得占GDP比重明显呈上升趋势，并超过企业所得比重。

——经济现代化程度越高，劳动所得比重越高，政府和企业所得比重越低，反之则反是。劳动者报酬占GDP比重高低，多少已成为一个国家或地区工业化时期经济发展快慢和将来取得成就大小的标志。

——经济最为发达的国家地区，在工业化中后期开始，国民收入在居民、企业和政府三者间的分配关系较为稳定，且劳动所得比重最高。但在相对发达或较为落后或经济增长波动较大的国家地区，并没有呈现出这一规律趋势。

综上所述，浙江在工业化发展阶段的国民收入分配格局演变，与较为发达或高度发达的先进经济体演变不同，而与经过多年发展仍徘徊于工业化中期的中北美洲、欧洲等发展中经济体较为类似。这是一个值得高度警惕的信号。因此，分析其背后的成因，并积极调节和理顺国民收入分配关系，具有重要的现实意义和长远意义。

三 国民收入分配格局演变形成三种"效应"

一般认为，从大的方面讲，国民收入分配往往与一个国家或地区的制度体制、历史地理和社会文化观念，甚至与宏观经济因素如汇率变化等相关，因此引起收入分配格局变化有多个复杂因素。但是，改革开放尤其是自20世纪90年代财税体制改革以来，浙江国民收入初次分配和再分配格局中不利于劳动者和居民一方的变化，其中三个"效应"的作用因素不可忽视。

（一）收入初次分配的"挤压"效应

在现有收入分配机制导向作用下，企业所得和政府所得对劳动所得产生了双重的"挤压效应"。自2000年至今为例，国民收入初次分配过程中生产税净额占GDP比重、企业固定资产折旧和营业盈余占GDP比重均大幅上升。但由于劳动者报酬增长机制的不完善，工资增长相对缓慢，加上通货膨胀对收入再分配调整的巨大影响，劳动收入缩水，劳动者报酬占GDP比重逐步下降。2000—2006年，浙江企业初次分配所得（即折旧与盈余两项）占GDP上升了9.0个百分点，而同期劳动者报酬比重整整下降了9.1个百分点。

同时，政府财政收入占GDP比重上升过快，进一步挤压了居民可支配收入比重。自2003年开始生产税净额占GDP比重一项，与财政收入占GDP比重一项差额由正变负，表示通过经常转移获得收入税和社会保险款等项目，总体使得政府再分配收入占国民收入比重快速增加。2000年账面上的政府财政收入比重尚低于政府初次分配收入，两者相差3.7个百分点，而2006年这一数据逆转为1.8个百分点，财政收入比重越来越高。如果算上体制外财政性收入，则比重幅度还要增加一倍。而且，当前浙江省政府初次分配收入占GDP比重已经相对较高。近几年浙江生产税净额占GDP平均高达14.6%，不仅高于1990—1999年平均12.5%共2.1个百分点，也远高于日本等工业化同期6%左右的水平。

（二）财政转移支付机制的"滞后"效应

现有财政转移支付机制及其制度建设相对滞后，实际降低了居民可支配收入总体平均水平。自20世纪90年代末以来，浙江推进了养老、医疗和教育体制改革，取消了福利分房、推行教育产业化、医疗市场化，企业职工的养老也由企业负担而专项社会统筹。但政府在主动从养老、医疗、教育等大量需要支出领域退出的同时，并没有加快建立完善相应的转移支付制度和加大转移支付力度，基本公共服务产品提供滞后，居民收入中除工资性收入、财产性经营收入等以外的社会保障补助收入部分比重下降，从而降低了居民收入总体水平。而机制建设不完善且滞后，又大大强化了居民储蓄倾向，使得经济运行更加需要高资本投入以维持较快增长，消费作用被进一步削弱，资本等要素对经济发展的作用反而被强化，产生了较大不利影响。

转移支付机制建设和基本公共服务产品提供滞后，一个具体表现就是浙江社会保障覆盖面相当有限。2006年，人均GDP位居全国各省份第四、列各省区第一的浙江，基本养老保险仅覆盖了21.1%的总人口，低于北京、上海、广东、辽宁等省市。基本医疗保险仅覆盖了14.7%的总人口，不仅低于北京、上海等直辖市，也低于新疆、黑龙江等中西部省份。2005年，浙江年末失业保险覆盖了8.9%的总人口，列全国第十。与国际相比，浙江的社会保障等公共产品支出占财政支出比重均较低（15.0%以下），不仅远远低于美国、日本等发达国家（30.0%—50.0%），也较印度、巴西等国家落后，显示当前公共财政支出结构急需进一步调整完善，区域社会保障工作任重而道远。

（三）技术进步路径依赖的"弱化"效应

现有的技术进步路径机制，事实上弱化了劳动知识要素作用，不利于劳动报酬比重提升。根据数年前中国社科院课题组对浙江产业发展的技术来源和支撑等问题分析时指出，技术快速进步虽然对浙江产业经济快速增长起到了巨大推动作用，但主要是受到了大量外源性技术的支持。企业技术创新依靠外来技术、输入技术和模仿技术，70%—80%的技术来自国外或省外，技术进步较快但自身实际创新能力相对较弱。技术进步的这种"拿来主义"和"路径依赖"，使得资本对劳动知识、自主创新要素替代加速，经济较快的增长只需较少的高素质劳动力，无法有效形成一大批较高收入的技术创新及相关服务型人员为主的社会中产阶层，从而进一步降低了劳动者收入总体水平。

在技术进步路径依赖的"弱化"效应作用下，相对劳动知识要素，用于更新购买固定资产设备等的资本要素作用更为突出。以浙江私营企业户均注册资金和户均雇工人数的不同增长为例，20世纪80年代末浙江私营企业户均注册资金为6.1万元，2000年增长至68.5万元，至2006年猛增至户均 170.7 万元。而同期企业户均雇工人数却从 1990 年的 16 人下降至 2006 年户均仅有 12.5 人，企业户均注册资金相对企业户均雇工人数快速增长，资本对于劳动的不断替代，不利于劳动者报酬提升。

四 优化收入分配关系的若干启示建议

党的十七大报告指出："逐步提高居民收入在国民收入分配中的比重，提高劳动报酬在初次分配中的比重"。积极落实国策，以不同国家地区的国民收入分配关系演变发展规律和经验为借鉴，加强国民经济主要比例关系研究，理顺和优化国民收入分配关系，提高劳动所得和居民收入占 GDP 比重及消费需求对经济增长的贡献。这不仅有助于缩小地区之间、居民内部收入分配差距，有助于转变区域经济发展方式，而且有利于保持经济社会长远的协调、健康发展。

（一）进一步理顺收入分配关系

加强区域国民经济主要比例关系研究，把握好积累与消费的关系。认真研究和把握积累和消费的关系，优化投资消费比例关系。保持一个适当的投资增长速度，逐步降低资本形成比率，提高最终消费贡献份额。认真研究财政收入占国民收入合适的比例关系，优化财政支出结构，提高文教卫、科学研发等基础事业支出占财政支出比重。优化居民消费结构，进一步提高居民消费比重尤其是农村居民消费比重，降低政府消费比重。优化固定资产投资结构，进一步提高对农村投资的比重。

加快产业结构优化升级，促进合理的收入分配关系形成。积极调节和缩减以压低工资、污染环境和资源消耗过多为代价等获取暴利的行业部门企业，避免由于企业之间的生产经营条件环境差别而产生的利润收入分配不公。加强环境保护，从限制公害发生的角度出发，促进企业改变能源使用结构，强化环境、资源对产业结构升级的"逼迫"效应。积极支持企业采用节省资源及能源的技术设备，积极开发替代能源和原料，推进经济发展方式转变和区域经济可持续发展。

（二）多种方式促进国民收入初次分配格局合理调整

一是强化自主创新对收入分配关系的优化作用。进一步建立和完善区域创新体制机制，调动社会各方面参与推动创新发明的积极性，引导各类创新主体加大研发投入和对科技人员的报酬支付与奖励，逐步形成一批相对高知识劳动报酬的、以科技人员为主力军的群体阶层，提升劳动报酬总体水平在初次分配收入中的比重。加大对区域自主知识产权的保护力度，加大对侵犯自主知识产权的打击力度，建立外围有效的技术创新发明激励机制。

二是重视提高工资收入水平。坚持公平与效率相统一，积极建立企业职工工资正常增长机制和支付保障机制；坚持工资增长与经济社会发展相协调，适时调节最低工资标准，稳步提高工资收入尤其是城乡中低收入阶层的收入。坚持市场调节与政府调控相衔接，强化对企业工资的指导，积极发挥工资指导线、劳动力市场价位、行业人工成本信息对工资水平的引导作用。

三是积极扩大地方就业。积极实施扩大就业的发展战略，鼓励依法创业和投资，促进以创业带动就业。坚持实施积极的就业政策，加强政府引导，完善市场就业机制，改善就业结构。完善自主创业、自谋职业政策，加强就业观念教育，使得更多劳动者成为创业者。建立健全面向全体劳动者的职业教育培训制度，加快农村富余劳动力转移就业培训，加快城市化发展进程，解决由于城乡二元劳动力市场引起就业不充分的分配不公。

（三）进一步优化调节国民收入再分配关系

建立和完善地方公共财政运行机制。优化财政收支预决算，尤其是财政支出的预决算，强化财税政策对国民收入分配的调节。一是积极控制财政收入增速快于 GDP 增速的现象，避免国民分配比例关系进一步失调。参照国际标准将财政收入和支出增长控制在国民经济增速附近或以下，有条件的地方实行适度减税的方针，让利于民、企业。二是积极运用税收政策、地方性法规等措施，调节国民收入分配关系，提高居民收入总体水平。进一步深化收入分配改革，规范收入分配秩序，提高中低收入劳动者收入水平。

加快推进社会保障体系建设。强化社会保障体系建设，增加政府公共服务产品供给。增加转移支付力度和范围，加快建立完善覆盖城乡居民的全社会保障体系，提升居民收入总体水平，使得老百姓敢于花钱、敢于消费，提高消费对经济增长的拉动作用，促进经济良性循环发展，在经济发展方式优化转型中进一步改善国民收入分配关系。

浙江国民收入分配关系发生积极变化

国民收入分配关系近年来发生了若干积极变化。城乡居民收入增长快于 GDP 增速，劳动所得占 GDP 比重有所上升，初次收入分配的"库兹涅茨倒 U 曲线拐点"或已出现。但居民内部收入差距扩大、收入分配失序等问题依然较为突出，收入分配格局仍待进一步优化调整[①]。

一 国民收入分配关系出现改善

近几年劳动供求关系发生重大变化，政府也在稳增长、促改革的同时努力促进居民增收，浙江劳动报酬占 GDP 比重出现 21 世纪以来首次连续上涨局面。

城乡居民收入持续增长。浙江是全国首个农民收入超万元、城镇居民收入超 3 万元的省份。浙江城镇居民人均可支配收入已经连续 13 年居各省份之首，农村居民人均纯收入连续 29 年居全国之首。城镇居民人均可支配收入，从 2010 年的 27359 元增加到 2013 年的 37851 元，年均名义增长 11.4%；农村居民人均纯收入，从 2010 年的 11303 元增加至 16106 元，年均名义增长 12.5%。2011—2013 年，扣除物价因素，城乡居民收入按人口比重加权平均的年均增速实际达到 8.4% 左右，基本与 GDP 增长同步。

城乡收入差距继续缩小。得益于工资性收入增长和支农惠农等政策，浙江农村居民收入增长加快。2013 年浙江城乡居民收入比为 2.35∶1[②]，

[①] 本文曾发表在《浙江经济》（2014 年第 6 期），评估总结 2010—2013 年时间段浙江国民收入分配格局出现拐点的积极变化，有删节。

[②] 根据统计公报，浙江城乡居民收入之比 2023 年已经降至 1.86∶1。

低于2010年的2.42∶1，也远低于全国，仅略高于京津沪三个直辖市。部分设区市城乡居民收入比持续保持在2以下，舟山城乡居民收入比为1.84，嘉兴和湖州均为1.92左右。经多年努力，浙江走出了"创业富民—藏富于民—先富带后富—共同富裕"的路子。

居民收入来源日趋多元。城镇居民单一工资性收入为主向多元化收入结构转变的趋势进一步增强，转移性收入比重有较大提高。2010—2012年，城镇居民家庭总收入中工资性收入比重下降1.9个百分点至58.9%，财产性收入比重下降1.0个百分点至3.9%，转移性收入比重上升2.9个百分点至24.9%。农村居民收入结构有所优化。与2010年相比，2012年工资性收入比重与家庭经营收入比重"一升一降"，均分别提高和下降了1.4个百分点。非农收入继续成为农民增收的主要来源，来自土地征用补偿、养老补贴、租金等转移性和财产性收入比重达10.3%。但农村居民财产性和转移性收入合计比重仍偏低，比城镇居民低18.5个百分点。

劳动报酬比重不断提高。2010年，浙江国民收入初次分配格局中，劳动者报酬比重降至改革开放以来的最低点（占GDP的38.9%），企业所得比重则达到最高点（占GDP的45.7%），政府所得比重也处于高位（占GDP的15.4%）。随着近年来相关收入分配改革举措持续落实，以及全国范围内的农民工紧缺，劳动工资水平普遍趋于上涨，劳动者报酬占地区生产总值比重出现了上升拐点，劳动者报酬所占比重有所提高，而且增加幅度较为明显。2012年浙江劳动者报酬比重达到42.1%，比2010年提高3.2个百分点，比2011年提高1.3个百分点。

二 收入分配政策促进发展成果共享

近年来，省委、省政府通过实施创业带动就业促收入增长、推进基本公共服务均等化、实施富民惠民十大工程等一系列重大举措，深化收入分配改革，切实保障和改善民生，促进发展成果共享和更多惠及群众。

以创业带动就业促进收入增长。制定实施大学生创业引领计划和千万农民素质提升工程，重点加强高校毕业生、农村转移劳动力、城镇失业人员就业工作，加强对退役士兵的技能培训，大力扶持初创型和微小企业发展。制定实施更加积极的就业政策，积极创造就业岗位，更加注重通过发展服务业扩大就业，开发公益性、服务性岗位吸纳就业。制定实施加快中心镇改革发展和小城市培育政策意见,积极推进200个中心镇和27个小城市培育试点,建立健全以工促农、以城带乡的长效机制,以城乡统筹发展促进农民增收。

大力推进基本公共服务均等化。全面实施保障性安居工程、农村医疗卫生体系标准化建设工程、农民健康工程等基本公共服务十大工程,两年内新增投资2000亿元,确保新增财力2/3以上用于民生,增强基层政府公共服务供给能力,进一步扩大基本公共服务覆盖面,提高城乡居民转移支付收入。全面实施城乡居民社会养老保险制度,制定实施城镇居民基本医疗保险制度,巩固完善新农合及医疗救助制度,健全城乡居民大病保险制度,加快养老等社会保险扩面。全面实施失业保险省级统筹方案,完善社保关系转移接续办法,健全社会分层分类救助办法,发展新型社会福利体系,健全价格补贴机制,提高抚恤金、养老金、失业补助、救济金等各类转移支付水平,进一步完善大社保体系。

深化工资收入分配制度改革。全面推广集体合同和工资集体协商制度,制定企业薪酬调查和信息发布制度,推进区域性、行业性工资集体协商,制定完善企业最低工资、工资指导线和劳动力市场指导价制度,促进一线职工工资合理较快增长,2012年全省行业报酬差距从3.85倍缩小到3.66倍,为近7年来首次缩小。全面实施事业单位绩效工资,规范事业单位津补贴,巩固教育卫生和基层单位绩效工资成果,合理调控地区和部门间事业单位收入水平。全面完成第四次公务员工资制度改革,制定完善公务员工资制度,实行公务员职务和级别相结合的工资制度,津贴补贴得到有效清理规范。

加快落实低收入群众增收计划。加快实施"富民惠民"十大工程,全面推进低收入农户奔小康工程、城镇低收入人群增收行动计划、农民工关爱工程等,积极推进城镇低收入家庭增收和欠发达地区群众增收致富。启动实施新一轮推进欠发达地区加快发展的政策和重点欠发达县特别扶持政策,对12个重点欠发达县给予特别扶持,制定完善扶贫开发政策,深入实施整村推进项目扶贫、产业化带动扶贫和劳动力培训就业扶贫。启动实施低收入农户倍增计划,扶贫标准提高至4600元,并免除年人均收入4000元以下低收入家庭子女就读中职学校学费,将低于低保标准150%以内的低收入家庭需长期维持院外治疗的慢性病患者门诊费纳入救助范围等,逐步提高低收入群众生活水平。

三 收入分配形势总体依然严峻

与全国各地一样,浙江存在着城乡居民内部收入差距较大,以及收入差距缩小缓慢、收入分配格局调整滞后等问题,劳动者报酬和居民所得比重偏低。

(一) 收入差距扩大问题依然突出

城乡居民收入差距仍然较大。与世界同等收入水平的国家或地区相比,浙江城乡收入差距仍明显偏大。国际劳工组织数据显示,多数国家或地区的城乡居民收入比小于1.6倍,而浙江为2.35倍。2013年,城镇居民人均可支配收入高出农村居民人均纯收入约2.2万元,远高于2005年的9634元。

城乡居民内部收入差距更明显。2012年,浙江城镇居民和农村居民分等级最高收入和最低收入组可支配收入和纯收入比分别达8.7倍和7.7倍,与2010年的7.9倍和7.3倍相比,贫富差距更为扩大。这只是公布数据,按照数年前笔者作的一个关于消费率、可支配收入低估的研究分析,估算出2008年浙江居民最终的实际可支配收入被大大低估,这里面有很大部分是在住户调查时未被纳入统计的收入,而这又是极高收入者的收入所得,因此实际的组别收入差距更大。

地区间居民收入差距继续扩大。2010年,全省城镇居民人均可支配收入,最高县(市)是最低县(市)的1.8倍,扩大为2012年的2.0倍;农村居民人均纯收入为2.7倍,仍旧处于高位。2010年,全省城镇居民人均可支配收入最高县(市)高于最低县(市)17319元,农民人均纯收入最高县(市)高于最低县(市)10673元,而2012年这两个差距分别扩大为21840元和13734元。

行业间工资收入差距依然较大。垄断行业和知识技术密集型行业收入较高,而制造业和传统行业收入则相对较低。2010年,职工年人均工资最高的金融、电力、公共管理行业分别是最低的住宿餐饮业的5.1倍、3.2倍和3.0倍。2012年,职工年人均工资最高的金融、卫生、电力行业分别是最低的居民服务业的4.5倍、2.8倍和2.7倍左右,依旧处于高位。而且这还仅仅是名义差距,如果把行业内的各种福利、补贴等收入计算在内,实际差距更大。

（二）收入分配改革与转型依然滞后

出口依赖型经济发展方式，有利于资本所得而不利于劳动报酬提升。在劳动力无限供给，以及出口快速增长情况下，国内经济可以在不依赖消费增长情况下实现快速增长，后果则是劳动报酬在国民经济分配当中持续走低。在这一格局中，资本持续处于强势地位，劳动持续处于弱势地位。劳动者报酬占比尽管由于青壮年普工短缺有所上升，但仍远低于1990年的53%，也远低于日本、韩国、中国台湾，以及美国等先发经济体和制造业较为发达的经济体。

劳动密集型为主的产业结构，以及低素质劳动力比重较高，不利于收入水平提升。浙江大量企业仍处于产业链低端的简单加工环节，大量使用低素质劳动者，这也导致总体工资水平较低。2012年，浙江年平均工资超过7万元的为电力、金融、教育卫生、公共管理等少数知识技术密集型或垄断行业，而这些行业的就业比重仅为5.7%。浙江经济的主体是年平均工资4万元以下的劳动密集型行业，就业人员占比达85%。从业人员文化素质偏低，浙江制造业从业人口中受过高等教育的比重仅为5.9%，低于全国平均水平。

国家层面收入分配体制改革滞后，地方改革力不从心。地方政府在调整收入分配方面权限有限，激励明显不足，如果中央政府不出台政府让税、企业让利、提低扩中和调节高收入阶层收入等收入分配改革方案，尤其是垄断领域不加快改革，长期形成的各种利益格局将很难调整。国家现行分税制的财政体制存在缺陷，财权向上集中、事权向下转移，地方事权与财权不匹配，地方通过依赖土地财政和房地产，来解决建设发展问题，从而挤压了居民收入。另外，对地方政绩以生产总值为主的考核导向机制，也使得一些部门和地方政府存在片面追求GDP增长速度、轻视居民收入和消费增长的倾向。

（三）收入分配不公平制度根源依然存在

促进初次分配优化的工资增长机制仍不完善。目前虽已建立工资集体协商机制，但多数民营企业基层工会组织不能真正代表职工与企业平等协商，存在企业不愿谈、职工不敢谈、工会无法谈等问题。劳方和职工话语权较弱，劳动者社会保障不健全，劳动力市场"强资本弱劳动"现象明显，劳动者报酬无法有效和真正可持续提高。与此同时，除了最低工资制度具有强制效力外，工资指导线、劳动力市场工资指导价位等措施缺乏调控效果。

促进城乡收入均衡的社会保障制度仍不完善。目前浙江已基本建立覆盖城乡居民的全民社会保障体系，但仍是保基本、低均衡的体系，2012年全省全口径社保支出占经济比重仅为5%左右，整体转移支付范围和力度较小。城乡居民收入中来自社会保障等的转移性收入比重较低，尤其是农民的转移性收入偏低。新型农村社会养老保险基础养老金、新型农村合作医疗补助标准和报销范围、低保补助标准和扶贫投入，与城镇相比存在较大差距。

促进起点和机会公平的制度建设仍不完善。一是教育资源分布仍不均衡，教育的不公平直接造成社会排挤和收入分配不公平，加之社会稀缺资源配置不均，进而通过代际延续而形成的"穷二代"和"富二代""企二代""官二代"问题日益凸显，社会流动性不足，社会分层趋于固化。二是促进发展机会均等的制度桎梏仍然存在，大量非正规就业人员和新失业群体被排除在社保制度之外。三是促进创业创新和民企投资的垄断门槛存在，民企较难进入金融、能源等领域，无法获得与国企央企同等待遇。

四 收入分配格局需进一步优化调整

未来一段时间，经济增长率下降，资本替代劳动趋势日益显现，大学毕业生就业难等问题突出，收入分配形势更趋于复杂。应进一步加快制定完善相关政策，积极推进相应改革，加快改善收入分配格局。

（一）趋势分析

1. 经济增长进入中速区间，收入较快增长面临挑战。浙江正处于新旧发展模式交替的关键时期，过去支撑快速发展的经济技术和社会条件正在发生重大改变，随着总量规模扩大，经济增速趋于放缓。GDP年均增速由2000—2007年的13.5%，减至2008—2012年的10%左右，2013—2020年浙江经济增长率保持在7%上下。根据世界各地发展经验，及人口结构变动、劳动生产率增长预期等，2021—2030年或将降至5%左右，经济增速放缓将影响收入增长。另外，全球经济深度调整等影响经济增长和居民增收的因素也不容忽视。2013年国际劳工组织ILO的年度全球薪资报告指出，当前全球经济危机仍持续抑制劳动平均薪资增长幅度。

2. 资本替代劳动趋势增强，劳动和资本之间的博弈将出现反复。2011年以来，工资增长、居民收入增长，已经快于财政收入和企业利润增长，浙江劳动者报酬比重出现持续上升趋势。但企业为了应对竞争需要，资本投入量持续加快，劳动力投入量增长较慢，资本与劳动之间的博弈使得收入分配格局趋于复杂化。2013年浙江城乡居民收入增长再次双双低于GDP增速，劳动者报酬比重略有下降。长远而言，随着收入分配改革持续推进，劳动年龄人口比重持续下降和社保机制普遍建立健全，以及工业比重下降、服务业比重上升等趋势，初次分配的"库兹涅茨倒U曲线拐点"形成，劳动者报酬比重持续提升也是可以预期的。

3. 就业难等问题仍然突出，收入增长难度加大。当前，企业加快技术进步和"机器换人"，优化产业链和生产经营模式，出现了在不增加用工，甚至减少用工情况下保持较快增长的状况，这就弱化了劳动力供给较紧对于工资增长的推动作用，导致劳动者报酬比重提高趋势出现阶段性波动，居民工资性收入增长难度加大。大学毕业生就业难，导致中低端白领工资难以较快提高。高素质留学人员大批回到国内，也构成了对高端白领收入增长的挑战。

4. 部门和行业收入差距依然存在，城市和农村居民内部差距或将继续扩大。收入分配某种程度上是经济发展方式的一种体现，在经济发展方式没有得到根本性转变的前提下，预计城市或农村居民内部收入差距改善具有一定难度。况且经济转型、资本技术密集型产业发展，总体上还是有利于中高收入群体而非低收入阶层。外出经商务工带来了部分农民工资性收入大幅增长，留守农民收入却没有相应增长，反而在事实上扩大了农村内部收入差距。

（二）若干建议

党的十八届三中全会《中共中央关于全面深化改革若干重大问题的决定》明确提出"形成合理有序的收入分配格局"。提高劳动报酬在初次分配中的比重，提高低收入群体收入，完善再分配调节机制，规范收入分配秩序，逐步形成橄榄型分配格局。

——深化初次分配制度改革。国民经济分配向劳动者倾斜，资本所得总体上呈下降趋势并低于劳动所得比重，政府所得比重相对较低并保持平稳态势或略有下降，是先发国家或地区在工业化快速推进过程中的国民收入分配一般规律。积极落实国务院关于深化收入分配制度改革的意见，加快收入分配相关领域立法立规，促进机会公平、权利公平、规则公平，优化调整国民收入初次分配关系。鼓励企业将各类职工纳入社保体系，提高劳动报酬中非工资部分福利的比例；加强工资收入分配调控，着力提高基层一线工资水平；进一步简化公务员工资结构，增强级别功能，实行动态调整；稳步提高最低工资标准；深化国有企业改革和要素市场化改革，减少甚至取消财政对国有企业的政策性计划亏损补贴。同时，国家相关部委应进一步加强对推进收入分配制度改革的指导，积极出台相关配套改革政策，降低政府初次分配所得比重（约16%），发挥市场无形之手的作用，规范政府有形之手对初次分配的干预。

——积极规范收入再分配秩序。垄断性收入和非正常收入是造成收入分配差距过大、国民收入再分配秩序不规范的重要因素之一。隐性收入的存在，使得实际居民内部收入分配差距或基尼系数更高。应积极调节垄断行业人员尤其是高层管理人员等的收入，解决不合理的行业垄断所形成的企业之间市场竞争环境失衡所导致的分配不公。按照中央有关规范收入分配秩序的改革思路，尽快出台符合浙江实际可行的收入分配改革方案，完善收入分配调控体制机制和政策，保护合法收入，取缔非法收入，缩小城乡、区域、行业收入分配差距，努力形成橄榄型分配格局。深化地方财税体制改革，改进预算管理制度，实施全面规范、公开透明的预算制度，清理专项转移支付，规范一般性转移支付，适度降低地方财政预算收入与支出占经济比重。建立事权与支出责任相适应的制度，进一步理顺央地收入划分。

——着力提高中低收入群体收入水平。出台协调推进深化收入分配制度改革相关意见，努力增加城乡居民特别是低收入群体收入。继续着力实施低收入农户增收、城镇低收入家庭增收、高校毕业生创业增收等工程。以增加农民收入为重点促增收，合理分享土地增值收益，有序推进农业转移人口市民化。以健全"1+5"大社保体系为辅促居民增收，提高统筹层次和保障水平，加强各类保险转移接续和衔接，稳步提高财政投入和全口径社会保障支出占经济比重。合理调整帮扶对象标准，以实现全民覆盖、缩小待遇差距为重点，强化低收入群体救济和保障，完善社会救助帮扶体系。继续加大扶贫开发力度，鼓励实业富民，通过产业开发、培训就业等措施，拓宽低收入群体增收渠道。

优化收入分配格局
实现共同富裕

收入分配是实现共同富裕的重要基石。21世纪第三个十年，浙江现代化发展转眼进入高质量发展建设共同富裕示范区的新阶段，率先构建以中等收入群体为主体的橄榄型社会结构，努力成为区域、城乡和收入三大差距持续缩小的省域范例，收入分配格局优化自此变得越发紧迫。

一 收入分配关系出现重大改善

近十年，浙江国民收入分配关系发生了重大变化。城乡居民收入增长持续快于GDP增速，城乡收入差距持续缩小，劳动所得比重持续上升，居民可支配收入占GDP比重有所提升，初次收入分配和再分配的"库兹涅茨拐点"[①]倒U形分布明显，收入分配关系趋于改善。

（一）劳动所得比重不断提高

2010年前后是浙江收入初次分配格局优化的分水岭。在持续20年的下降后，全省初次分配中的劳动者报酬占GDP比重开始上升。尤其是党的十八大以来，加快建立市场发挥决定性作用的资源配置机制，建立资本、知识、技术、管理等要素决定的报酬机制，大力推动创业创新，加之产业结构升级，全社会劳动生产率和行业技术水平持续提升，劳动工资普

---

① 库兹涅茨拐点，按照美国经济学家西蒙史密斯库兹涅茨的倒U形曲线理论，收入分配状况随着经济发展过程而变化。经济起飞和快速发展阶段，一个国家或地区收入分配差距逐渐拉大，而到了经济发展趋于成熟阶段，收入分配差距会有缩小趋势，也就是从高速增长转向高质量发展阶段。浙江初次分配和再分配格局中，劳动所得比重上升、资本所得比重持续下降，一定程度上验证了"拐点"。

遍上涨。2010年劳动所得比重降至最低点38.9%，资本所得比重达到最高点的45.7%，政府所得（生产税净额）占15.4%，处于较高位。2019年全省劳动者报酬占GDP达49.2%，比2010年提高了10.3个百分点，与此同时企业所得（固定资产折旧+营业盈余）下降7.8个百分点，生产税净额比重下降2.5个百分点，企业资本所得比重变化大体呈倒U形分布。（见图1）

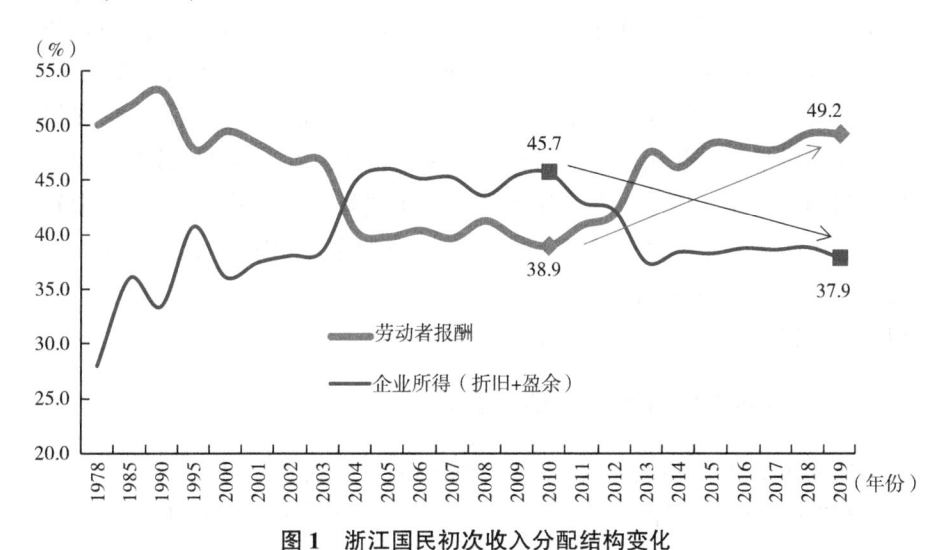

图1 浙江国民初次收入分配结构变化

资料来源：历年统计年鉴、Wind数据库，下同。

（二）居民可支配收入占比上升

巧合的是，人均可支配收入占人均GDP比重2010年也形成显著拐点，与全省"刘易斯拐点"（2008）和"人口红利拐点"（2010）形成时间基本吻合。1982年以来，全省居民可支配收入占比一度持续下降，由1990年最高点65.5%降至2010年最低点41.5%，20年内整整下降了24个百分点。2010年之后居民可支配收入比重掉头提升，近十年提高了10.6个百分点。这一方面主要由于劳动力过剩转向短缺，老龄化加速和人口红利逐步减少，资源要素得到有效配置，人力资本和社会流动性增强，工资收入上涨；另一方面通过转移支付等，资本市场和社保体系不断健全，城镇居民财产净收入和转移净收入增长。经过再分配后，2020年居民可支配收入占52.1%，比初次分配劳动所得高约3个百分点。

(三) 城乡居民收入差距持续缩小

2010年也是浙江城乡差距缩小的显著拐点。1982—2007年，城乡居民收入倍差从1.50持续扩大到2.49，2010年倍差仍大于2.40，之后持续缩小至2.00以内。2021年城乡居民收入倍差为1.94，低于2007年最高点2.49，也远低于全国，为全国城乡差距最小的省份。部分市县倍差减至1.70以内，譬如2020年嘉兴、湖州、舟山等设区市为1.61、1.66和1.63，桐乡、南湖等县区已缩小至1.50、1.52。这在很大程度上得益于浙江积极统筹城乡协调发展，全面实施乡村振兴战略推进农业农村现代化，发展民宿、文化旅游等乡村经济，深化农村集体产权制度改革，稳步推进新型城镇化，以基本公共服务均等化推进城乡一体化。近40年全省城乡居民收入差距变动，总体上也呈倒U形分布，2020年浙江率先实现人均可支配收入8000元以下农户全部清零，率先走出一条先富带动后富、以城带乡以工促农和共富发展路子。

(四) 区域人均GDP差距趋于缩小

2000年是浙江各地区域差距趋于缩小的一个拐点。以人均GDP来衡量，1978—2000年最高的杭州市与最低的丽水市区域人均GDP极差，由2.50扩大到3.25；2001—2020年再从3.25下降至2.21，区域极差远低于全国范围内的省域极差（北京市/甘肃省为4.58）。这与浙江深入实施"八八战略"，每五年出台一项扶持欠发达地区发展工程，打赢脱贫攻坚战高水平全面建成小康社会等息息相关。从欠发达乡镇奔小康、低收入农户奔小康工程，到低收入农户收入倍增、低收入农户高水平全面实现小康工程，再到打造山海协作工程升级版和促进山区26县跨越式高质量发展，久久为功，一张蓝图绘到底，强化"输血"与增强"造血"双管齐下，增强对欠发达地区和山区的对口支援帮扶和转移支付。2020年，通过转移支付等渠道，按常住人口计算的人均一般公共预算财政支出水平，丽水市（2.1万元）反而要高于杭州市（1.7万元）。全省区域人均GDP极差，总体也呈现倒U形曲线分布。

二 收入分配格局优化任重道远

收入分配格局有所优化，浙江城乡区域差距和收入分配优化的拐点相继出现，但居民内部、行业内部收入差距扩大等依然普遍，发展不平衡不充分问题依然突出，且关键指标之一——贫富差距缩小的整体"拐点"尚未形成。

（一）贫富差距过大成为矛盾主要方面

基尼系数（Gini index）可以较好反映贫富差距，系数过高已成为我国收入分配的一个主要问题。数据显示，我国基尼系数自2003年公布以来一直大于0.4（超警戒线），2020年为0.468（大于0.4即被认为收入差距过大，超过0.5表示差距较为悬殊），有机构测算曾一度超过0.6。按地区划分，一般是东部大于中部，中部大于西部，东部地区基尼系数实际超过0.5。按人均GDP达1万美元比较，我国尤其东部沿海基尼系数反映的贫富差距，显然要高于美国（1978，0.402）、日本（1981，0.314）和韩国（1998，0.316）等水平。

当前新业态新模式新经济高速发展，某种程度上也产生了收入分配"马太效应"，富的更富、穷的更穷。例如，网络主播"薇娅"因偷逃税，2021年底被杭州税务部门罚款就达13.41亿元；而房地产等领域进一步加剧了财富分化和贫富差距"马太效应"，有产和无产的财富差距非常明显。这从各国成人人均的财富基尼系数可以得到显著反映，而且一般而言越落后国家和地区的财富基尼系数越高，财富分化问题更为严重。也就是说，当前我国各地初次分配后的居民收入基尼系数大于0.4，但经过再分配和市场财富效应调节后的收入基尼系数，已经大于0.7，是一种极不平等的状态。

贫富差距过大，不仅会导致陷入中等收入陷阱（譬如拉美国家）和资本无序扩张，无法实现社会主义共同富裕现代化发展，也会激发社会负面情绪，激化社会内部矛盾，导致出现仇富、网络暴力、戾气重等社会不稳定现象，譬如刘学州事件。建立简化模型可测算，基尼系数由0.40扩大至0.50，最高最低组居民收入差距会从8倍扩大至40倍左右。也就是说，低收入组家庭可支配收入如果为3万元，那么最高收入组家庭可支配收入会在百万元乃至千万元以上。

（二）不同所有制行业收入差距扩大

相对垄断和竞争不公平等，使得不同所有制和行业收入分配差距仍趋于拉大。近年来，浙江民营经济一直有"6789"现象，即民营经济贡献了60%以上GDP、70%以上税收、80%以上就业、90%以上企业数量和新增市场主体。2020年民营经济增加值占全省66.3%，税收占73.9%，相较于国有经济部门，民营经济的宏观税赋显然更重，这也间接导致企业利润不得不通过压缩劳动工资和福利来获取。统计显示，近十年全省各行业工资收入差距仍在不断扩大，表现在两个方面。一是相对差距有所扩大。与2010年的56.4%相比，2020年私营单位平均工资水平相对于非私营单位为55.7%，反而有所下降。教育、文体、卫生、科研服务等部分行业私营单位的工资水平，远低于非私营部门，不到非私营单位工资水平的50%，反映出体制内外差别。二是绝对差距也在扩大。2020年，平均工资最高的信息传输业（23.5万元）与最低的住宿餐饮业（5.5万元）差距，非私营单位由2010年的5.8万元拉大到18.0万元，倍差从3.3倍增至4.3倍；私营单位由1.1万元拉大到5.6万元，倍差从1.6倍增至2.2倍。

（三）初次收入分配结构有待优化

数据显示，相比其他省份，浙江劳动所得占比（49.2%）并不高，资本初次所得占比偏高。2019年北京市劳动者报酬比重达到54.8%，福建、广东、安徽等占比也高于浙江，全国平均为52.2%。这主要由于企业初次所得占比偏高，初次分配后企业所得（盈余和折旧）分别高于福建、广东和安徽等地，尤其是高出北京达到4.8个百分点。更深层次原因看：一方面，新一轮科技革命和产业变革有力推动了浙江经济发展，数字经济、平台经济等新经济飞速发展，但也对就业和收入分配带来一些负面影响，导致资本所得偏高，产生了资本无序扩张和"二选一"等滥用市场支配地位现象，利润向部分企业过度集中；另一方面，传统产业转型升级相对滞后，制造业劳动生产率和劳动者受教育程度仍然偏低，小微企业附加值低，劳动工资提升赶不上企业利润增长。

与发达国家地区相比，初次分配劳动所得差距不大，生产税负占比偏高。2019年，根据统计浙江劳动者报酬占比要低于德国（53.5%）、美国（53.3%）、日本（51.8%）、法国（51.2%）等，但要高于以色列（45.1%）、韩国（46.8%）、荷兰（47.9%）等。除了法国，上述国家地区生产税净额占比普遍低于浙江（12.9%），平均为10.5%，全国为10.0%，美国生产税净额仅占6.7%（2018年），因此初次分配生产税净额税负略高，包括地方各税和非税收入等仍有下降空间。

（四）再分配和三次分配制度亟待完善

如果说初次分配偏重市场调节和效率优先，再分配主要依赖政府和社会调节，以考虑公平为主。尽管近几年通过转移支付、社会保障等再分配调节，收入分配有所优化但未达较优状态，这也是浙江居民消费率偏低的一个主要原因。转移净收入占居民人均可支配收入比重，全省为15.8%，不仅低于全国平均19.2%的水平，也大大低于上海的24.5%、北京的22.7%、江苏的18.7%等，这说明浙江的转移支付力度有待提高。而且，从各地城乡居民收入的转移净收入占比来看，差别较大。譬如，2020年城镇居民人均可支配收入中的转移净收入，最高的杭州建德市是最低的衢州衢江区的16.4倍，衢江区仅为全省绝对水平的13.5%，显然建德市居民获得感、幸福感更强。转移净收入占比，建德达39.9%，衢江区仅3.2%；前十位县区平均26.6%，后十位平均仅为2.9%；从设区市看，杭州最高为19.1%，台州最低为11.3%。

发达国家和地区的再分配和三次分配制度相当健全。由于转移支付和个税等直接税收比例较高，再分配调节力度较大，发达国家和地区居民人均实际可支配收入占人均GDP比重，一般在65%以上（高出浙江15个百分点），同时使得居民收入基尼系数大幅缩小，尤其是芬兰等北欧高福利国家，居民收入基尼系数仅为0.27左右，欧盟为0.31左右，相应居民消费率较高（高于浙江10—30个百分点），民众获得感满足感较强，经济发展依赖国内市场为主，内循环较畅通。另外，与发达国家和地区较为健全完善的第三次分配调节体系相比，国内慈善制度机制建设、社会慈善意识相对滞后，社会慈善捐赠反哺大众不足，高收入群体回报社会的激励机制缺失，秩序不规范。第三次分配制度顶层设计缺失，现有慈善以应急和救助贫困为主，形式单调；高收入群体和企业家众多，但企业、社会组织和个人参与慈善的氛围不浓。

三 加快推进收入分配制度改革

共同富裕是中国式现代化的重要特征，共同富裕不是两极分化，也不是整齐划一的平均主义。合理有序的收入分配格局是重要基石,收入差距过大削弱居民消费能力,无法较好构建内循环为主体的新发展格局,长期影响经济潜在增长水平,影响社会稳定大局。习近平总书记在中央财经委的讲话中指出,"我国发展不平衡不充分问题仍然突出,城乡区域发展和收入分配差距较大""到2035年全体人民共同富裕取得更为明显的实质性进展,……本世纪中叶全体人民共同富裕基本实现,居民收入和实际消费水平缩小到合理区间。""要抓好浙江共同富裕示范区建设,鼓励各地因地制宜探索有效路径,总结经验,逐步推开。"①(见图2)

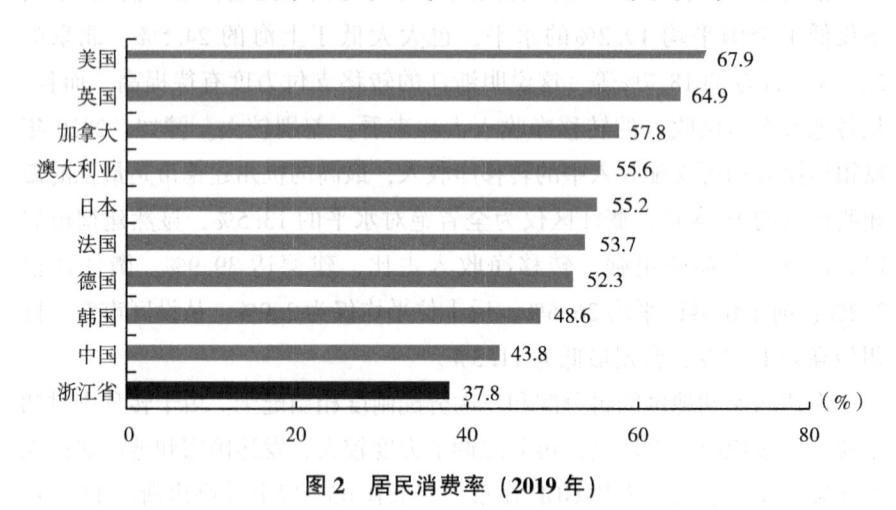

国家/地区	居民消费率(%)
美国	67.9
英国	64.9
加拿大	57.8
澳大利亚	55.6
日本	55.2
法国	53.7
德国	52.3
韩国	48.6
中国	43.8
浙江省	37.8

图 2　居民消费率(2019 年)

资料来源:国际统计年鉴和浙江统计年鉴。

一是聚焦收入分配重大制度优化。浙江在全国率先建设共同富裕示范区,只有在率先推动经济社会高质量发展的基础上,在做大蛋糕的过程中优化收入分配格局,构建初次分配、再分配、第三次分配协调配套的制度安排,以时间换空间,尤其是要建立健全第三次分配制度。促进人的全面发展,增强社会流动性,畅通向上流通渠道,防止社会阶层固化,给更多人创造勤劳创新致富的机会,构建以中等收入群体为主的社会。力争十年内,在人均 GDP 达 2.5 万美元基础上,城乡居民收入倍差、区域人均 GDP 极差缩小到 1.5 左右,居民人均可支配收入与人均 GDP 之比、家庭年收入 20 万—60 万元收入群体占比达 60%,收入基尼系数缩小至 0.4、居民消费率提至 40% 以上,即"两个 1.5、两个 60%、两个 40%"的优

---

① 习近平:《扎实推动共同富裕》,《求是》2021 年第 10 期。

化导向。同时，稳步提高城乡居民财产性收入和转移净收入占比，争取慈善捐赠等机构资金增长，城镇住房保障受益覆盖率达40%（中低收入群体），充分实现居者有其屋。

二是完善经济社会高质量发展机制。聚焦发展不平衡不充分问题，着眼于高质量发展、竞争力提升、现代化先行和共同富裕示范，抓住新一轮产业变革和技术革命机遇，做大做好"蛋糕"，加快质量变革、效率变革、动力变革。着力打好数字化改革组合拳，全力打好服务和融入新发展格局组合拳，数字赋能、制度重塑、系统重构，深化数字政府、数字经济、数字社会和法治等建设，打造全球数字变革高地，打造双循环"五支点五枢纽"。近年来，国家在浙江推进"人地钱"挂钩政策方面进行了有益探索但力度有限，土地指标、教育医疗等资源仍然按照落户人口而非常住人口分配，而全省户籍人口城镇化率低于常住人口城镇化率约20个百分点，公共资源要素供给与地方需求存在较大错配，未来需要支持浙江率先建立符合实际的农业转移人口市民化的财政、土地政策，加速推进农业转移人口本地化市民化集成改革，推动经常居住地户口登记。深化农村土地制度改革，做强农村集体经济，千方百计增加农民财产性收入和转移净收入，推动"两进两回"，拓宽山区26县产业税源，缩小城乡区域差距。

三是探索建立贫富差距缩小机制。当前基尼系数高、贫富差距大，一个重要原因是再分配调节机制不健全，譬如高收入群体回报社会渠道和激励机制缺失，二次分配和市场财富调节后的居民收入基尼系数反而有所扩大。首先，需要积极推动国家和地方立法立规，推动落实"房住不炒"，争取试点房地产税收，引导各地因城施策因地制宜促进房地产业良性发展，加大保障性住房建设力度，"租购并举""先租后售"，减轻中低收入群体住房支出负担，引导土地财政、土地金融和间接税向产业财政、税收财政和直接税转变。强化反垄断和不正当竞争，坚决反对资本无序扩张，引导新业态新模式新经济健康发展。其次，探索建立有效的第三次分配正向反馈激励机制，落实企业和个人公益性捐赠所得税税前扣除、慈善组织所得税优惠政策，传承弘扬乐善好施、扶贫济困等中华民族传统美德，激励高收入群体回报社会。最后，织密公共服务和社会保障网，加大转移支付再分配力度，支持医共体、教共体、养老育幼等社会共同体建设。

四是探索建立体制内外差别缩小机制。民营经济是浙江最大的特色和优势，也是中等收入群体扩大的主要来源，民营经济创造就业岗位占全省80%以上。构建中等收入群体为主的社会，需要将大约1000万人的私营单位从业人员年工资水平，从现有6万元普遍提高到10万元以上（目前只有信息技术、金融业两个行业达10万元），再将近1000万人的个体经济从业人员年收入保持在10万元以上。坚持"两个毫不动摇"，缩小体制内外、私营与非私营、国有与非国有的差别，千方百计避免"国进民退"，让民营企业平等获得信贷、土地、技术等各类资源要素。惠企纾困，减轻民营经济负担，降低宏观税负，提高信贷、土地等要素倾斜力度，提高民营经济发展效率。适当降低政府初次分配所得，以对个体工商户和小微企业让利为重点，增加私营企业从业人员和个体从业者收入水平，将减负部分转化为劳动者报酬。与此同时，持续推进"扩中""提低"改革，支持杭甬温等要素市场化配置综合改革试点，创新技术、数据等新型要素参与分配机制；持续规范收入分配秩序，加大对垄断行业和国有企业的收入分配管理制度建设，治理分配乱象，提高基层一线公务员和国有企事业单位基层职工工资待遇。建立完善省域收入分配调控机制和政策体系，探索建立个人收入和财产信息系统，保护合法收入，调节过高收入，取缔非法收入，清理规范隐性收入，构建橄榄型的收入分配格局。

促进就业创业实现边区增收致富

就业创业是"扩中""提低"的根本前提和保障。为促进就业创业和收入分配制度改革试验区取得突破进展,衢州市紧紧围绕共同富裕"扩中""提低"战略部署,创建四省边际(衢州)共富学院,瞄准新蓝领、新农人、新工匠"三新"人群,健全就业创业促进机制,有效促进了"扩中""提低"。地处四省边际的衢州共富学院,创造性构建"总校+专业教学区+专业教学基地"模式,发挥职业教育公共服务优势,产教融合、产训融合、校企融合、线上线下融合、省际间联动,多途径多方式培养带动山区边区"三新"人群就业创业,有力助推了衢州乃至浙、闽、赣、皖四省边际群众增收致富。

一 瞄准"三新"人群,打造"致富衢"品牌

产教融合、校企融合,通过共建共享实习实训、就业创业基地,破解痛点难点堵点,让更多劳动者"增技又增收"。充分发挥职业教育培训公共服务优势,共富学院坚持面向农民、面向产业工人、面向技术工人,面向扩中提低行动的重点人群,大力开展"新蓝领、新农人、新工匠"育训,跨部门、跨地区培训资源整合建立大培训机制,破解培训资源整合难、培训需求画像难、岗位供需匹配难、培训成效评价难、帮扶举措跟进难等"五难",打造以职业技能培训带动高质量就业创业的"致富衢"品牌。按照培训资源共享、培训主体多元、党建统领治理原则,以规范化、专业化、多元化、品牌化、数字化为办学特色,构建全链条培育体系,培育了一批懂技术、会操作、善经营、敢创新的新型农民、产业工人和三衢工匠。一年多来,四省边际(衢州)共富学院累计开展新蓝领培训18.5万人次、新农人培育2.59万人次、新工匠评定0.98万人次及五星级工匠

140人次，开发公益性岗位6247个，引进市外企业员工3.01万人，新增城镇就业4.73万人。调查显示，学员培训评价满意率达98%，68%的学员通过培训实现年收入同比增长8.0%以上。

二 强化三个导向，形成一批标志性成果

乡村振兴、产业振兴与就业创业有机结合，通过打造精品项目，打响共富品牌，有力推动了共同富裕建设示范。自2022年成立以来，学院紧贴衢州市六大工业类目、三大农业百亿项目产业发展开展培训，强化"共富""产业""品牌"三个导向，精准匹配就业岗位，创建多维度广覆盖的精准高效培训就业服务品牌。聚焦乡村组织振兴，重点打造"金星""早上好"党建共富品牌；聚焦乡村文化振兴，重点打造"农民画"文化共富品牌；聚焦产业振兴，重点打造"龙和渔业"农旅共富、"柯城村播"电商共富、"衢州月嫂""常山阿姨""化工总控工"等技能共富品牌。学院"大统一培训"项目入选省级共同富裕机制创新类试点、最佳实践和省首批实践观察点，四个农民培训项目入选省首批农民培训共富品牌项目。教育培训实践获职业教育国家级教学成果二等奖、省教学成果一等奖，入选教育部教育振兴乡村典型帮扶案例，获2022年全国"终身学习品牌项目"。《衢州"共富学院"带动"三新"人群就业增收》案例在国家发展改革委共同富裕工作信息专刊上刊文推广，相关工作获国务院和省级领导批示肯定，被新华社、人民日报、中央电视台、浙江日报、浙江卫视等省级以上媒体刊播180余次，打造形成阶段性标志性成果。

三 建立"七统一"架构，优化大统一培训机制

融合创新、规范标准，理论与实践相结合，从0到1开创性建立特色化培训就业服务机制，助推技能型社会建设。建立"领导小组+校委会（理事会）"扁平化领导体系，创造性践行"总校+专业教学区+专业教学基地"多校区运行模式。学院依托衢州职业技术学院设立总校，先后分三批遴选了34个专业教学基地，分类设置培训标准，总校统一制定指导意见、绩效评估办法等系列制度规范，完善培训计划、标准、师资、政策、平台、资质、考评等"七统一"架构。即统一计划，重在制定中

长期培训计划；统一标准，重在规范教学课时、教学质量、教学内容和学员反馈等标准；统一师资，重在建立千人师资库；统一政策，重在实现政策分类梳理发布；统一平台，线上重在依托共富培训平台和乡村振兴大讲堂融媒体平台进行网络教学，线下重在依托总校和专业教学基地开展实体教学；统一资质，重在按照"有教学场地、有实训基地、有施教设备、有教学教材、有师资配备、有运行机制"等"六有"标准遴选专业教学基地；统一考评，重在通过致富指数和日常考评制度，强化培训合格率、培训转移率、培训后就业率等实际成效考核。通过"理论+实践""线上+线下"等，构建形成精准高效便捷的培训就业服务体系，通过培训累计新增技能人才4.02万人，约占全市总数的10%。（见表1）

表1　　　　　共富学院部分认证专业教学基地

部分专业教学基地	培养对象
巨化集团有限公司"化工总控工"专业教学基地	新工匠
江山变压器公司"变压器互感器制造"专业教学基地	新工匠
衢州元立金属制品有限公司"炼钢工"专业教学基地	新工匠
红五环集团股份有限公司"车工"专业教学基地	新工匠
衢州市技师学院"电工"专业教学基地	新工匠
龙游县龙和渔业文化园"龙和渔业"专业教学基地	新农人
柯城村播学院"柯城村播"专业教学基地	新农人
浙江冒个泡电子商务公司"冒个泡电商"专业教学基地	新蓝领
常山县锦绣职业培训学校"常山阿姨"专业教学基地	新蓝领
开化初心培训有限公司"金星党建"专业教学基地	新蓝领

资料来源：四省边际（衢州）共富学院。

四　线上线下融合，促进职业教育资源优质共享

数字赋能、多跨协同，通过运用数字化理念和手段，打造"线上+线下"培训体系，促进了普惠性人力资本提升。"线上"建设共富培训平台，扩展完善培训报名、岗位推荐、招聘服务、创业服务等功能，强化部门多跨协同，实现劳动者数据全面归集。目前，通过数字化场景应用，衢州市依托学院统筹18个部门培训资源、164门培训课程、1057名师资力量、9万余条培训信息，开发"培训一件事"场景应用并在浙里办上架，该应用逐渐成为"三新"群体免费培训的重要渠道，为受训群体"回农

村是新型农民、到城市是合格市民、进企业是熟练技工"创造了条件。"线下"建设共富实训基地，结合衢州特色产业，发挥专业院校、龙头企业、社会机构作用，以职业院校和培训机构为基础，建设专业教学区，实现与企业、产业协会共建共享实训基地、就业创业基地，共同打造精品课堂和培训产品。通过产训一体培养，学院已培育9000余名具有衢州特色的工业企业制造、传统技艺乡土工匠等九大类"三衢工匠"。譬如，"红五环车工"专业基地围绕数控加工理论、技能和新技术、新工艺、新方法，开展数控车工培训，使受训学员在日常生产、技术改造、技术路径、解决措施、科技创新能力等方面得到显著提高。通过培训该企业87%学员顺利通过数控车工（三级）高技能等级认定考核，获得高技能人才证书，2022年收入同比增长15%。

五 先富带动后富，推动四省边际地区共同富裕

开放合作、交往交融，强化市际省际间联动，通过发挥对四省边际示范带动作用，有效促进四省边际地区共同富裕。学院牵头成立浙、闽、赣、皖四省边际职业培训联盟，联盟成员涵盖浙江衢州、福建南平、江西上饶、安徽黄山四地市政校企13家单位。依托四省边际中心城市优势，打响省际培训品牌，成功举办三届"中国·衢州月嫂节"，开展跨省市劳务品牌建设交流研讨，以"衢州月嫂"为代表的家政服务类品牌培训成为四省边际同类培训标杆，在上饶、广丰、武夷山等地推广，培育"衢州月嫂"广丰学员200余人，培训学员就业后平均年收入达10万元。立足辐射四省边际中心城市，跨省多地联合开展"农创客"、民宿、直播等技能培训，"两山"和"龙和"基地开办四省边际农旅融合、高效农业、农村电商、乡村运营师等培训班10余期，吸引上饶、黄山等地1000余名学员参加。目前，学院已将衢州茶产业领军人才培训班办到武夷山职业技术学院和武夷山茶叶种植基地，邀请福建武夷山茶叶研究所专家讲课，学习红茶、岩茶加工制作；将休闲旅游培训班办到黄山职业技术学院，将黄山特色民宿纳入四省边际职业培训实训基地，在推动全省共同富裕示范区建设的同时，先富带后富、先富帮后富，不断将新型帮共体致富等浙江经验衢州经验推广至闽赣皖四省边际山区。

"浙里""那里"携手脱贫攻坚奔小康

消除贫困、改善民生,逐步实现共同富裕,是我们党的初心和使命。习近平总书记指出"人民对美好生活的向往,就是我们的奋斗目标",强调"我们追求的发展是造福人民的发展,我们追求的富裕是全体人民的共同富裕。"发挥浙江模式经验优势,携手西藏那曲奔小康,力争共同富裕。

那曲(藏名"ནག་ཆུ་"),地处"世界屋脊"边疆地区、民族地区的西藏北部和中国第一级阶梯——青藏高原中部,念青唐古拉山脉和冈底斯山脉之间,平均海拔4500多米,高寒缺氧,地广人稀,被称为"生命的禁区"①。中央脱贫攻坚战打响初期,那曲市辖11县全部为贫困地区,解决贫困问题是那曲地区发展和对口援建的首要任务。

一 对口援建成效明显,那曲小康社会可期

30年来,对口援建那曲的浙辽、五大央企等②,先富帮后富,先后选派10批次近千名干部和专业技术人员到那曲市县和乡镇工作。援藏干部与西藏自治区及那曲地委各级政府一道,强化顶层设计(目标精准),强化核心产业发展(方向精准),强化体制机制建设(责任精准),强化典

---

① 那曲2018年4月撤地建市,是西藏第6个地级市。全市管辖国土面积约为45万平方千米(相当于浙江4.5倍),2010年第六次人口普查常住人口46.2万人,人口密度每平方公里国土面积约1人。

② 根据中央统筹安排,浙江在西藏对口援建那曲三县,杭嘉对口色尼区(原那曲县)、甬绍对口比如县、温台对口嘉黎县;辽宁援建安多县、索县、巴青县3县,中石化、中信等五大央企各负责1县。

型引领（示范精准），强化援藏对象扶贫（受援精准），着力"五个精准"，推动从"输血式"向"造血式"开发扶贫转变，向产业扶贫、民生扶贫转变，向精准扶贫、精准脱贫转变。

从调研情况看，在浙江等地前赴后继对口援建扶贫的基础上，那曲广大基层干部群众充分发挥首创精神，人穷志不短、不等不靠，那曲地委、县委一张蓝图绘到底，一任接着一任干，积极摆脱传统路径依赖，全市正从深度贫困向一般贫困甚至全面小康阶段大步迈进。发挥浙江优势，省援藏指挥部组织技术人员指导和制定那曲经济社会发展五年规划，参与制定市县两级旅游、教育、医改等多个政策意见及专项规划，并重点抓好项目落实。据统计，2012—2017年两省五企投入援藏资金累计约35亿元，实施项目500多个，覆盖农牧业、能源、交通、教育、卫生、文化、城镇设施、基层政权建设等主要领域，基本形成了多层次、宽领域、全方位的扶贫协作区域格局，脱贫攻坚蹄疾步稳。

浙江援藏扶贫成效显著，在岗率、在藏率始终在全国援藏省份中保持领先，一年有10个月在藏，扶真困、真扶贫。突出民生优先、聚焦精准扶贫、精准脱贫，着力抓好产业援藏，助推那曲农牧业、旅游、物流等产业发展。援藏项目资金安排坚持"两个80%""两个倾斜"，向基层倾斜、向民生倾斜，对口支援的三个县贫困人口大幅减少，群众生产生活条件大幅改善。2016—2017年累计实现脱贫群众约占贫困人口的30%。宁波、绍兴对口支援的比如县，贫困发生率从10%左右降至2017年的0.06%，率先在那曲脱贫摘帽，农牧民人均可支配收入达到1.24万元，脱贫群众人均纯收入达6520元，广大农牧民不愁吃、不愁穿，义务教育、基本医疗和住房安全有了保障（俗称"两不愁三保障"）。温州、台州对口的嘉黎县计划在2018年底脱贫摘帽，杭州、嘉兴对口的色尼区2019年脱贫摘帽，2020年全市全部脱贫摘帽，进一步实现"三不愁、三有（有技能有就业有钱花）、三保障"，迈入全面小康社会。

五年来，那曲经济建设迈上一个大台阶，脱贫攻坚实现大跨越。2013—2017年累计固定资产投资616亿元，约为1953—2012年完成投资总量的2倍。2017年，那曲地区生产总值119.8亿元，人均GDP超过3500美元，城镇居民人均可支配收入约3.1万元，农牧民人均可支配收入近1万元，整体开始进入小康发展阶段。与2010年相比，人均GDP和农牧民人均可支配收入实现翻番，年均增长9.9%和13.3%，绝对值分别提高约 1500 美元、5700 元，这是一个大跨越。与 2000 年相比，2018 年全市农牧民人均可支配收入有望接近翻三番，稳步接近脱贫。按照新的扶贫标准，2016—2017 年那曲全市减贫 3 万多人，易地扶贫搬迁 38262 人，贫困村退出 212 个。2017 年，那曲市脱贫人口人均可支配收入增长 23% 达 4492 元，接近浙江省的脱贫标准（4600 元）。（见图 1）

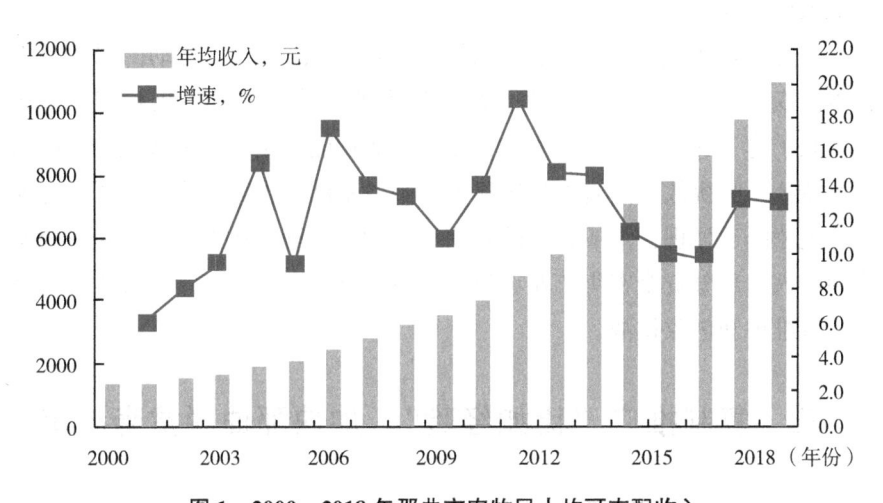

图 1 2000—2018 年那曲市农牧民人均可支配收入

资料来源：那曲市统计局。

二 任重道远，脱贫攻坚成果面临长期性挑战

小康不小康，关键看老乡。那曲脱贫攻坚和全面建成小康社会得到人民群众认可、经得起历史检验，确保不漏一村不落一人，长期面临着"四多四少"和"四大挑战"。

一是"四多"。那曲地区土地贫瘠、资源匮乏，只见青草不见树木，"一方水土养不活一方人"，落后地方多；大骨节病、棘球蚴病、高原型心血管疾病等地方病高发，安全饮用水缺乏、人畜混饮的饮水习惯加之医疗条件差，高原疾病多；群众观念相对封闭，受地方风俗和宗教文化影响，消极因素多；发展资源禀赋低，基础设施建设滞后，全年有效施工期仅有 5 个月，建设成本高，制约因素多。

二是"四少"。贫困人口中具有劳动技能的比例偏低，譬如那曲色尼区具有劳动技能的贫困人口仅为10%，缺技术的致贫户数占30%以上，有劳动技能的人少；"六普"显示那曲地区文盲人口占15岁及以上人口比重高达34.8%，其中女性文盲比例为42.5%，索县女性文盲比例更是高达63.1%，文化程度低，高学历人口少；市场发育程度低，生产方式落后，创业创新人口少；市场经济不发达，致富缺思路、少技术，致富带头能人少。

三是"四大挑战"。经济发展滞后，经济增长靠投资拉动的局面没有根本改变，发展欠账开始增多，形成较大的经济可持续发展挑战；基础差、底子薄，支柱产业尚未形成，自身造血功能不足，形成较大的贫困人口可持续增收挑战；随着大量援建公共服务基础设施建成投入使用，专业技术人才匮乏显现，形成较大的后期可持续运营管理挑战；随着脱贫攻坚战的深入，部分资金密集产业项目建成后缺乏要素匹配，形成较大的可持续运营维护和创收挑战。

三　复制推广"比如经验"，加快那曲脱贫奔小康

在那曲调研过程中，比如县脱贫攻坚的"比如经验"令人印象深刻。浙江宁波、绍兴对口支援的比如县，是那曲深度贫困地区第一个脱贫摘帽的县，具有典型示范意义和借鉴价值。当然，客观上比如县基础相对好一些。

一是"比如经验"是扶真贫、真扶贫的典型。从贫困群众最急需解决问题入手，宁波援藏干部针对贫困乡村突出的地表污染饮用水问题，筹措资金在全县打造了一批"安全饮用水示范井"，并参照浙江经验建立饮用水"井长制"（一村一井一长）。大力推动教育扶贫，援建比如县第二小学、幼儿园等一批教育设施，积极推进集团化办学，小学入学率达99.8%，基本实现了不漏一人义务教育。尤其值得一提的是医疗扶贫"比如模式"。甬绍工作组援建一所200张床位的三乙级综合人民医院，购置CT、彩超、碎石机、X光机、核磁共振等一批先进医疗设备，同步整合4家县医疗单位及9家乡镇卫生院成立比如县人民医院医疗集团，指导比如县医疗体制改革，建立公立民营医联体，培训卫生人员和业务指导，促进优质医疗资源上下贯通，大幅提升医疗水平，真正实现了小病不出乡、大病不出县。

二是"比如经验"是造血式、发展式扶贫的典型。坚持把发展产业作为脱贫致富的治本之策，援藏工作组立足比如县资源禀赋、产业基础、市场需求和群众意愿，发挥比如县比较优势，帮助建立"三大园区""八大基地"，长远产业发展和"短平快"项目相结合，力争稳定增收脱贫。建设比如县民俗手工业园，重点发展贫困人口能受益的劳动密集型加工业和服务业；抓住文化旅游业持续升温机遇，加快建设茶曲乡温泉酒店、骷髅墙景区——文成公主广场等文化旅游产业园，培育旅游业打造县域经济新支柱。大力推动乡镇扶贫商业街区和乡镇农贸市场建设，繁荣乡镇特色经济，解决农牧民就业，实现贫困群众创收增收；因地制宜，实施乡村高效日光温室项目，推广温室种植，将贫困人口脱贫与产业基地建设结合起来，发展特色农牧业。

三是"比如经验"是多方协作、多措并举脱贫的典型。中央和自治区有序规划支持、浙江甬绍对口支援地政府大力扶持、比如县委县政府全力攻坚、汉藏同胞各界共同发力，实现比如县率先脱贫摘帽。援藏工作组重点帮助建立完善贫困对象动态管理机制，突出兜底保障全覆盖、基础建设补短板、培育产业强支撑、教育培训拔穷根、医疗援助治病根、易地搬迁挪穷窝，切实把扶贫政策落实到户、到项目、到资金、到产业。过去五年，在国家、省市县各级共同努力下，比如县累计实施项目1100余个，投资175亿元，城乡面貌焕然一新，各项事业进步明显。2017年甬绍对口援建投资9363万元，其中第八批援藏干部通过自身努力筹集资金1500余万元用于扶贫。好钢用在刀刃上。援藏干部多做雪中送炭、急人之困实功，少做锦上添花、面子工程的虚功，着力推动精准扶贫、精准脱贫。

不过，比如县脱贫攻坚也碰到了难题——政府债务。尽管相比之下，地方政府负债远远小于浙江一般县市甚至是乡镇，但与其自身综合经济实力、财政收入相比，全县政府负债显得有些偏高。2018年6月底，全县政府债务负债率超过百分之百。在国家着力防范地方金融风险的大背景下，这一问题显得尤其突出。对于欠发达地区或深度贫困地区而言，既要打好中央提出的金融风险防控攻坚战，又要打好脱贫攻坚战，确是一个两难。

四 精准施策，建立完善共同富裕长效发展机制

一是加强产业开发扶贫促共富。脱离长期贫困，产业发展是关键。那

曲冬虫夏草、藏药材等特色明显，但产品本地化附加值不高。考虑健全产业扶贫机制，依托本地资源创建浙江精准扶贫示范基地，鼓励浙商援藏、对接市场，适度发展食品药材、旅游手工艺品加工等劳动密集产业。鼓励发展旅游、物流等现代服务业，依托本地人口资源为主规划发展城镇化经济，集聚人口形成规模效应。制定产业准入负面清单，绝对禁止污染产业进入。

二是加强专业技术人才援助扶贫促共富。调研中深刻感受到，脱贫攻坚，援藏干部和专业技术人员是中坚力量。在那曲，浙江的一名党员干部就是一面旗帜、一个专技人才就能形成一片森林。健全长效智力扶贫激励机制，关心厚爱援藏干部，解决援藏干部人才后顾之忧，切实发挥教育医疗等专技人才的关键作用，鼓励他们扎根高原、安居乐业。积极开发本地大学生等人才资源，规划实施大学生就业创业扶持项目，留住人才，强化经济社会可持续发展。

三是加强资金项目援助扶贫促共富。在当前脱贫攻坚战节骨眼上有必要持续加大投入，尤其是援藏资金项目往往有"四两拨千斤"功效，数亿元的资金撬动了全社会近百亿元的固定资产投资。部分必要的民生项目譬如中小学、医院等，存在一定的资金缺口，下一步应有针对性地加大援助力度。加强援藏资金项目审计，确保不浪费每一分钱。

四是创新金融开发扶贫促共富。创新扶贫金融产品，允许设立产业扶贫基金、信托扶贫基金参与扶贫开发，支持贫困县探索创新"债转股"等金融模式化解地方债、降低政府负债率。对贫困地区棚户区改造、易地扶贫搬迁涉及的政府购买服务实行财政豁免条款，推进那曲新型城镇化，改善居住条件。对于贫困地区尤其是有发展潜力的贫困地区，鼓励金融机构区别对待，适当提高债务容忍度。继续推行贫困户小额扶贫贷款政策。

五是切实保护好那一方水土促共富。那曲高原是长江、怒江、澜沧江等大江大河源头，国家草原生态保护区、国家重点主体生态功能区和国家重要的生态安全屏障，生态环境脆弱，不宜大规模开发。统筹山水林田湖草沙系统治理，全面落实草原生态保护补助、森林生态效益补偿等，深入推进怒江上下游横向生态补偿试点，积极安排生态岗位，保护生态的同时加强贫困户生存保障。"绿水青山就是金山银山"，冰天雪地也是金山银山。鼓励那曲发展生态旅游、冰雪旅游及住宿餐饮业，控制牧区牲畜数量和种类，防止过度放牧。

推动山区跨越式发展实现共同富裕

共同富裕，富裕是前提，共同是基础，高质量发展是关键。深入推进山区县跨越式发展，是率先推动共同富裕取得实质性进展的重要支撑，是解决发展不平衡不充分问题，推动共同富裕示范区和现代化先行的难点。以遂昌县为例。

一 山区县推动跨越式发展的做法成效

丽水市遂昌县地处浙西南的大花园核心区，典型的"九山半水半分田"山区县。县志记载，《牡丹亭》作者、被称为东方的莎士比亚——汤显祖曾任遂昌县令五年，写下了大量脍炙人口的诗文。近年来，遂昌县委县政府坚持一张蓝图绘到底、一以贯之抓落实，"绿水青山就是金山银山"，以"一城五区"生产力布局为支撑，县域经济呈现跨越式发展态势。根据统计，"十三五"时期GDP年均增长7.4%，一般公共预算收入年均增长9.9%，城乡居民人均可支配收入年均分别增长8.2%、9.4%，均高于全省平均水平。

（一）聚力建设"天工之城"，初步走出一条山区数字经济发展之路。遂昌紧抓产业数字化、数字产业化机遇，深入实施数字经济"一号工程"，县域数字经济发展影响力指数在山区县名列前茅，数字经济逐步成为遂昌高质量发展的重要驱动力。2020年遂昌入选省级数字经济创新试验区创建名单，为山区26县唯一一个。一是大力推进"天工之城—数字绿谷"建设。项目以生态优美的仙侠湖为核心区，采取市场化投资模式，以打造功能合理复合的创新空间为目标，谋划建设遂昌"科创岛"，推动"农创+文创+科创"融合发展，成功引进阿里云、网易、海康威视等12家数字型企业，项目总投资超百亿元。二是探索形成农村电商发展新模式。大力培育新业态新模式，支持农村电商"赶街村货"发展，培育形成中国农村电商的"淘宝"版，逐步成为促进农民增收的有效渠道和解决服务群众"最后一公里"的创新方案，每年能为农民节约500万元以上的生产生活成本。三是积极优化跨越式高质量发展布局。以"天工之城"为龙头，遂昌全面建设天工之城、未来都市区、有机更新区、生态工业区、红绿融合区、乡村富民区，构建形成全域"一城五区"发展格局①，为跨越式可持续高质量发展奠定了坚实基础。

（二）聚力打造"未来都市区"，初步走出一条山区新型城镇化发展之路。一是积极推进未来社区建设。以组团式发展构建新城体系，坚持以现代都市特征与山地特色并重，揽山进城，融景入城，打造山水城一体、跨越现代与未来的山地之城典范，推动古院社区成功入选省第二批未来社区试点创建项目名单。二是聚力激活老城区。打响城市更新大会战，深化老城区城市更新，逐步实现人口疏解，城市功能渐趋完善，老城发展新活力进一步激发，逐步构建起城市发展"有机更新区"。三是加快交通设施配套建设。加强各功能板块联系，实现"东北拉开、中部挺进"目标，成为打造"未来都市区"的重要支撑。根据统计，"十三五"时期，遂昌县域城镇化率提高了7.3个百分点。

（三）聚力发展"生态工业区"，初步走出一条山区产业转型升级之路。一是持续提升经济质量和效益。着力推进"机器换人""腾笼换鸟"，统筹推进行业智能化、自动化、集成化、生态化的装备改造，成立全省首家生态经济知识产权保护服务中心，省级产业创新服务综合体、省级众创空间、省级科技园区培育等省级创新平台实现"零"的突破。根据县统计局统计，2020年全县高新技术产业增加值占规模以上工业增加值比重达25.5%，较2015年提高了12.9个百分点；R&D经费支出占GDP比重达1.5%；新兴产业增加值增幅全市第一，高新技术产业增加值增幅全市第二，创新驱动产业发展理念逐步显现，已成为经济增长新动力。二是强化生态工业建设。加速产业革新升级，重点打造新材料和生命健康两大百亿级产业集群，构建绿色工业体系，成功入选省生态工业试点县，工业园区入选全国绿色产业示范基地。

---

① 遂昌县人民政府关于印发《遂昌县国民经济和社会发展第十四个五年规划纲要》的通知，遂政发〔2021〕38号。

（四）聚力深耕"红绿融合区"，初步走出一条山区生态产品价值转化之路。一是着力生态价值转化。加快推进生态产品价值实现机制试点建设，推动大田村成为全国首个 GEP、GDP 双核算村，成立"两山银行"，设立全市首个亿元生态价值转化产业基金。据核算，2019 年全县实现生态系统生产总值 709.45 亿元，约为 GDP 的 5.5 倍。二是着力文商旅融合发展。积极打造研学、旅居、团建、会议四大精品旅游目的地，拥有"班春劝农"和"遂昌昆曲十番"国家级非物质文化遗产和汤显祖戏曲特色小镇。据统计，2020 年遂昌县旅游综合收入实现 127.3 亿元，"十三五"时期年均增速 14.6%。三是着力"红色+旅游"发展。以打造"红色旅游目的地"为目标，培育出红色旅游的王村口模式、红色小镇创建标准、生态产品价值实现机制等红色资源价值转换案例和经验做法，打造出了一条"红绿"融合产业示范带。

（五）聚力构建"乡村富民区"，初步走出一条山区富民增收之路。一是持续提升居民收入。2020 年遂昌县城镇和农村居民人均可支配收入分别达到 50425 元和 22264 元，高于全国平均水平。积极推进低收入人群增收，实现低收入农户人均可支配收入 12673 元，增长 17.7%，居山区 26 县第二。二是提升医疗服务水平。开展医疗卫生人才"省属县用"省级试点，浙大二院与县人民医院合作成立学科中心推进县域医共体建设，将人才"管"在省级医院，"用"在县级医院，实现从输血式帮扶到造血式帮扶的有效转变。三是推进富民安居工程。推进"大搬快治""大搬快聚"富民安居工程，已搬迁群众 13033 人，被列为部省级共建乡村振兴示范省先行县。

二 对照高质量发展和共同富裕存在的短板弱项

相较于经济相对发达的浙东北沿海等地，遂昌县跨越式高质量发展的短板弱项，主要体现在交通体系尚未健全、"两山"转化通道尚未完全打通、产业转型升级相对慢、要素保障能力相对较弱等，山区县内生发展动力亟待增强。尽管近年来山区发展取得了很大的成绩，遂昌县在一些主要经济指标上仍落后于全省平均乃至全国平均水平。

（一）"一小时"城市交通圈未完全实现，资源要素"快进快出"大通道打开受阻。一是高铁尚未建成开通。遂昌是衢丽大花园的核心区域，金义都市区的后花园，长三角地区的旅游休闲地，近年来虽然衢宁铁路建成开通，结束了遂昌无火车的历史，但衢宁铁路为单线、客货共运、时速最高160千米，遂昌到杭州仍旧需要三个半小时，比开车用时还长，且由于班次较少，对外来游客吸引力不大。二是境内公路网密度偏低。2019年底全县公路网密度为71.31千米/百平方千米，低于全省48个百分点，二级及以上公路占比仅为10.17%。高等级公路占比率远低于全省乃至全市水平，遂昌作为大花园核心地区满足外来游客的"快进快出"通道尚未打开。在某种程度上，以遂昌为代表的大花园地区通往都市区、大湾区的交通矛盾，已经成为大花园地区发展的主要矛盾。

（二）产业集聚创新和转型升级能力较弱，绿水青山就是金山银山"两山"转化通道打开受阻。一是产业层次偏低创新能力不强。以金属制品为主导的传统加工制造业为主，高耗能行业偏重，与生态保护理念冲突。同时存在企业规模偏小、效益低、竞争力相对较弱等问题。在工业的研发投入和亩均税收上与全省平均水平存在差距，遂昌规模以上工业亩均税收为18.2万元，低于全省9.3万元，生态效益与经济效益不相匹配；研发投入占比为1.15%，低于全省1.45个百分点。二是生态优势未完全转化为旅游资源优势。遂昌拥有丰富的旅游资源，但在旅游产业发展上尚未成熟，旅游景区有待提升，旅游产品力不足，休闲体验式产品少，新产品新业态缺乏，导致生态资源优势未形成旅游资源优势。

（三）资源要素供给跟不上经济社会快速发展需求，跨越式高质量发展支撑通道打开受阻。一是土地资源紧缺。受地理环境限制，遂昌县可供开发利用的土地少，但其又正处于快速发展时期，产业、社会事业、基础设施等各方面重点项目加速推进，与发达地区一样对土地指标的需求逐年加大。根据调研了解到，近三年遂昌每年新增建设用地指标需求量约2000亩，但省厅三年累计下达指标仅2784亩，指标缺口较大，难以满足经济社会发展需求。二是资金缺口大。遂昌财政属于弱级别，2020年财政总收入18.59亿元，一般公共预算收入11.43亿元，其中税收收入9.27亿元，但刚性支出达24.3亿元，财政收支不平衡，进一步影响重大项目建设，经济社会发展受限。

（四）山区公共服务保障能力有限，实现共同富裕的通道打开受阻。一是学校生均教育经费低于全省平均水平，义务教育标准化学校创建率96.43%，也低于全省水平；"双一流"高校录取率偏低；教育高端人才引进依旧艰难，初中、高中教师研究生比例严重偏低，远低于全省平均水平。二是医疗资源相对不足，基础薄弱，部分卫生院业务用房、医疗设备和办公设备老旧，需投入大量资金进行更新换代。三是乡镇居家养老服务中心建设滞后，养老机构城乡发展不平衡，全县村级居家养老日间照料中心192个，具有配送餐或开办老年食堂功能仅为63.5%；乡级具有500平方米可设置托养床位10个以上的几乎没有。

三 数字化引领加快山区跨越式高质量发展

山区是浙江实现共同富裕和命运共同体的重要组成。发挥自身特色优势，探索形成山区县跨越式高质量发展的道路，跳一跳摘桃子，完全可以渐渐追赶上全省现代化发展步伐和实现共同富裕。针对遂昌等山区县普遍存在的短板弱项，建议在现代化交通体系、山海协作、产业培育、要素保障、公共服务等方面加大力度并给予省级层面支持，加快实施"大搬快聚·富民安居"等工程，进一步打通"绿水青山就是金山银山"的两山转化通道，推动跨越式高质量发展。

（一）支持山区数字化转型赋能，构建生态产业体系

一是支持山区数字经济发展。研究制定基于山区生态经济和数字经济发展的"一县一策"。加强与数字经济头部企业战略合作，设立专项资金鼓励引聚数字经济人才团队、创客群体、中小微创新企业，积极构建"生态+、文化+、数字+"相互促进的数字生态产业体系。支持遂昌持续推进省级数字经济创新发展试验区创建，深化推动"天工之城—数字绿谷"建设。二是支持发展山区生态工业。以集群化、绿色化、数字化、现代化为方向，推动传统制造业转型升级，引育高端装备制造、新材料、生命健康等新兴产业，构建现代生态工业体系。三是支持山区高品质全域旅游发展。推进汤公文化+旅游、红色文化+旅游、民俗文化+旅游等文旅融合发展，给予山区旅游一定的资源倾斜，帮助打响山区文旅品牌，推动富民增收。

（二）支持山区重点项目建设，加快完善基础设施

一是强化山区交通重点项目资金保障。提高山区26县补助标准，降

低山区县地方配套资金支付比例，在重点铁路、高速公路等项目资本金部分考虑进一步提高省级比例、降低地方出资。二是加大重点交通项目支持力度。就遂昌而言，要加大衢丽铁路、义乌至龙泉高速公路、528国道遂昌石练至龙泉段改建工程等重点建设项目的支持力度。

（三）支持山海协作工程深化，加快健全长效机制

一是深化飞地建设。抓住长三角一体化发展和长三角区域科创共同体建设机遇，支持加快推进南湖—遂昌为主的山海协作产业园和其他"科创飞地""人才飞地"建设，支持"飞地互飞"。推动高水平建设遂松（遂昌—松阳）乡村振兴示范区，加快融入长三角一体化和海西经济区。加大专项资金支持力度，予以产业飞地一定额度的建设用地指标保障。二是建立健全结对帮扶机制。推动设立省属企业主导、地方参与、民企入股的山区建设投融资运营管理平台，建立省属企业结对帮扶机制，盘活山区自然资源，逐步形成"一企一县一项目"长效帮扶机制。

（四）支持山区创新要素保障，加快推动跨越式发展

一是拓宽融资渠道。鼓励政府性融资担保机构为山区企业提供融资担保服务，降低担保费率，重点支持遂昌有条件的企业境内外上市融资或发行债券融资。支持下放1000万元及以下额度贷款审批权限至遂昌县域金融机构，着力解决融资难融资贵问题。二是完善绿色发展财政奖补政策。充分考虑遂昌等地空气质量处于天花板的情况，在新增空气质量财政奖惩制度中，参考出境水质财政奖惩制度，考虑既有存量奖补也有提升下降奖惩，每年按天数占比给予一定的奖励，更加精准。

（五）支持山区公共服务均等化，夯实共同富裕基础

一是加大农民异地搬迁补助力度。持续大力推进"大搬快治""大搬快聚"等富民安居工程，实施"大搬快富"行动。二是加大就业创业人才政策支持力度。加强人才定向培养政策扶持，鼓励专家团队到遂昌开展人才服务，鼓励高校毕业生到遂昌开展实习就业。在职称评定、岗位竞聘、升职加薪等方面，给予一定的资源倾斜。三是提升医疗教育等保障水平。进一步拓展"省属县用"试点范围，推动优质医疗资源下沉。进一步推进"互联网+义务教育"结对帮扶，加强教师团队山海协作交流。

高质量发展促进共同富裕的嘉善经验

新时代走高质量发展共同富裕之路，就是要坚持发展是解决我国一切问题的基础和关键，坚持创新发展、协调发展、绿色发展、开放发展、共享发展的新发展理念，坚持高质量发展作为首要任务，坚持以人民为中心的发展思想，坚持共同富裕方向，坚定不移地增进民生福祉。

一 县域高质量发展促进共同富裕走在前列

数字赋能、制度重塑、共建共享，坚持不懈推动县域发展质量变革、效率变革、动力变革，在强县的同时突出为民办实事，美人其美、美美与共，把经济发展同满足人民美好生活需要紧密结合起来，不断提高人民群众生活水平和生活质量，是嘉善推动县域发展的一个典型特征。

一是抓住机遇深化形成"特富美安"路子。嘉善紧紧抓住新一轮科技革命和产业变革机遇，发挥自身比较优势和区位优势，以接轨上海提升科创产业质量，以数字赋能培育增强新动能，大力发展新技术新产业新业态新模式"四新"经济，着力推动数字产业化、产业数字化、区域一体化、治理现代化"四化"建设，率先高水平全面建成小康社会，成功创建省级数字经济创新发展试验区，数字社会建设走在全市乃至全省前列。2010—2020年县域主导产业从传统的木业家具、五金机械、纺织服饰等，全面升级为数字经济、精密机械、智慧物流、文化旅游等产业，数字经济核心制造业增加值占规模以上工业比重由10%提高到32.3%，高于全省18个百分点，战略性新兴产业增加值占比由25%提高到59.1%，高新技术产业增加值占比由26.1%提高到73.5%；财政收入名义增长2.1倍，而同期全省、全国分别增长1.5倍和1.2倍，企业利润大幅增长，城乡居民收入高于浙江全省平均水平。

二是逐步成为县域高质量发展的新标杆。近十年来尤其"十三五"时期（2016—2020年）五年，是嘉善县域经济发展最有活力，人民生活水平提高最快，社会大局最和谐稳定，生态环境改善最明显，人民群众获得感幸福感最高的五年，县域发展实现美丽蝶变迈上高质量发展征程，新时代高质量发展水平领先全国百强县。"十三五"时期县域地区生产总值、全社会劳动生产率年均增长均超过8%，常住人均GDP达1.5万美元，高新技术企业和省级科技型中小企业1290家，为2015年的4.2倍，科技创新力、产业竞争力、城乡新面貌全面提升。尤其是克服新冠疫情带来的巨大冲击，地区生产总值逆势增长8.0%，高于全省和全国4—6个百分点，显示出嘉善县域经济强大的韧性和内生动力。与"六普"相比，2020年城镇化率提高22.8个百分点达到73.1%。对位居前20全国百强县的县域高质量发展评价，结果显示嘉善综合排名第二①。其中，财政增收、分配结构优化、金融与创新水平提升、城镇化迅速推进等，是嘉善高质量发展领先的主要原因。

三是群众获得感、幸福感、安全感不断增强。21世纪初，嘉善提出要建设更加富裕、美好的新嘉善，2013年明确"三区一园"定位，2017年上升为"四区一园"，即产业转型升级引领区、城乡统筹先行区、生态文明样板区、开放合作先导区、民生幸福新家园，并锚定了新发展阶段打造全国县域高质量发展示范点的战略定位②。无论如何变化，其中"一园"即建设美好幸福家园，始终是嘉善孜孜不倦地追求。譬如，深化县域治理数字化改革，推进县域治理现代化，政府服务事项基本实现"网上办""掌上办"，民生事项实现"一证办""最多跑一次"；深化综合行政执法改革，规范化建立县级社会矛盾联合调解中心，推动矛盾纠纷调处化解"最多跑一地"；深化教育医疗改革、养老服务业标准化试点，完善社会保障体系，构建大救助体系，实现全面小康路上一个也不能少。据统计，"十三五"时期嘉善县全部财力75%以上用于改善民生，用于解决群众最关心、最直接、最现实的利益问题，用于解决群众美好生活需要和发展不平衡不充分之间的矛盾。

---

① 中共嘉善县委推进办、浙江省发展和改革研究所：《浙江嘉善县域科学发展示范点建设第二阶段实施情况自评报告》2020年11月。

② 国家发展改革委关于印发《浙江嘉善县域科学发展示范点发展改革方案》的通知，发改地区〔2017〕278号。

四是逐步成为实现共同富裕的先行者。嘉善坚持新型城镇化与乡村振兴双轮驱动，坚持城区提升和中心镇小城市培育双轮驱动，发挥平原地区城乡协调均衡相对优势，在推进新型城镇化、提升基础设施、创新协调发展机制等方面大胆探索，2020年居民人均可支配收入、城乡人均住房面积达标率、互联网普及率指数、城镇登记失业率等主要指标达到或超过我国小康国标2倍，率先高水平全面建成小康社会，被《小康》杂志社列为中国城乡统筹百佳县市第4位。城乡居民人均可支配收入绝对值高于全省平均且收入差距相对较小，城乡居民收入比缩小至1.54∶1，远低于全国2.56∶1和全省1.96∶1，是我国城乡差距最小的县域之一；农村土地流转率达86.6%，村均集体经济经常性收入突破400万元。近五年基本养老保险参保人数年均增长8.4%，2020年全县每千名老年人口拥有社会养老床位超过58张，人均预期寿命84.37岁，达到世界发达国家和地区水平。

二 主要经验：努力形成高质量发展高度自觉

嘉善能够在县域高质量发展上率先一步，并正在成为共同富裕发展的样板，关键是多年培育养成了改革创新发展的高度自觉。即自觉旗帜鲜明地讲政治，自觉贯彻落实五大新发展理念，自觉争做改革"试验田""排头兵"，自觉让发展成果更多更公平惠及全体，环环相扣，努力做到政治自觉、思想自觉、理念自觉、行动自觉、使命自觉。

一是政治自觉，即自觉旗帜鲜明讲政治，忠实践行"八八战略"，奋力推进习近平治国理政思想在县域发展的实践。"八八战略"与"五位一体"总体布局和"四个全面"战略布局一脉相承，是浙江率先迈上高质量发展新征程的关键。2003年习近平同志在浙江工作期间，按照中央部署经过大量调研提出"八八战略"，即发挥八个方面优势、推动落实八项举措，擘画浙江发展蓝图，并在嘉善调研时作出落实"八八战略"的系列重要指示[1]。嘉善始终把讲政治、提高干部政治能力放在首位，发扬孺子牛、拓荒牛、老黄牛精神，践行"八八战略"，对照"八八战略"找准区位、特色产业、城乡协调等优势，探索"八八战略"在县域的具体载

---

[1] 中共嘉善县委编：《新发展理念的嘉善实践》，中国社会科学出版社2018年版。

体、平台抓手,全方位接轨上海,融入长三角,增强大都市区协同发展"同城效应",切实把习近平治国理政思想转化为推进县域发展的动力,推动党中央和省委决策部署在善落地生根和开花结果。嘉善的实践证明,"八八战略"是嘉善和浙江的宝贵财富,只有坚决执行大政方针,与时俱进贯彻落实省委、省政府决策部署,自觉把区域发展放到全省乃至全国发展格局中考量,结合自身优势,创新思维,才能推动县域经济社会持续健康发展。

二是思想自觉,即自觉全面加强党建工作,大力弘扬红船精神和浙江精神,认真履行全面从严治党主体责任、政治责任。"党政军民学,东西南北中,党是领导一切的。"县委以党建为统领增强党的领导力,积极探索党的建设与经济、政治、文化、社会和生态建设相融合的新机制,大力弘扬红旗塘精神、红船精神、浙江精神等优秀文化精神,全面加强思想、组织、作风、反腐倡廉和制度建设,始终保持振奋精神和高昂的奋斗姿态,以全面从严治党建好引领"双示范"建设的干部队伍。围绕干事创业选人用人,实施"活力倍增""领雁带创""正本清源"计划,开展干部"怕担当"专项整治,建立为官不为问责机制,建立党员干部德能勤绩廉考核能上能下的机制。深化"整乡推进、整县提升",高标准落实农村基层党建"浙江二十条",全方位夯实示范点建设的党建基石。定期开展党员干部队伍培训、交流挂职,打造过硬能力过硬本领。嘉善的实践证明,推动县域改革发展工作,关键在党,关键在干部,要用好管好引领县域发展的"关键少数",坚持党管干部原则,不忘初心、牢记使命,深入改进作风,持续提升党员干部能力和水平,克服本领恐慌、能力恐慌、知识恐慌,才能不断提高引领和推动县域发展的能力。

三是理念自觉,即自觉加强系统谋划和顶层设计,坚持五大新发展理念,系统集成、整体智治,科学绘制县域发展蓝图推动高质量发展。县委县政府历来高度重视顶层设计和系统谋划,形成理念自觉,深入调查研究全县经济社会发展版图,坚持县域506平方千米土地一体全域规划、总体规划和空间规划产业规划"多规合一",结合上级、专家、群众意见反复迭代升级,并在更高层次和理念上深化完善,规划法定之后实行挂图作战。在2013年明确产业转型升级引领区、城乡统筹先行区、开放合作先导区、民生幸福新家园"三区一园"的目标定位基础上,按照创新、协调、绿色、开放、共享的新发展理念,2017年进一步谋划研究了"四区一园"。按照长三角生态绿色一体化发展示范区要求，进一步深化打造生态优势转化新标杆、绿色创新发展新高地、一体化制度创新试验田、人与自然和谐宜居新典范"三新一田"的战略定位，争创社会主义现代化先行区。嘉善的实践证明，必须全面把握时代要求，坚持新发展理念，系统设计符合实际的规划举措，找准定位一届接一届干，方能有效解决县域发展中面临的共性问题、率先破解发展中遇到的突出问题。

四是行动自觉，即自觉坚守改革开放多轮驱动，上下联动充分激发县域发展活力源泉和内生动力，争当改革"排头兵"和"试验田"。嘉善紧紧围绕"发展出题目、改革做文章"，牢固树立"没有走在前列也是一种风险"忧患意识，深化"三去一降一补"等供给侧结构性改革，以政府改革为牵引深化全面改革，从"自主"到"自觉"，突出问题导向抓好行政审批、要素市场化配置、投融资体制、农村产权制度等重点改革，全力推进基础设施投融资体制改革、农村集体经济"飞地抱团"、养老服务业综合改革、长期护理保险制度等100余项省级以上改革试点，以集成改革破解发展障碍，创新产业转型、城乡统筹发展、扩大开放等体制机制，打造改革金名片[①]。国家有关部委不断加强工作指导和政策支持，省委、省政府和嘉兴市委、市政府高度重视，各级各部门协调一致，共同推进项目招大引强，实施人才新政培育引进高端人才，实施投资新政创新投融资体制机制等。嘉善的实践证明，坚持问题导向、改革导向、创新导向，凝聚方方面面力量，上下联动齐心协力推进，积极改革创新主动求变，于变局中开新局、于危机中育新机，方能让区域经济社会发展拥有不竭动力。

五是使命自觉，即自觉践行以人民为中心的发展思想，以民生为先民生为重，不断增强人民群众获得感、幸福感、安全感，增进民生福祉。嘉善始终坚持以人民为中心，积极探索"县域善治"体系建设，整体智治促进县域治理现代化，切实做好教育、医疗、就业、社会保障、环境治理等工作，着力让发展改革成果惠及广大人民群众，为群众谋幸福作为自身的初心使命。尤其是坚持着眼于群众最关心的利益问题，着眼于解决群众最需要解决的矛盾问题，全力落实好"三改一拆""五水共治""五气共治"以及"法治浙江""平安浙江"等省委、省政府决策部署，深化平安嘉善、法治嘉善建设，深化各项社会民生事业改革试点，建成15分钟

[①] 中共嘉善县委宣传部编：嘉善县委理论学习中心组文集《学习与思考》，2016年3月。

"养老服务圈""医疗服务圈""优质教育圈",尽早地全面消除人均年收入4600元以下贫困户。嘉善的实践证明,坚持发展成果由人民共享,经济社会发展的成果惠及人民,是发展为了人民的具体体现和最终目的,才能使人民群众积极地支持和认同党委政府领导、认同改革、认同发展,夯实全面建成小康社会和实现现代化中国梦的基石。

三 若干启示:坚定不移开创共同富裕新局面

郡县治,天下安。可以说嘉善县域发展,是新时代浙江模式、浙江经验、浙江精神的生动写照。嘉善全面贯彻新发展理念推动高质量发展和共同富裕的实践表明,习近平新时代中国特色社会主义思想接地气十分管用,是新时代推动县域改革发展必须坚持和运用的科学理论,这也是嘉善开创县域高质量发展与共同富裕新局面带来的深刻启示。

启示之一:坚持牵一发而动全身,抓大事谋全局,系统谋划,坚定不移沿着新思想指引的路子走下去。多年来,嘉善县域经济长期两头在外,产业徘徊在产业链价值链中低端,企业规模整体偏小,传统产业占比较高,高科技、高附加值产业规模总量小,自主创新能力弱,项目招引甚至有"捡到篮子都是菜"的思维倾向。针对这些问题,习近平同志早在浙江工作时深入调研全省和嘉善工作,提出要"进一步发挥浙江的块状特色产业优势,加快先进制造业基地建设,走新型工业化道路",要"放眼全局谋一域,把握形势谋大事""始终把全局作为观察和处理问题的出发点和落脚点,以全局利益为最高价值追求""促进结构调整要腾笼换鸟、凤凰涅槃"[1]。正是嘉善县委县政府坚持不懈,不断从习近平新时代中国特色社会主义思想中得到方向指引、精神滋养,从省委、省政府决策部署中得到方法路径、发展重点,紧紧扭住数字经济"一号工程"、数字化改革"牛鼻子",应用人工智能、大数据、云计算、物联网等新技术促发展,在抓好招大引强、科创能级跃升等"牵一发而动全身"具有乘数效应的关键环节同时,考虑全局性系统谋划、纲举目张,主动对标先进,虚心学习吸收好经验、好做法,坚持谋篇定向,高标准规划布局,开放协同发展,奋力追赶,最后汇成奔腾激流取得了县域发展升级的非凡成效。

---

[1] 中共嘉善县委编:《新发展理念的嘉善实践》,中国社会科学出版社2018年版。

启示之二：坚持一张蓝图绘到底，善作善成、久久为功，坚定不移地沿着绿色生态的路子走下去。嘉善是平原地区、水系末端，受自然条件约束县域森林覆盖率明显低，生态环境容量承载能力有限，生态建设面临诸多制约。城乡污水处理设施不完善，园区管网运行能力不足，"低散乱"工业企业和生猪养殖末端治理不到位一度导致内源性污染重，水环境质量曾长时间徘徊在劣五类。针对这些问题，习近平同志提出"绿水青山就是金山银山""宁愿要绿水青山，也不要金山银山"，"要进一步发挥浙江的生态优势，创建生态省，打造绿色浙江"，同时反复告诫"功成不必在我""一张蓝图绘到底，一任接着一任干""善作善成，久久为功""成功之道在于锲而不舍"[1]。嘉善坚持"两山"理念，集合集成各方面的智慧经验，抓住主要矛盾和矛盾主要方面，通过例会、专班、约谈等形式创新作战机制，直面问题、抓铁有痕、踏石留印，建立工作任务清单，建立工作闭环机制，创新生态差异化考核机制，始终保持政策的稳定性、连续性，一环扣一环、一步跟一步、一任接一任，愚公移山、水滴石穿，最终取得打赢污染防治攻坚战的全面胜利，走出了一条平原地区践行绿水青山就是金山银山的"两山"道路。

启示之三：坚持改革创新关键一招，改革破题、创新制胜，坚定不移沿着高质量发展的路子走下去。嘉善是资源小县，地域面积小、发展空间有限，经济社会发展受资源制约明显，特别是在土地、资金和人才等方面供需矛盾突出。随着改革开放不断深入和工业化、城镇化、市场化推进，区域经济发展竞争日益激烈。针对这些问题，习近平同志要求"进一步发挥浙江的体制机制优势，大力推动公有制为主体的多种所有制共同发展，不断完善社会主义市场经济体制""靠资源消耗来发展经济，这不是浙江的优势"，对嘉善"希望你们在转变经济增长方式方面取得新成效""要以改革为突破口，围绕体制性机制性的一些障碍，深入剖析，逐个破解"等[2]。嘉善充分发挥改革的突破和先导作用，通过深化"最多跑一次""亩均论英雄""四换三名"等转型升级组合拳，破解资源要素相对缺乏的窘境；同时鼓励基层大胆探索、积极创新，线上线下联动，深化基层治理"一件事"继承改革，推动基层理念创新、制度创新、管理创新、

---

[1] 习近平：《之江新语》，浙江人民出版社 2007 年版。
[2] 中共嘉善县委编：《新发展理念的嘉善实践》，中国社会科学出版社 2018 年版。

模式创新等。对标对表上海、杭州等发达地区,深化代办制、承诺制、标准地、容缺审批等行政审批制度改革,全方位优化营商环境,构建"亲""清"新型政商关系,谋划实施县域数字新政、科技新政、人才新政、投资新政、开放新政等,打好高质量发展组合拳,全面推动县域经济高质量发展。

启示之四:坚持一切从地方实际出发,扬长补短、高效协同,坚定不移地沿着开放发展的路子走下去。嘉兴嘉善与上海、苏州等先发地区毗邻,但由于隶属不同行政区划,且在经济基础、产业发展、设施建设和平台能级开放合作等方面存在较大落差,要素自由流动存在壁垒,跨区域协同合作存在障碍,区域联动的深层次合作局面未能全面打开。针对这些问题,习近平同志提出全省"进一步发挥浙江的区位优势,主动接轨上海、积极参与长江三角洲交流与合作,不断提高对内对外开放水平",期望嘉善"希望你们在主动接轨上海、扩大开放,融入长三角方面迈出新步伐""北接上海、东引台资"等[①]。多年来,嘉善俯下身子撸起袖子积极对接,全面接轨上海、融入长三角。充分发挥区位优势,抓好上海为重点的区域合作和以上海为窗口的国际合作,积极突破各自为政的藩篱,协助建立省市县联动、部门间协作、政银企互动一套可运转的高效机制,设立长三角嘉善科技商务服务区、姚庄临沪产业合作园,谋划建设上海人才创业园、中新嘉善现代产业园等;抓住长三角一体化上升为国家战略契机,推动青(浦)嘉(善)吴(江)三地深度协同,画出最大同心圆,加快建设生态绿色一体化示范区,规划管理、生态保护等一体化制度创新方面一批发展经验在全国推广。

启示之五:坚持一切工作以人民为中心,利民为本、法治为基,坚定不移地沿着共同富裕的路子走下去。对嘉善而言,发挥县委核心作用,全面从严治党,既是忠实践行"八八战略"的根本保障,也是践行以人民为中心的发展思想带领全县人民共同富裕的政治保障。习近平同志提出"进一步发挥浙江的城乡协调优势,统筹城乡经济社会发展,加快推进城乡一体化""进一步发挥浙江的环境优势,积极推进基础设施建设,切实加强法治建设、信用建设和机关效能建设","把抓好党建作为最大的政绩""做一切工作都是以人民为中心""希望嘉善取得实现全面小康社会

[①] 中共嘉善县委编:《新发展理念的嘉善实践》,中国社会科学出版社2018年版。

新成绩"等①。县委、县政府充分发挥党的领导核心作用,坚持在率先全面建成小康社会的基础上攻坚克难,全面实施乡村振兴战略建设美丽乡村发展新型农业,提高农村居民收入。通过率先应用大数据、人工智能、人脸识别等新技术,探索建立城乡基本无差别的医疗共同体、教育共同体、养老共同体、社会治理共同体等,深化县域公共服务体系建设,完善城乡一体社会保障体系。坚持敢为人先,探索建立"县镇一体、条抓块统"的整体治理格局,推进政务公开标准化规范化,提升基层治理现代化水平,争创全国法治政府示范县,确保权力始终运行在法治轨道上,使得各项决策更贴实际、更接地气、更合民意,确保以务实苦干作风干成一批经得起实践、历史和人民检验的事情,更好地满足人民群众对美好生活的向往。

---

① 中共嘉善县委编:《新发展理念的嘉善实践》,中国社会科学出版社2018年版。

现代化共享发展义乌经验

改革开放以来,凭借着义利并重、诚信包容的"义乌精神",不仅成功创造了"义乌奇迹",还积累了点石成金的"义乌经验",从而形成特色鲜明、民富县强、极具创造性的县域经济发展模式,并不断丰富。义乌发展经验是"浙江经验""浙江模式"的有机组成和典范。坚持现代化共享发展的"义乌经验"既有独特性,更有普适性。

一 义利并重,开放包容的"义乌精神"

"义乌精神"渊源深厚,与浙江精神、中华民族精神一脉相承,是义乌发展的内在灵魂。义利并重、开放包容和创新为核的义乌文化精神,是义乌区域经济长期发展的最大竞争软实力,推进"义乌模式"不断与时俱进、改革经验层出不穷。2006年义乌市委开展大讨论将"义乌精神"表述总结为十二字:"勤耕好学、刚正勇为、诚信包容",充分体现了义乌人传统秉性、创业精神及国际商贸文化等特色[1]。同时,义乌人更兼具侠义、务实、创新等精神。

一曰"侠义"。浙中地区受传统儒家文化浸淫已久,义乌人不仅素有勤耕好学、刚正勇为的传统,也日渐生发出"义"字当头、敢于担当的侠义精神。无论是初唐四杰之一和文学大家骆宾王,还是刚直豪爽、抗金斗争中涌现的宋朝一代名将宗泽,无论是具有强烈爱国抱负和忘我忧民思想的乌伤四君子(义乌古称乌伤),还是铁骨铮铮写过《海瑞罢官》等文章的历史学家吴晗,无论是翻译了《共产党宣言》中文首译本的现代教育家陈望道,还是左翼文化运动领导人和文艺理论家冯雪峰等,皆显敢作

---

[1] 陆立军:《亲历"义乌经验"》,《浙江经济》2006年第13期。

敢为、刚正不阿、舍生取义的侠肝义胆本色。

二曰"务实"。深受陈亮等"经世致用"浙东学派影响熏陶，义乌人主张工商皆本、义利统一，"义利并重"，即西汉著名史学家司马迁所谓的"天下熙熙皆为利来；天下攘攘皆为利往"，不齿于讲利，君子爱财、取之有道。在重商兴商的精神引领下，义乌人民率先进行市场化取向改革，陶冶了义乌人特别能吃苦、特别能忍耐、特别能创业、特别能发现商机、特别能适应市场经济的优秀品行[1]，培育了一大批优秀能干的义商，在实践中勇立潮头、勇当标兵，浙中地区义乌东阳商人正在成为知名商帮的代名词。

三曰"图强"。义乌最具特色的便是发轫于廿三里镇一带的"鸡毛换糖"敲糖帮，明清时期已经摇"拨浪鼓"、挑"货郎担"走南闯北、走街串巷、走遍各地，用蔗糖换取鸡毛鸭毛等，所得羽绒用来制作衣服或施肥让粮食增产，搞活流通、增加收入[2]。由此萌发出最初的商品市场经济，一路蜿蜒曲折发展最终造就了义乌世界级的小商品市场。一曲"鸡毛换糖"，深刻记录了义乌人敢于顶着"投机倒把""资本主义尾巴"大帽子的冒险史，述说着义乌人风餐露宿、饱受艰辛、白手起家的创业史，更是磨炼出义乌人自强不息、自力更生、奋发图强和咬定青山不放松的可贵文化品质。

四曰"包容"。随着时代发展，义乌人包容开放的品质更多体现出来。义乌最早把"外来农民工"称为"外来建设者"，与温州等地相比，义乌更像深圳、上海等移民城市，义乌人不排外、不欺生甚至包容性更强，有着美美与共、以和为贵的博大胸襟胸怀，"你赚钱我发财""来的都是客"。义乌人包容，也体现在义乌有众多民族、众多国别的人和睦相处创业与生活，有佛教文化、基督文化、非洲文化等，兼容并蓄、海纳百川。据统计，义乌户籍人口约90万人，流动人口超过200万人，常住人口近190万人，新义乌人超过一半，其中各大洲常驻外商超1.5万人，少数民族6万多人涉及48个民族，构建形成了一个多民族的县域开放社会。

五曰"创新"。在当时技术积累相当落后的前提下，义乌人以制度创

---

[1] 吴红霞：《走一条富有义乌特色的发展道路——访中共金华市委副书记、义乌市委书记楼国华》，《今日浙江》2005年第24期。

[2] 陆立军等：《市场义乌：从鸡毛换糖到国际商贸》，浙江人民出版社2003年版。

新、模式创新、市场创新、政策创新为主推动区域创新和创新驱动,不拘泥于陈旧的固定模式和准则,率先发展、率先致富。根据义乌市政府工作报告,义乌是全国唯一由国务院批复开展国际贸易综合改革试点的县级市,是全国首个开展个人跨境人民币业务的试点城市、首个拥有邀请外国友人审批权限的县级市、首个拥有对外贸易经营者备案登记管理权限的县级市。改革开放四十年来,无论是率先推进强县扩权改革还是财政预算管理改革,无论是首创工会维权的"义乌模式"还是开拓市场化先机的"义乌模式",皆体现了义乌人民强烈的创业创新精神,在推动义乌快速后发崛起的同时,也为全省乃至全国提供了大量有益经验借鉴。

二 无中生有,筚路蓝缕的"义乌奇迹"

"义乌奇迹"是义乌发展的生动体现。义乌地处浙中资源贫乏的丘陵内陆地区,市域面积约1105平方千米,地形大致"七山半水两分半田",与沿海沿湾地区相比更类似于我国中西部县市,既无港口关口也无丰富物产。义乌从一个地瘠民贫、一穷二白的内陆型农村经济,艰苦创业成长为"买全球卖全球"的"世界小商品之都"、国际商贸名城和国际陆港城市,从商品贸易到数字贸易不断迭代升级,创建浙江首个国家知识产权示范城市、国家首批物流枢纽、国家首批社会信用体系建设示范城市等,连续多年居中国百强县市前20位以及中国最富有县市之称,可谓"义乌奇迹"。

改革开放四十年,义乌率先高水平全面建成小康社会。毫无疑问,义乌是高水平全面建成小康社会的样板。早在2006年,义乌城乡居民人均收入双双超万元、人均GDP超3000美元,比全国提前了十年实现小康。1978—2017年,义乌市小商品市场交易额从1亿多元扩大至1226亿元,增长约1200倍;地区生产总值从0.2亿元增长到1158亿元(快报数),名义增长905倍,年均同比增长14.5%,高于全省2个百分点,是同期全国的1.5倍;财政总收入从0.2亿元增加至142.1亿元,增长了711倍;人均GDP从235元提高到90500元,名义增长385倍;中心建成区面积由2.8平方千米扩大到103平方千米,增长36.8倍;城区常住人口从3万人增加至90万人,增长约30倍;城镇居民人均可支配收入由277元提高至66081元,增长239倍;农村居民人均可支配收入由136元提高至33393元,增长246倍。当前义乌市全体居民人均可支配收入超过8万元,连续多年领跑全国县市。

改革开放四十余年,义乌率先转型迈向"服务经济"时代。服务业比重稳定保持在60%以上,城市化水平超过80%,达到发达国家和地区水平。贸易、会展、物流、文化、金融等产业发达,每年举办各类专业展会超过100个,义博会、旅博会、森博会、电商博览会、进口商品博览会等已成为全国乃至国际性展会。中国小商品城不断迭代升级,电商换市、空间换地,从实体市场到网上市场,从"互联网+"到"一带一路",从出口贸易到进口贸易、转口贸易,不断形成全国网商集聚中心、网货营销中心、跨境电子商务高地。市委、市政府通过强化科技和人才支撑,机器换人、腾笼换鸟、招大引强,引进"沃尔沃"发动机、英伦新能源整车等一大批高精尖项目,吸引"国千""省千"人才,积极发展生产性服务业、文化创意产业,新技术新产品新业态新模式蓬勃发展,推动"义乌制造"不断向"义乌创造"转变。义乌以前过多依赖低端产业、低成本劳动力、传统商业模式等发展路径,如今走上了新型工业化、新型城市化引领的高质量发展道路。

改革开放四十余年,义乌率先向高水平推进现代化建设迈进。全市牢固树立都市区、城市群和国际化发展理念,推进"多规合一"统筹空间、规模、产业三大结构,探索建设丝路新区、陆港新区、科创新区三大平台,加快建设综合交通廊道、金义科创廊道、浙中生态廊道三大廊道,打造金华—义乌都市区成为浙江第四大都市区。探索开放型经济新路子,创建航空口岸、铁路口岸和国际邮件互换局,做强"义甬舟""义新欧"高能级开放平台,构建海、陆、空、铁、邮、网一体的内陆无水港,打造贸易便利化改革示范区。坚持人与自然和谐发展,"三改一拆""四边三化",大力推进美丽义乌建设和绿色化发展,经济生态发展质量效益不断提高。根据统计,在全省61个实行一级财政管理体制的县(市、区)中,义乌建成区面积、货物出口额、城乡居民人均可支配收入、人均住户存款余额、每百户家庭私人汽车拥有量、移动电话年末用户数、电信业务收入、每百户电话拥有量等多项指标居首,县域发展率先踏上现代化建设新征程。

三 点石成金,富民强县的"义乌经验"

"义乌经验"是义乌发展的精华精粹。改革开放四十年,义乌成了县域治理单元伟大的"试验田",这也正是义乌发展的神奇之处。早在2006年浙江省委、省政府发出了关于学习推广义乌发展经验的通知①,时任浙江省委书记习近平曾生动地用"无中生有、莫名其妙、点石成金"概括义乌发展经验。彼时省委调研组深入调研后总结了六条义乌发展经验,即"坚持兴商建市、促进产业联动、注重城乡统筹、推进和谐发展、丰厚文化底蕴、力求党政有为"。义乌发展是浙江发展的一个生动缩影,根本上还在于形成了若干普适性经验。

第一,充分尊重人民群众首创精神,充分发挥市场配置资源的决定性作用。改革开放四十年义乌的发展史就是一部创新史。可以说义乌最大限度地发挥了人民群众的创造性、主动性、积极性,尊重人民群众首创精神,求变、求创新、求真务实,勇于推进理论和实践创新,探索出符合义乌自身特色和规律的发展道路。义乌人从廿三里镇马路市场起步到创新打造世界"小商品之都",从走南闯北货郎担贸易到创新设立市场采购贸易方式和全球化贸易,从内陆港和全国最大的零担货物配载中心到被联合国亚太经合会列为国际陆港城市等,从农村承包地所有权、经营权、承包权"三权"分置推广到农村宅基地所有权、资格权、使用权"三权"分置,这些由民营企业家、市场或农民首创或主导推动的改革,无不是从实践中来又到实践中去、由群众发起再到群众中去的生动例子。

第二,正确处理好政府和市场关系,更好地发挥党委政府引领作用。始终坚持党的领导,始终坚持走中国特色社会主义道路,充分发挥地方党委的领导核心作用,坚持党政主要负责人亲自抓改革、推改革,"干在实处、走在前列、勇立潮头"。义乌模式实质是市场主导与政府积极有为相结合,在充分尊重群众首创精神的基础上,党委政府顺势而为、积极有为,着力处理好"有形之手"与"无形之手"的关系,处理好上层建筑与经济基础的关系,较好地发挥了主观能动性、引领性、持久性,形成与民间良性互促互动发展的格局②。坚持"一张蓝图绘到底",义乌的"兴商建市"战略自1984年提出至今已有数十年历史,不因为地方党政领导变动而变动。

第三,处理好改革发展稳定关系,注重经济社会全面协调发展。注重

---

① 省委省政府通知学习推广义乌发展经验(浙委〔2006〕34号),《今日浙江》2006年第10期。

② 陆立军:《富民强省的"浙江模式"》,《开发研究》2012年第4期。

改革的系统性、协同性，重点突破和整体推进相结合，始终坚持以经济体制改革为重点，大力推动资源要素市场化配置改革、国际贸易综合改革、城乡统筹发展改革等，同时积极推动强镇扩权、强县扩权行政体制改革，公共服务体制、生态绿色化发展体制、权力运行机制改革等配套改革。注重改革的经济社会可承受力，蹄疾步稳扎实推进改革，深入推进三去一降一补供给侧结构性改革，疏堵结合整治提升工业"低小散乱"，去旧同时积极迎新（动能），保持经济平稳增长。注重改革的时效性，坚持问题导向、需求导向、效果导向，从"四张清单一张网"到"最多跑一次"改革撬动，营商环境大幅优化提升，譬如在义乌注册一家外资公司最长只需2—3天时间。

第四，突出以人民为中心的共享发展，坚持发展成果惠及全体民众。即共享发展、共同富裕、美美与共，让群众分享改革开放红利。义乌市牢牢把握以人民为中心的改革价值取向，秉持浙江精神，弘扬义乌精神，深化"扩中提低"改革，持续办好民生十件实事，让群众成为改革的推动者、受益者，"你富我富大家一起富"，一穷二白的义乌市最后成了中国最富有的县市。义乌市政府提出坚持把实现共享发展作为最根本的事情，率先推动全市域公共教育、就业创业、社会保障、健康服务、生活服务、文化体育、环境保护、公共安全等八大领域114项基本公共服务标准化、均等化，打造全国义务教育优质均衡发展市、学前教育普惠市，深化"健康义乌""美丽义乌"建设，不断增强人民群众获得感；注重强化工业反哺农业、城市支持农村，推进强镇富村，坚持在民生投入、基础设施、公共服务、社会兜底等领域大力投入，帮扶弱势群体"一个都不能少"，共建"平安义乌""幸福义乌"。

说一千道一万，义乌最根本的经验是始终高举改革开放大旗。改革开放造就了义乌奇迹、义乌现象、义乌发展经验，义乌较早实现了"富起来"，并在向"强起来"发展转型，尤其是在提高全要素生产率、全社会劳动生产率、资源要素利用效率、劳动力素质结构、绿色化发展等质量内涵上面。一切皆为序章。大力弘扬与时俱进的义乌精神、红船精神、浙江精神，持之以恒深化"兴商建市"，撸起袖子加油干，抓住党的十九大以来形成的发展机遇和改革开放再深化机遇，继续大力推进改革，全面推动开放，激发全社会创造力和各类主体发展活力，深化"亩均论英雄"改革和完善产权制度改革，推动互联网、大数据、人工智能和实体经济深度融合，构建实体经济、科技创新、现代金融、人力资源协同发展的产业体系。加强生态文明和浙中大花园建设，增强都市区国际化水平和对人才的吸引力，不断提高民生公共服务事业和社会治理现代化水平，着力推动质量变革、效率变革、动力变革，力争成为新时代中国式现代化发展的县域标杆。

进一步创新发展温州模式

温州是一片创业创新的热土。勇于改革、敢于创新、敢为人先一直是温州地区温州人鲜明的品格和特质，也是改革开放以来温州在全国率先致富的根本所在。笃行以致远，砥砺中前行。紧紧抓住我国改革开放推动思想再解放、改革再深入、工作再抓实的机遇，进一步提升发展"温州模式"，振兴民营经济，从"富起来"向"强起来"转变，推动新时代经济高质量发展跨越。

一 敢为天下先的"温州模式"

"温州模式"是敢为人先的市场经济探路者模式。1978年改革开放，地处东南沿海的温州大胆冲破计划经济束缚，大胆冲破阻碍社会生产发展的旧框框束缚，冲破"姓资姓社"争论，实干苦干加巧干，率先推进市场化取向的改革，大大解放和发展了生产力。1980年12月，温州农村妇女章华妹领到了第一张个体工商户营业执照，由此诞生了中国第一个"个体户"。1985年5月12日《解放日报》刊出"乡镇工业看苏南、家庭工业看浙南——温州33万人从事家庭工业"报道，总结了以农村家庭工业为基础、以专业市场为依托、以农民供销员为骨干的温州地区发展致富经验，提出了著名的温州人走千山万水、吃千辛万苦、想千方百计、说千言万语"四千"精神，标志着"温州模式"横空出世。1978—2000年，温州GDP年均增长高达15.9%，分别高于全省、全国2.6个和6.1个百分点。当时的温州市委、市政府深入调查研究、克服"左"的思想禁锢、尊重群众首创精神，客观上也为温州模式的形成创造了非常好的环境。"温州模式"至此成为中国改革开放的鲜明坐标，成为"浙江模式"的重要组成部分，成为计划经济成功向商品经济市场经济转型的示范样本,与"苏南模式""珠三角模式"等各领风骚数十载。

"温州模式"是富民强市的民营经济创新发展模式。1978—2017年,温州以民营经济为主体的经济年均增长约13.5%,人均GDP从相对低的155美元增长至近9000美元,增长约58倍。改革开放以来,温州人走南闯北、见多识广、特别能创业,被称作"东方的犹太人",企业家群体和协会商会遍布全国全球,175万多人在全国各地经商,近69万温州人分布在世界各地,温州不但成为"全国的温州"也成为"世界的温州",创造了温州奇迹。2013年12月温州市委全会上总结指出"温州模式是改革探索的伟大结晶,本质是民本经济,通过立足民力、依靠民资、注重民富、实现民享的民本型经济发展,民营经济成为国民经济重要支柱,成为中国民营经济的发祥地。"[①] 温州人在富起来之后,热心公益慈善事业,捐资修路建城镇、办医办学办社会,有力推进了温州城镇化进程,城镇化率高达69.7%。据统计,全国民营经济发展贡献稳定形成"5678"格局,即民营经济贡献了全国50%以上的税收、60%以上的GDP、70%以上的技术创新、80%以上的城镇就业。温州经济则是"8899"格局,即民营经济创造了80%以上的税收和GDP、90%以上的城镇就业和外贸出口,是最典型的民营经济"富民强市"模式。

二 砥砺创新奋进的"温州模式"

与时俱进,"温州模式"在探索中奋进前行,创造出一项又一项难能可贵的试点经验。习近平同志在浙江工作时指出"温州作为国家和浙江省多项改革的试验区,是个敢于创新、善于创新的地方,是个能出经验、出好经验的地方"。近年来温州先后承担了50多项国家级和省级重点改革试点,在金融、新型城镇化、县域供给侧结构性改革、城乡统筹等领域积极探索,在为温州谋发展的同时也丰富了"温州模式"。譬如创新运用PPP模式开展杭温高铁混合所有制改革,破解"县级体量、镇级体制"束缚的苍南龙港国家新型城镇化综合试点,推进"三去一降一补"的乐清市县域供给侧结构性改革试点,探索"三位一体"的瑞安市新型农村合作体系建设试点,深化"两山"理论绿色发展的泰顺要素生态化配置

[①] 市委十一届五次全体(扩大)会议报告,《温州日报》2013年12月24日。

综合改革试点等,在全省乃至全国首创式进行了大胆有益的尝试。尤其是2013年国务院批复的温州金融综合改革试验区,着力打破民资进入金融"玻璃门""旋转门",成为中国地方金融改革"试验田"和样本。譬如创新发布的"温州指数",不仅是民间融资利率风向标也是一面反射镜,折射出民企融资成本高、央企国企融资成本低的金融隐性壁垒。

承前启后,"温州模式"在发挥市场配置资源决定性作用的基础上,更好地发挥了政府作用。温州坚持顶层设计和底层创新结合,着力纠正市场失灵、传统制度安排等缺陷,以经济体制改革为重点,深入推进经济、政治、社会、生态、文化等领域具有牵引作用的重点改革,主要领域"四梁八柱"改革主体框架已经确立。市委、市政府着力打造浙江省改革金名片——"最多跑一次"改革,在全省率先推行"四个一"创新工程和"证照跨级联办",全力打通各部门间信息孤岛、实现数据互联互通;深化互联网+政务服务,统筹建设政府大数据"125"体系,深化商事登记制度改革,优化再造审批流程,努力降低制度性交易成本。以"最多跑一次"改革为撬动,纵深推进"大拆大整""大建大美",统筹推进"五水共治""三改一拆",城市形象不断提升。温州深化"法治温州""信用温州"建设,推进信用分类监管和失信联合惩戒,2018年成功创建成为全国首批12个社会信用体系建设示范城市,综合信用指数位居全国地级市第三。

三 突破陷阱创新发展"温州模式"

不可否认,传统的温州发展路径一些众所周知原因,譬如人格化的交易制度安排,信贷、土地、税收等资源向央企国企倾斜及国际金融危机等影响,一系列内因外因导致了温州金融风波、房产泡沫、增长陷阱等问题。在高速增长转向高质量发展阶段,民营经济发展面临模式创新、科技变革、产业转型等严峻考验,部分人甚至产生了对"温州模式"的曲解、否定。客观上"温州模式"出现了一个何去何从的问题。"温州模式"既是历史的,也是未来的。如何正本清源、高举改革开放大旗,强化供给侧结构性改革突破各类陷阱,进一步擦亮温州改革"金字招牌",事关"温州模式"未来,事关新时代经济高质量发展未来,也事关国家和民族振兴。

一是坚持"两个毫不动摇",突破传统路径依赖陷阱,创建民营经济高质量发展先行区。改革开放发展历程已经明证,民营经济强则国强、浙江强,民营经济兴则国兴、浙江兴。毫不动摇地巩固和发展公有制经济,尤其是毫不动摇地鼓励、支持、引导非公经济发展,保护非公经济产权和合法权益,保护企业家人身和财产安全,稳定民营企业投资发展预期。立足全国首个"两个健康"试验田建设,创建新时代"两个健康"发展先行区,构建亲清新型政商关系,促进民营经济健康发展和民营经济人士健康成长,进一步激发和保护企业家精神,为我国民营经济高质量发展蹚出一条路子。力争通过金改试点升级,破解民营企业、中小企业融资难融资贵的问题,打破金融隐性歧视,消除各种隐性壁垒,推动民企与央企国企的融资成本趋于一致。积极打好高质量发展组合拳,推动实施民营经济新政、科技新政、人才新政、投资新政、数字新政等,深化资源要素市场化配置机制"三有"(市场有效、政府有为、企业有利)改革,引导民营企业投身大湾区大花园大通道大都市区"四大"建设,推动制造业两化深度融合改造提升,建立实体经济、科技创新、现代金融、人力资源协同发展的现代产业体系,全面提升民营经济发展质量效益,争取民营经济创造税收和 GDP 达 90%以上,再创"温州模式"新辉煌。

二是培育增强新动能,突破中等收入陷阱,打造国家生命健康科创高地。数字经济、生命科学是 21 世纪上半场的两大主导方向。得益于阿里巴巴引领的信息经济、数字经济等新经济快速增长,量变形成质变,突破中等陷阱,推动杭甬等地转型升级,较快实现高收入经济体转变。因此,发现并以核心产业为引领,培育具有地方特色的"四新"经济,引爆新动能,是温州经济成功升级的关键。生命健康领域,或是温州众多新兴产业最具潜力的一个。依托温州医科大学,支持温州大学创建全国一流学科,加强与西湖大学等合作,力争引进中国科学院等大院名校,争取国家和省级生命健康重大科技专项布局在温州,建设若干高能级科创平台,打造生命健康研究与产业化为特色的瓯江科创大走廊。依托温州国家自主创新示范区建设,打造具有国家影响力的生命健康创新中心,打造瓯海生命健康小镇全球医疗健康全产业链。推广应用大数据、3D 打印、人工智能、区块链等新技术,发展精准医疗、智能医疗、智能康养、智慧健康等新业态,做大生物医药、健康养老、医疗保健等新产业,建设全国一流的健康休养中心和生物医药基地。

三是聚焦数字化转型,突破产业低层次陷阱,打造世界级电气产业集群。温州是全国最大的低压电气产业基地,低压电气占全国市场份额达60%,集聚了正泰、德力西、天正、人民等知名品牌企业和一大批单打冠军中小微企业,拥有全球性研发中心、国际营销网络,总量大、人才多、集聚度高、产业链全,已经形成了由生产企业、供应商、销售商和其他上下游产业构成的产业集群和产业链垂直分工协作体系,具有培育世界级集群的基础。围绕打造"世界级电气产业集群"目标,重点面向智能制造和新制造,产业数字化、数字产业化,推动互联网、大数据、物联网、人工智能与电气产业深度融合,加强与顶尖科研机构合作谋划建设浙江电气学院,加强与ABB、施耐德、西门子等电气巨头合作对接,想方设法促进电气产业迈向全球价值链中高端。以乐清片区为核心,依托瓯江口产业集聚区、平阳、苍南等地,培育产业集聚大平台,完善大企业培育机制,发展高压特高压电气项目,打造世界电气之都。

四是聚力大都市区建设,突破体制机制束缚,构建东南沿海地区浙南闽北大都会。建设大都市区是浙江城市化行进方向。近年来,为突破县域体制机制束缚,进一步优化资源配置,提高资源利用效率,杭甬等地正在加快向大都市区转变。杭州继萧山余杭之后撤富阳、临安两市设区,提升中心城区能级,市辖区面积达8000余平方千米,宁波、绍兴等市辖区面积接近或超过3000平方千米。相比之下,温州中心城区首位度不高、集聚辐射带动力不强。抓住改革开放四十年机遇,突破推动中国农民第一城——龙港撤镇设市,提速新型城镇化。建立健全温州大都市区协同发展机制,统筹都市核心区发展,提升城市能级和首位度,集聚吸引高端要素,建设东南沿海重要中心城市,构筑"拥两江(瓯江飞云江)发展、俯瞰南北雁荡"的大都市格局。以"城市大脑""智慧城市"、未来社区建设为契机,强化与BAT(百度、阿里巴巴、腾讯)合作,推广应用ABC(人工智能、大数据、云计算)等新技术。加快建设S线市域轨道交通、高速公路,着力建设杭温高铁PPP示范项目、温武吉铁路等大通道,打造全国性综合交通枢纽。

五是着力"两强三提高",突破引进使用外资,营造国际一流的营商环境。深入实施"两强三提高"建设行动计划,强谋划、强执行,提高行政质量、效率和政府公信力,加大改革创新力度,推进政府治理体系和治理能力现代化,全面优化温州政务环境、营商环境和社会环境。尤其是营商环境，是一个地区经济竞争力的核心组成，也是政府可以积极作为的领域。根据世界银行《2019全球营商环境报告：为改革而培训》评价，2018年我国（北京、上海为主）通过大力度改革，营商环境排名比去年上升32个位次，排全球第46位进入前50位经济体行列，充分得到国际认可。对标先进地区，更好地发挥政府作用，研究制订优化营商环境行动计划，优化市场准入机制，保护中小投资者合法权益，健全涉企规范收费制度，简化社会保障登记，简化施工许可和竣工验收及不动产登记流程，方便企业融资、财产登记、合同执行，完善政府守信践诺机制，提升公共服务便利度，多措并举降低内外资营商成本，营造一流营商环境。强化改革担当，以"最多跑一次"改革为牵引，深化"放管服"改革，进一步推进简政放权，持续推动群众办事和企业投资项目"减事项、减次数、减材料、减时间"，全方位实现最多跑一次或一次也不跑、网上掌上办事。

持续丰富和发展浙江模式

改革开放以来，浙江从农业小省发展成为经济强省，人民生活实现基本温饱到全面小康乃至加快向现代化先行目标迈进，经济社会发展水平跃居前列，基本实现了要素驱动到创新驱动的"惊险一跃"。弹指一挥间，浙江已成为我国从计划经济向市场经济成功转轨的缩影，并为率先推动高质量发展建设全国共同富裕示范区打下了坚实基础。

一 "浙江模式"的灵魂内在

"模式"是制度经济学常用的一种概念，这里指某种经济体制机制及运行方式。首先，"浙江模式"是一种内源自发型的区域经济模式，即以改革、开放、搞活为导向，以产权制度改革为突破口，坚持结构调整和多种所有制相互促进、共同发展，形成以民营经济为主体的发展模式[①]。国有经济、民营经济"落霞与孤鹜齐飞"，混合所有制经济、外资经济以及公有制经济、非公经济等"秋水共长天一色"，民营企业、民营经济是最大特色。其次，"浙江模式"是改革开放以来通过持续制度变迁，以市场化为取向有形市场与无形市场有效结合、市场决定性作用机制与政府弥补"市场失灵"机制有效结合形成的发展模式。现代化市场经济体系构建是其本质要求。最后，"浙江模式"是在法治框架下市场、政府、企业、民众不断谋求改革创新，自下而上与自上而下有效结合、尊重民间首创精神与政府改革创新精神有效结合形成的发展模式。建设法治浙江、法治社会、法治政府、有为政府，实现治理体系和治理能力现代化是其根本追求。

---

① 边洁英：《浙江模式对"中原经济区"建设的启示》，《地区经济》2011年第4期。

"浙江精神"是"浙江模式"的灵魂所在，是浙江经济社会发展的原动力，"浙江模式"厚植于历经数千年地域文化孕育的"浙江精神"。浙江文化精神既包含了历史悠久的大陆农耕文明，也吸收了海洋文明精华，刚柔并济、务实创新、兼容并蓄。从永康学派陈亮"崇义谋利、义利并行"到永嘉学派叶适"经世致用、注重事功"，由王充的"疾虚归实"至王阳明的"知行合一"，从黄宗羲"经世应务"到竺可桢"求是笃行"，由清代思想家龚自珍的"不拘一格降人才"至大教育家蔡元培的"兼容并包"，不同年代的"浙学"，奠定了浙江精神深厚的底蕴，不断成为浙江经济社会的发展支撑。

时任省委书记习近平同志在浙江工作时指出，"源远流长的浙江精神，始终流淌在浙江人民的血脉里，构成了代代相传的文化基因，她们'一遇雨露就发芽、一有阳光就灿烂'。""在浙江精神引领下，浙江人民率先进行市场取向改革，培育充满生机与活力的市场主体，抓住了改革机遇，赢得了发展先机，形成了以公有制为主体、多种所有制共同发展、相得益彰的格局，极大地解放和发展了生产力。"[1] 正是这种自强不息、敢为人先、勇于创新、共享发展的精神，最终铸就了新时代改革开放的"浙江模式"，孕育了浙江敢为天下先、开放包容的企业家精神，勤耕好学、义利并重的浙江人民，有为有效、改革创新的地方政府，产生了"温州模式""义乌发展经验""嘉善经验""杭州现象"等。

二 "浙江模式"的若干特征

一是民营经济创新发展。浙江是中国最早开始所有制结构变革的省份之一。20世纪80年代，浙江在坚持公有制主体地位的同时，利用市场机制推动民间力量创新私营企业，率先推动市场化和民营化进程，出现了以"温州模式"为代表的小商品、大市场的民营经济发展主体。浙江民营经济具有自发自生、自组织等特点，是一种自下而上的草根经济，有研究认为是哈耶克"自发秩序模式"的一种演进。民营经济在"浙江模式"的制度变迁中发挥了不可替代的重要作用。改革开放之初，计划经济下的市场自由极其有限，1979年浙江工商个体户8091户，集体经济占全部经济

---

[1] 习近平：《之江新语》，浙江人民出版社2007年版。

60%左右，非公有制经济比重不到6%。浙江所有制经济是典型的"6789"民营经济结构，即民营经济贡献了全省60%以上的GDP、70%以上的税收、80%以上的技术创新和外贸出口、90%以上的市场主体和就业。民营经济是"浙江模式"最大特色之一。

二是块状经济集聚效应。浙江市场建设起步较早，块状经济发展卓有成效。伴随市场主体的多元化发展，浙江涌现了一大批专业市场，如义乌的小商品市场、永康的五金城、海宁的皮革市场、绍兴的轻纺城等。这些专业市场在地理上高度集中，于是形成了一地一产、一地一特的一大批块状经济或产业集群，如纽扣、领带、服装等产业集群，家电、电气、汽摩配等产业集群，医药、化工等产业集群。块状经济主要效应有二。一是产业集群效应。依托大量中小企业的分工协作，企业群落迅猛发展，浙江目前已形成了数百个产值百亿元以上的产业集群，有的集群产值甚至超过千亿元，成为区域经济发展的重要增长极。二是人口集聚效应。块状经济发展伴随着中小企业的集中，同时必然引起劳动力的集聚。在这一过程中，产业和人才彼此形成市场，以人兴业、以业兴镇、以镇聚人，在有效扩大市场经济规模的同时，也有利于加速浙江城市化进程。

三是民间金融资本保障。民间借贷、民间融资浙江古已有之，更多的表现为一种"关系性融资"，契约化程度低。改革开放后，民间金融在浙江"金融抑制"的政策环境下艰难成长，是在正规金融约束情况下市场自发的金融深化，较为典型的是温州一带的"呈会""台会""标会"，以及较为公开的担保公司等。来自本土企业家和家族的融资，是浙江企业家的第一批创业资金，有效解决了民营企业的融资需求，同时又以强烈的市场取向，有力推动了体制机制创新。得益于市场化改革和经济高速发展，浙江民间资本在这一阶段完成了最初的原始积累。当民间金融规模日趋庞大，并逐渐成为区域金融的重要力量后，金融体系市场化运营加快步伐。2014年，首批试点的温州民商银行和浙江网商银行（蚂蚁小微金服为主）两家民营银行正式获批。民营银行的设立和发展，打破了国有金融垄断的局面，有效促进了民间资本以较低成本、更高效率流入民营经济。民间金融在支持区域经济发展中有着举足轻重的地位，以温州为例，温州民间资本规模超过6000亿元，其中参与民间借贷的资本超过1100亿元。

四是县域经济有力支撑。浙江发达的县域经济，与"省管县"制度密切相关。浙江的"省管县"改革是一个大胆探索、先行试点、逐步推广的渐进过程。1992年、1997年、2002年和2006年，浙江先后实施了四轮"强县扩权"改革，2008年全面推开"扩权强县"，县级政府管理权限潜能得到充分挖掘和利用①。这一体制性突破，赋予县级政府统筹协调区域发展的更大自主权，包括财政实力和各种资源，极大地调动了地方政府发展经济的积极性和创造性。经过近40年的发展，浙江走出了一条特色鲜明的强县发展之路，县域经济综合实力已经相当发达。2016年工信部赛迪研究院发布"县域经济100强"，浙江有26席进入榜单，占全国县域经济百强县四分之一；在其他机构发布的各类全国百强县市榜单中，基本上也有20席左右。浙江的义乌、慈溪、余姚、诸暨、乐清、瑞安、温岭、桐乡、海宁等县市，包括撤县设区前的萧山、余杭、鄞县、绍兴县等，长期居于全国百强县前列。

五是文化精神敢为人先。"浙江模式"生存和发展的深层根源在于文化传统，主要表现为重商求利、勤劳务实、开拓创业等品性。一是重商求利。浙江人敢于冲破重农抑商的桎梏，"握微资以自营"，这种发现市场缝隙、善于经营机变的商业精神延续至今，为浙江人长期经商创业提供了良好的文化因子。二是勤劳务实。浙江制造业最早起步于家庭作坊和流动走商，从走街串巷的传统商贩模式一步步发展到遍布全国的各类商品市场，从资源小省变为市场大省，浙江人的这条从商之路异常艰辛。三是开拓创业。由于自然环境的恶劣，浙江人为改善生存条件不得不做出现实选择，众多侨乡侨民走南闯北、创新创业，富有创新色彩的冒险精神在浙江人身上得到了充分的体现。21世纪初以来，浙商数量全国第一，在省外海外的浙商人数超过600万，走出去的浙商数量约占全国四分之一，在各省份当中绝无仅有。浙江人大量在省外海外经商办厂或搞研发办市场，形成了庞大的"浙江人经济"，并通过"浙商回归"鼓励吸引浙商回浙投资，反哺本地产业和经济发展，推动产业升级、腾笼换鸟。

六是社会治理兼容并蓄。"浙江模式"持续生根发芽也得益于全社会良好的基本治理秩序、公序良俗和公民精神发育，得益于长期坚持"平安浙江""法治浙江"建设。社会治理注重和而不同、兼容并包和多样性，从而形成了地方治理一方包容的社会心态、互信的一个社会共同体，

---

① 陈晨、段广军：《从浙江经验浅析省管县制度》，《法制与社会》2008年第1期。

降低了制度性交易成本、形成了率先发展优势。政府社会治理注重行政分权、强化基层，充分增强市县乡镇地方自治能力，突出以人为本、尊重首创，赋予地方更多自主权，涌现出一批典型的基层社会治理模式。譬如温岭市的民主恳谈会、衢州市"三民工程"和武义县的村民监督委员会，以优化社会结构为根本，自主协调劳资关系，保障了劳方利益和基层民主；舟山市"网格化管理、组团式服务"，诸暨市"枫桥经验"和社会管理创新综合试点等，以改革夯实基层为取向，促进了和谐社会构建；余杭区"法治指数"，乐清市"人民听证制度"等，以强化民主法治为保障，有效提升了社会公平正义。

七是地方政府积极有为。改革开放初期，浙江私营经济开始萌芽，家庭作坊的兴起、乡镇企业的发展、股份合作制的首创等，地方政府给予了保护性默许，采取基本肯定的策略，比如"允许试、允许看、允许改"，个体私营经济"不限发展比例、不限发展速度、不限经营方式、不限经营规模"等[1]。随着市场经济的发展和完善，浙江地方政府呈现出从无为而治到积极有为的转变。进入21世纪以来，浙江省政府出台了鼓励支持和引导非公有制经济发展的实施意见、关于鼓励和引导民间投资健康发展的实施意见和实施细则、关于推动民营经济新飞跃的若干意见等一系列政策文件，在引导企业制度创新、放宽市场准入、推进审批制度改革、优化公共服务等领域，加快改善发展环境，促进民营经济转型[2]。在鼓励民间投资领域等方面，坚持"两个毫不动摇"，"非禁即入"，着力激发民间投资活力和创造力。总之，浙江各级政府根据环境变化不断调整适应、顺势而为，努力保持浙江在全国市场化改革中的领先优势。

八是人与自然和谐共生。生态文明是"浙江模式"的重要组成部分。"人法地、地法天、天法道、道法自然"，自古以来浙江人民懂得尊重自然、顺应自然，浙江发展整体追求经济和生态和谐发展、人与自然和谐发展。浙江是习近平"两山"重要思想理论创新的发源地，"绿水青山就是金山银山""既要金山银山、又要绿水青山""宁可要绿水青山、不要金山银山"。2000年时浙江人均GDP仅为1600美元，刚刚实现温饱向小康

---

[1] 沈立江：《从温州模式到浙江现象的理性思考》，《中共浙江省委党校学报》2000年第6期。

[2] 罗卫东等：《区域经济发展的"浙江模式"：一个总结》，《中共浙江省委党校学报》2006年第1期。

的跨越,"十五"计划纲要就明确要求"强化可持续发展",加强生态建设和环境保护,推进经济社会与人口、资源、环境的协调发展,在全国率先建成良性生态环境系统。浙江较早形成"生态兴则文明兴、生态弱则文明弱"共识,普遍认为生态系统与经济系统、社会系统是一个有机整体。在生态文明建设上浙江先后实施了绿色浙江建设、生态省建设、生态浙江建设、"两美"浙江建设等重大战略,保证了生态文明建设走在全国前列。

三 "浙江模式"的演进丰富

随着改革开放深入,"浙江模式"在积极探索中不断丰富与完善,现代市场经济、城乡空间格局、对外开放水平提升、政府改革等层面较以往呈现不同的发展内涵,很多特征是在多年前所不具有的。如果用一句话概括,"浙江模式"不仅是一种"民营经济+现代市场+法治社会"的发展模式,更是一种"市场有效+政府有为+社会有善"的发展模式。

(一)要素驱动向"制度+技术+人才复合型红利"创新驱动转型升级

在改革与发展的实践中,浙江相对灵活的市场经济不断调整、逐渐成熟,以推动现代化创新驱动发展改革为取向,经营机制更加法治化、产业结构更加高端化、金融保障更加创新有效。

一是经营机制从初级市场经济向现代市场经济发展。初级市场经济与现代市场经济最主要的区别在于法制,市场经济本质上是法治经济。浙江民营经济发展初期,以地缘血缘亲缘为纽带、人格化交易为特征的经营模式占据主导,尤以"温州模式"为甚。然而随着市场经济交易范围的扩大,原始交易模式的局限性与封闭性暴露无遗[1]。于是,市场经济发展开始冲击甚至超越以人情联系为基础的社会关系,逐步向普遍主义的信任结构发展,产权明晰、法制健全的非人格化交易的经营机制逐步发展完善。相对于市场交易的熟人属性,非人格化交易的法制模式具有规范性和强制性,有效减少了市场经营运行过程中的不确定性,降低了道德风险和交易成本。现代市场经济的发展与成熟离不开法制的有力支撑,法治化是市

---

[1] 金祥荣:《初级市场经济向现代市场经济的转型》,《浙江学刊》1999年第5期。

经济不断完善与发展的内在需求。

二是产业结构从劳动密集型向知识技术密集型发展。基于贫瘠的自然资源和丰富的劳动力比较优势，浙江经济以劳动密集型产业、个私经济起步，曾几何时"低小散"是浙江工业和企业的代名词。随着全球新一轮科技革命和产业变革，专业化、科技化的新型产业体系加速形成。近年来，浙江大力发展信息、环保、健康、旅游、时尚、金融、高端装备制造、文化等八大万亿级产业，以现代服务业和先进制造业为主体的产业结构加快形成。特别是以大数据和云计算、移动互联网、电子商务等为代表的信息经济成为发展新引擎，深度融入各个行业，在促进传统产业数字化等方面发挥不可估量的重要作用。两化深度融合（工业化信息化）运用成为交通运输设备、电气机械、通信电子等资本技术密集型行业主流，网络化定制、智能制造逐渐成为传统制造业发展潮流。

三是金融要素保障从民间借贷向新兴金融发展。从民间借贷的兴起，到银行贷款、融资上市、发行债券等，金融业之"浙江模式"可以说是日新月异。而信息技术革命打破了旧的金融秩序，对传统金融产生了剧烈的"创造性破坏"。对于融资需求旺盛的浙江中小企业和居民部门而言，互联网金融方便快捷和成本低廉，有利于弥补传统融资方式的不足。互联网金融与中小企业互哺，深刻改变着地区金融服务模式。余额宝、蚂蚁金服等互联网金融相继在浙江推出，浙江再一次走在行业创新的前沿，成为互联网金融的先行区，杭州国际金融科技中心、钱塘江金融港湾以及温州金融改革、台州小微企业金融服务改革、宁波保险创新区等区域金融建设深入推进，支付宝移动支付遍布全省乃至全国和海外。

四是经济增长动力从要素驱动向创新驱动发展。与产业从劳动密集向知识技术密集型发展一致，浙江实现了劳动力、土地、资源等传统要素驱动，向技术创新、模式创新、制度创新、管理创新等创新驱动转换，进入新的发展阶段。"劳动生产率红利""技术+制度复合型创新红利"，全要素生产率（TFP）提升，资源配置效率改善，逐步成为经济增长的决定性因素，并且数年内浙江经济增速仍能保持在7%以上[①]。从要素驱动转向市场创新驱动，这是浙江改革开放四十年来最近5年至10年形成的一个

---

① 盛世豪、杜平：《从劳动生产率看浙江经济增长——潜在经济增长率的一个视角》，《浙江经济》2015年第5期。

现象。杭州城西科创大走廊、甬江科创走廊等一批创业环境优、特色鲜明的创新空间平台加快打造，产业特而强、功能聚而合、形态小而美、机制新而活的一批特色小镇加快创建，成为创业创新高地。

（二）县域经济向大都市区经济、协调均衡发展的都市经济转型升级

城市化也是"浙江模式"的一大主阵地。1978—2017年，浙江常住人口城市化率从14.5%提升到68.0%，由低于全国3个百分点到高出全国约10个百分点，城乡融合、城乡一体化规划建设，较早地打破城乡二元结构，形成城乡区域协调发展的体制机制。近年来，为适应新常态下城市发展和优化资源要素配置，浙江实施了一系列重大决策部署，从强镇扩权、强县扩权逐步转向"强市扩区""强市扩权"，以四大都市区建设为龙头，中心集聚优化提升城乡格局，努力推动城市化高质量发展。

一是着力以大都市区为主体推动空间结构重塑。受全球化、信息化和网络化的共同影响，浙江区域经济一体化趋势日益明显，主要表现为周边城市的分工协作、融合发展，即都市区经济概念。这是城市化发展到一定程度的必经阶段。以杭州、宁波、温州、金华—义乌等四大都市区为发展主体的空间布局已经形成，人口、产业、高端要素进一步向都市区集聚。四大都市区协同发展、各有特色，杭州都市区积极发展先进制造业和高新技术产业，重点做数字经济和现代服务业文章，建设世界名城；宁波都市区联动舟山，打造全球一流的智能经济与先进制造业基地、国际贸易物流与重要战略资源配置中心、现代化综合枢纽与国际航运服务中心着力打造国际港口名城；温州都市区加快民营经济改革创新，强化先进制造业、海洋经济等发展，建设东南沿海重要中心城市；金华—义乌都市区重点发展商贸文娱、先进制造、生物医药等产业，打造"一带一路"示范区全国区域性中心城市。目前，四大都市区经济总量占全省超三分之二，是浙江经济发展的主要载体。

二是着力撤县（市）设区做大做强中心城市。改革开放的前20年，各地更多热衷于撤县设市、做大县域经济，浙江县级市从1978年的0个增加至1998年23个，之后基本保持这个数目，撤县设区（设区市市区）较少。然而任何发展模式都是与特定发展阶段相适应的，县域经济经过数十年发展，"天花板"效应开始显露，诸如区域格局碎片化、要素资源整合能力偏弱、城市财力不足和规模普遍偏小等问题。随着做大做强市域经济培育大都市区的诉求日益强烈,2000年以来掀起一轮撤县(市)设区热,譬如杭州撤富阳市设富阳区、撤临安市设临安区,温州市撤洞头县设洞头区,宁波市撤奉化市设奉化区等。通过行政区划调整,扩大了杭州、宁波、温州等城区规模,提高了中心城市能级和体量,培育大城市提升中心城市竞争力,在推进新型城镇化和大都市区经济发展中抢占制高点。2023年,杭州城区人口超过1000万,成为全国10个超大城市之一。(见表1)

表1　　　　　1985年以来浙江各设区市撤县(市)设区统计

年份	区划调整
1985	宁波撤镇海县设镇海区
1987	舟山撤普陀县设普陀区
1992	温州撤瓯海县设瓯海区
1994	台州撤椒江市、黄岩市设椒江区、黄岩区、路桥区
2000	丽水撤丽水县设莲都区,金华撤金华县设金东区
2001	杭州撤余杭市、萧山市设余杭区、萧山区,衢州撤衢县设衢江区
2002	宁波撤鄞县设鄞州区
2013	绍兴撤绍兴县、上虞市,设柯桥区、上虞区
2014	杭州撤富阳市设富阳区
2015	温州撤洞头县设洞头区
2016	宁波撤奉化市设奉化区
2017	杭州撤临安市设临安区
2021	杭州设临平区、钱塘区、撤下城区、江干区

资料来源:浙江省民政厅和相关地方政府官网。

三是着力以中心镇小城市培育为重点推进城市化。小城市建设是浙江促进城乡协调发展、加快城镇化进程的一种途径。2010年小城市培育试点启动,提出"一年一个样、三年大变样"的试点要求,每三年一轮,累计四批试点共有75个中心镇(村)入选。培育试点要求各主体科学编制三年行动计划,统筹规划小城市培育,主要包括功能定位、主要任务、发展目标、保障举措以及建设项目等内容,试点小城市在财政分配、专项资金、建设用地等方面获得政策支持。中心镇的小城市培育成效显著,城市定位明晰、功能完善的小城市形态显现,城市建设、产业集群、商贸市场、人居环境、公共服务等全面提升,整体实现了由镇向城的跨越发展。

小城市培育试点由浙江首创，随后在安徽、福建、广东、山东等地推广，为其他省市乃至全国小城市培育提供了宝贵经验，并形成了一系列独具改革特色的做法。素有"中国农民第一城"之称的温州苍南龙港镇，2019年经国务院批准撤镇设市，成为全国首个"镇改市"、浙江最年轻的县级市。金华东阳市花园村，2020年列入全省首个也是唯一村级小城市培育试点，实现从"村"到"市"的精彩蝶变。

（三）局部开放向深度融入全球供应链、产业链全方位多层次宽领域开放转型升级

作为对外开放最早、开放程度最高的省份之一，浙江积极适应国际产业转型与国内经济成长需要，加快国际化进程、提升对内对外开放水平。以大通道、大资本、大平台为支撑的统筹利用两个市场、两种资源的全方位开放格局已经形成，开放大省地位进一步巩固。

一是从区域交通节点到建设联通全球枢纽，以大通道建设深度融入全球物流供应链体系。浙江积极参与国家"一带一路"建设，打造"一带一路"战略枢纽，联动推进"海陆空"立体化综合交通建设，加快构建内联外通的高层次开放框架。海港方面，作为衔接中西部地区和海上丝绸之路共建国家的重要枢纽，第一大港宁波—舟山港境外连接的港口已达600多个，货物吞吐量连续多年居全球第一，集装箱吞吐量列全球第四。陆港方面，义乌国际陆港，依托国际采购集聚地优势，实现中欧班列（义乌）常态化运营，目前已连通了33个国家和地区，是我国货物运送品类最多的一大物流通道。空港方面，以杭州萧山机场为核心，宁波和温州机场为两翼，整合提升空港综合交通枢纽建设，进一步巩固在长三角机场群中的重要地位。在此基础上，进一步提出以中国（杭州、宁波）跨境电子商务综合试验区、eWTP新型贸易中心等为主建设信息港，促进海港、陆港、空港、信息港"四港"融合，加快建设义甬舟开放大通道、湾区大通道、美丽大通道，促进陆海东西双向开放。

二是从商品输出转向资本输出转变，以大资本嫁接深度融入全球价值链垂直体系。近年来，浙江致力于"走出去"发展战略，不断推进国际产业合作、创新投资方式，对外投资合作步伐不断加快，逐步成为资本输出大省。与全国以国有企业央企境外投资为主导不同，浙江民营企业是境外投资的主体，对外投资领域逐步向高新技术产业及现代服务业、农业等新兴领域拓展，企业通过跨国并购来获取原材料、技术、品牌等，逐渐成为境外投资的重要方式。最典型的是浙江吉利汽车并购沃尔沃汽车，乃至收购德国戴姆勒奔驰公司股份，成为后者最大股东的案例。浙江从商品输出向资本输出转型的特征越来越明显。浙江企业贸易投资结构正在发生转变，过去主要集中于能源、矿业等传统行业，而现在越来越多的浙江企业开始涉足信息技术、医疗等高科技新兴产业；过去国企一度占据海外并购主导地位，而现在民营企业逐步成为生力军；过去多实体企业产能和产品输出，而现在多股权投资基金、资本输出。

三是从建设开发区新区到打造世界级大湾区，以高能级开放大平台构建深度融入全球产业链分工体系。高能级开放平台是浙江开放型经济发展的重要支撑，大致可分为三类。一是港站建设类，如舟山群岛新区、宁波梅山新区、义甬舟开放大通道等，依托以宁波—舟山港为核心的港口资源优势，重点建设港航物流、国际贸易、金融保险、海洋生命等产业，着力打造海洋经济创新发展的重要增长极。二是国际商贸类，如中国（浙江）自由贸易试验区、义乌国际贸易综合改革试点、跨境电子商务综合试验区等，着力营造国际化、便利化、法治化的营商环境，将改革试验区打造成为浙江企业"走出去"的窗口平台，提升全球贸易影响力。三是创新合作类，如大湾区建设，对标世界一流湾区，以杭州湾经济区为核心，打造绿色智慧和谐美丽的世界级大湾区，力争将大湾区建设成为全球产业科技创新高地、开放高地、高端要素集聚高地，乃至新经济革命策源地。

（四）"无为而治"向"有为政府、有效政府、法治政府、数字政府"理念升级

政府自身勇于改革创新是"浙江模式"的重要组成部分。从新制度经济学角度看，政府积极的诱致性制度变迁、治理路径变迁，可以发挥重要作用。政府从开始相对的"无为而治"到后期积极干预、有为有限，高效法治化推动政府自我革命，优化营商环境，降低制度性交易成本，更好地发挥"有形之手"引导作用，从而赋予了"浙江模式"新的内涵与意义。

一是机构改革明晰政府职能。改革开放以来，浙江先后进行了五次政府机构改革。1983 年，为解决层次重叠、机构臃肿、效率低下等掣肘，

浙江省政府重新划分了职能部门、大幅度撤销或合并重叠机构，实行省级机关定编不定人等做法。1993年，浙江省着力推进政企职能分开，开展定职能、定机构、定编制工作。1999年，要求机构设置与市场经济需求一致，基本脱离了计划经济管理体制模式。2003年，进一步优化政府机构设置，逐步形成机构精简、效能提升的行政管理体制。2008年以来，浙江启动新一轮政府机构改革。与以往相比，更加注重科学协调发展，更加适应经济转型升级需求，更加关注社会民生，立足省情、体现特色，在探索大部门体制、健全部门间协商机制等方面迈出新步伐。譬如实施新组建省能源局、调整省文物局、筹建省地方金融监管局等，在全国设立首个省级海港委，新组建省海港集团、省机场集团等。地方积极探索，譬如舟山"大部制"改革结合舟山群岛新区建设，组建新区党工委，推进大市场、大经贸、大发改、大海洋等部门改革，党政部门从45个缩减至33个。

二是政府治理转型积极深化。近年来，浙江省政府自身改革工作不断推进，主要包括三个阶段。第一阶段是"放管服"行政审批制度改革。浙江分别在1999年、2002年、2003年和2013年先后进行了四轮行政审批制度改革。新一轮行政审批制度改革从更高层次改善制度供给，围绕"审批事项最少、办事效率最高、投资环境最优"目标，加快精简和下放行政审批事项、建立完善政府投资项目网上联合审批制度、推进企业投资项目高效审批改革试点、推进审批中介服务市场化改革等。第二阶段是"四张清单一张网"改革。2013年底，浙江启动"四张清单一张网"改革，分别从"限制政府权力、赋予市场自由、减少微观干预、打造阳光政务、强化政府责任"等五大角度，推进清单制度改革的试点工作，搭建政府职能转型的制度框架。在全国率先制定实施政府权力清单、政府责任清单、企业投资负面清单、省级部门财政专项资金管理清单等四张清单。第三阶段是"最多跑一次"改革乃至数字化改革。在行政审批制度改革和"四张清单一张网"改革不断推进的基础上，2017年以来，省委、省政府先后印发《加快推进"最多跑一次"改革实施方案》《浙江省数字化改革总体方案》等，以数字化改革撬动各领域各方面改革，突出一体化、全方位、制度重塑、数字赋能和现代化，从整体上推动省域经济社会发展和治理能力的质量变革、效率变革、动力变革。

三是"法治浙江"内涵不断丰富。浙江对法治建设进行了积极探索，积累了丰富的实践经验,先后作出依法治省和法治浙江建设的重大决定,主要有几个关键节点。1996年,浙江省委在九届七次全会上明确提出了依法治省的目标要求。2005年,浙江省委把建设法治浙江作为年度重点调研课题,由时任省委书记的习近平同志亲自主持。这是法治浙江的萌芽阶段。2006年,浙江省委在十一届十次全会上通过了《中共浙江省委关于建设"法治浙江"的决定》,这标志着法治浙江战略的全面确立。之后几年,浙江省委加快推进执法、普法和法律监督等工作,法治浙江在现代化浙江建设布局中占据重要地位。2014年,浙江省委十三届六次全会通过了《中共浙江省委关于全面深化法治浙江建设的决定》,法治浙江迎来全面深化阶段。坚持法治引领,充分发挥法治理念在经济社会工作中的重要作用,推进治理体系和治理能力现代化。2016年浙江按照中央部署率先开展国家监察体制改革试点,转隶组建省市县三级监察委员会,形成更加科学严密的法治监督体系,推动"四个全面"战略布局在浙江实践。

(五)"敢为天下先"向"干在实处、走在前列、勇立潮头"的浙江精神升华

浙江精神是地方特色和特有的价值取向,是"浙江模式"的内在灵魂,是浙江人民的精神认同和文化认同。浙江精神不仅是中华民族精神的重要组成,也是浙江人民历经千年孕育出来的宝贵财富,展示着强大的生命力和创造力。新时期浙江精神内涵延伸拓展,与时俱进、不断丰富。

一是"求真务实、诚信和谐、开放图强"。改革开放初期,"走遍千山万水、讲尽千言万语、想尽千方百计、历尽千辛万苦"的"四千"精神和敢为天下先的浙江人精神[①],激励着浙江人民走出去奔向全国各地创业经商。20世纪90年代适应扩大改革开放要求,坚持以人民为中心的发展导向,大胆闯、大胆试,容错纠错,坚持和发展"自强不息、坚韧不拔、勇于创新、讲求实效"精神,抓住改革机遇,极大解放发展了生产力。进入21世纪,省委、省政府提出积极应对全球化、工业化、信息化的挑战,坚持经济建设中心不动摇,翻篇归零,进一步培育形成"求真务实"精神;大力推进个人、企业、政府信用建设,加强社会建设和发展,进一步培育形成诚实守信、美美与共的"诚信和谐"精神;跳出浙

---

① 习近平:《之江新语》,浙江人民出版社2007年版。

江发展浙江，积极参与全球化竞争合作，进一步培育形成海纳百川、励志奋进的"开放图强"精神，在提高全面建成小康社会水平上更进一步，在推进改革开放和社会主义现代化建设中更快一步。

二是"敢为人先、百折不挠、忠诚为民"。2005年习近平同志撰文对"红船精神"内涵进行了概括，即"开天辟地、敢为人先的首创精神，坚定理想、百折不挠的奋斗精神，立党为公、忠诚为民的奉献精神，是中国革命精神之源"[①]。红船起航于浙江，《共产党员宣言》中文本首译于浙江，既有历史偶然性又有历史必然性，必然就是浙江敢为人先、开拓创新精神的现实写照。承载了首创精神、奋斗精神、奉献精神的"红船精神"正在焕发新的活力。2017年，浙江省委主动担起新时代大力弘扬"红船精神"的政治责任和光荣使命，研究出台弘扬"红船精神"意见、建立"红船精神"研究中心等，深化理论研究和传播，从以"人民为中心"的发展思想出发，把"红船精神"化作改革创新的动力，再创浙江体制机制新优势，不断丰富新时代"浙江精神"。瞄准"两个高水平"，推进"四个强省"，建设"六个浙江"，加快理念转换、动能转换、结构转换、效率转换和环境转换，全力推动重大改革试点落地。深入推进供给侧结构性改革，打出"三改一拆""四边三化""五水共治"和小城镇环境综合整治，以及"四换三名""亩均论英雄""腾笼换鸟""凤凰行动"等转型升级系列组合拳，实施富民强省行动计划，建设大湾区大花园大通道大都市区。

三是"干在实处、走在前列、勇立潮头"。进入21世纪的第三个十年，中央赋予浙江高质量发展建设共同富裕示范区的光荣使命，浙江发展站在了新的历史起点上。习近平同志在浙江考察时曾强调，聚焦建设共同富裕示范区、打造新时代全面展示中国特色社会主义制度优越性的重要窗口，坚持一张蓝图绘到底，持续推动"八八战略"走深走实，始终干在实处、走在前列、勇立潮头，奋力谱写中国式现代化浙江新篇章[②]。多年来，全省上下充分发扬"干在实处"精神，脚踏实地、久久为功，在高质量发展上谋新篇，贯彻落实创新、协调、绿色、开放、共享的新发展理念，全力打好高质量发展组合拳，深入实施人才强省、创新强省首位战

[①] 习近平：《弘扬"红船精神" 走在时代前列》，《光明日报》2005年6月21日。

[②] 习近平：《始终干在实处 走在前列 勇立潮头》，《中国日报》2023年9月25日。

略，实施"415X"先进制造业集群建设行动方案、"315"科技创新体系建设工程，打造全球先进制造业基地和全球科技创新策源地。充分发扬"走在前列"精神，迎难而上、攻坚克难，在共同富裕示范上布新局，制定高质量发展建设共同富裕示范区实施方案，明确施工图、时间表、任务清单，先后启动实施三批共同富裕示范试点和最佳实践，形成"浙医互认""关键小事智能速办""新时代枫桥经验""浙江有礼"等一批标志性成果，发挥先行示范作用为全国实现共同富裕提供浙江路径。充分发扬"勇立潮头"精神，筚路蓝缕、栉风沐雨，坚定不移吃改革饭、走开放路，推动产业数字化、数字产业化，以科技创新塑造发展新优势；实施营商环境优化提升"一号改革工程"，营造市场化法治化国际化一流营商环境；高标准建设自由贸易试验区，推动长三角高质量一体化发展，深度参与共建"一带一路"，推进高水平走出去与高质量引进来有机统一。

功成不必在我，功成必定有我。

后　记

　　本书出版得到"浙江省发展和改革研究所资助"。笔者在多年的研究过程中，持续关注产业升级、高质量发展、收入分配、公共服务均等化乃至共同富裕话题，并发表了不少文章。以中央支持浙江高质量发展建设共同富裕示范区为契机，更觉得有必要进行系统梳理，将相关成果汇编成册，分享浙江实践、浙江故事、浙江经验，尽个人绵薄之力助推中国经济高质量发展和共同富裕实现路径研究，本书可作为高校、科研院所、政府部门等资料文献研究参考。全书共分三篇，第一篇探讨机遇和挑战，共12章；第二篇探讨高质量发展，共13章；第三篇探讨共同富裕，共14章。

　　本书是笔者多年来的点滴成果积累，每篇论文均单独成章，发表在公开期刊上或内部刊物上。能够形成此书与同事们、相关县市和部门大量支持和帮助分不开，在此深深表示感谢。第十五章、第十七章、第二十三章、第二十八章、第三十九章撰写，得到了陈静静、郑涵歆、孙娜、潘哲琪等同事和实习生赵伟玲同学的帮助支持；第三十三章得到四省边际（衢州）共富学院戚景云、周华两位院长有力支持；第三十四章得到浙江援藏指挥部和那曲市发展改革委时任副主任达琼大力支持；第三章、第二十一章、第二十二章、第二十五章关于县域高质量发展、长三角一体化、共同富裕等章节内容，在笔者挂职期间以及课题调研过程中，十分得益于各地各部门材料收集提供和地方领导支持，限于篇幅不一一列举。同时，感谢出版社编校老师，感谢她们细心的沟通、校对和给予的大量帮助。

　　最后，要深深感谢我的爱人熊昕老师，不仅把家务事打理得井井有条，而且参与了部分章节内容撰写，感谢与我一同成长的孩子，一直理解并支持我努力工作。

　　当然，文中如有任何笔误，全部责任在作者，敬请读者批评指正。

杜　平

2024 年 12 月